Kunst und Politik
Band 26/2024

KUNST UND POLITIK
JAHRBUCH DER GUERNICA-GESELLSCHAFT

Begründet von Jutta Held

**Herausgegeben von
Andrew Hemingway
und Martin Papenbrock**

Wissenschaftlicher Beirat

Christoph Bertsch, Innsbruck
Carol Duncan, New York
Christian Fuhrmeister, München
Anna Greve, Bremen
Barbara McCloskey, Pittsburgh
Frances Pohl, Claremont/California
Ernst Seidl, Tübingen
Ellen Spickernagel, Gießen

KUNST UND POLITIK
JAHRBUCH DER GUERNICA-GESELLSCHAFT

Kunst und Politik
Band 26/2024

Schwerpunkt:
Politischer Bildungsbau

Herausgeber:innen dieses Bandes:
Alexandra Axtmann
Oliver Sukrow

V&R unipress

Redaktion:	Alexandra Axtmann, Martin Papenbrock, Oliver Sukrow
Redaktionsadresse:	Guernica-Gesellschaft, Klauprechtstraße 19, 76137 Karlsruhe, Tel. 07 21/3 52 93 79
Erscheinungsweise:	Jährlich
Abonnement:	Der Preis für ein einzelnes Jahrbuch beträgt EUR 22,50 im Abonnement EUR 19,50

Gedruckt mit Unterstützung der
Stiftung Kritische Kunst- und Kulturwissenschaft

Bibliografische Information der Deutschen Nationalbibliothek
Die Deutsche Nationalbibliothek verzeichnet diese Publikation in der Deutschen
Nationalbibliografie; detaillierte bibliografische Daten sind im Internet über
https://dnb.de abrufbar.

1. Aufl. 2025
© 2025 Brill | V&R unipress, Robert-Bosch-Breite 10, D-37079 Göttingen, info@v-r.de
ein Imprint der Brill-Gruppe
(Koninklijke Brill BV, Leiden, Niederlande; Brill USA Inc., Boston MA, USA; Brill Asia Pte Ltd,
Singapore; Brill Deutschland GmbH, Paderborn, Deutschland; Brill Österreich GmbH, Wien,
Österreich)
Koninklijke Brill BV umfasst die Imprints Brill, Brill Nijhoff, Brill Schöningh, Brill Fink, Brill mentis,
Brill Wageningen Academic, Vandenhoeck & Ruprecht, Böhlau und V&R unipress.
Alle Rechte vorbehalten. Das Werk und seine Teile sind urheberrechtlich geschützt.
Jede Verwertung in anderen als den gesetzlich zugelassenen Fällen bedarf der vorherigen
schriftlichen Einwilligung des Verlages.

Einbandgestaltung: Tevfik Göktepe
Druck und Bindung: CPI books GmbH, Birkstraße 10, D-25917 Leck
Printed in the EU.

Vandenhoeck & Ruprecht Verlage | www.vandenhoeck-ruprecht-verlage.com

ISSN 1439-0205
ISBN 978-3-8471-1827-5

Inhalt

SCHWERPUNKT: POLITISCHER BILDUNGSBAU

Alexandra Axtmann und Oliver Sukrow
Vorwort 7

Regina Bittner
Bildungsorte zwischen Widerstand und Selbstbestimmung.
Die ANC-Bildungszentren SOMAFCO und Dakawa 11

Joaquín Medina Warmburg
»Fünf Ecken« – Bildungsarchitektur als Identitätspolitik. Eine Fallstudie zum
staatlichen Schulbau in Buenos Aires zwischen Historismus und Moderne 21

Eva Maria Stadler
The Garden for the Children is the Kindergarten.
Architektur für Kinder im Spannungsfeld von Disziplin und Emanzipation 33

Lisa Beißwanger
Zwischen Klaustrophobie und maximaler (Gestaltungs-)Freiheit –
Fensterlose Klassenzimmer im Schulbau um 1970 45

Alexandra Axtmann
Licht, Luft und eine neue Pädagogik – Die Kieler Pavillonschulen und
der Schulbau der 1920er bis 1950er Jahre. Ein neuer Überblick zu einem
besonderen Schulbautyp 61

Martin Papenbrock
Der Holzkufenstuhl. Zur Modernisierung des Schulmobiliars nach 1945 71

Oliver Sukrow
Schulbau in der DDR als politische Aufgabe 85

Anna-Sophie Kruscha
Polytechnische Bildung. Überlegungen zur Geschichte
des Bildungsbegriffs in der DDR 99

Sonja Hnilica
Wie der Staat für seine Lehrer:innen baut. Von den Lehrerseminaren
der Kaiserzeit zu den Pädagogischen Hochschulen in der BRD 105

Nora Benterbusch
Wo wir lernen – Bildungsbauten als Gegenstand der universitären Lehre.
Ein Praxisbeispiel 121

JUTTA-HELD-PREIS 2021, 2023

Jo Ziebritzki (2021)
Geschlechtsbasierte Differenzpraktiken in der Wiener Kunstgeschichte
ca. 1910–1930.. 137

Anne Pfautsch (2023)
OSTKREUZ – Agency of Photographers: Tracing the Legacy of the German
Democratic Republic in Post-Socialist Photography and Exhibition Making 149

BESPRECHUNGEN

Egidio Emiliano Bianco, Ilaria Hoppe (Hgg.): *A Question of Style: Graffiti*
Writing Between Art/Theory and Practice. Florenz 2023 und Ulrich
Blanché (Hg.): *Illegal. 1960 Street Art Graffiti 1995.* Ausstellungskatalog
(Historisches Museum Saar, Saarbrücken). München 2024 (Martin Papenbrock) 159

The Culture. Hip-Hop und zeitgenössische Kunst im 21. Jahrhunderts
in der Schirn Kunsthalle (Elke Wüst-Kralowetz)... 162

ANHANG

Autor:innen 167

Abbildungsverzeichnis.. 171

SCHWERPUNKT: POLITISCHER BILDUNGSBAU

Vorwort

Ob Ergebnisse der PISA-Studien oder die Frage nach dem G8- oder G9-Abitur: Dass Schule und Bildung hochpolitische und sensible Themen sind, mutet fast wie eine Binsenweisheit an. Aber wie verhält es sich mit den Orten und Räumen von Bildung (hier vor allem der sekundären und tertiären)? Zwar machten Schulbauten und Klassenzimmer nicht zuletzt wegen des Sanierungsstaus negative Schlagzeilen in der Presse, ansonsten scheint jedoch das Thema, *wo* und weswegen *wie* gelernt und gelehrt wird, nicht als besonders wichtig erachtet zu werden – und das, obwohl die COVID-19-Pandemie in besonderer Drastik die Relevanz von physischen Bildungsräumen vorführte.

Der Blick zurück auf das 20. Jahrhundert zeigt, dass dies einmal grundsätzlich anders war: Reformpädagog:innen riefen um 1900 zu neuen Lehr-, Lern- und Lebensformen auf, und freilich sollte dafür ein entsprechender räumlicher Rahmen geschaffen werden. Architekt:innen einer sozialen Moderne in der Zwischenkriegszeit, etwa in Frankfurt am Main oder in Wien, schufen Schulbauensembles nach den gestalterischen Prinzipien Licht, Luft und Sonne und damit Gebäude, die einen Bruch zu den Schulhäusern des Kaiserreichs darstellten – auch wenn ihre Zahl überschaubar blieb. Schulen sollten Orte sein, an denen Kinder kreativitätsfördernd zu demokratisch gesinnten Bürger:innen erzogen werden, und dies war, so die Annahme, leichter und nachhaltiger in neuen Räumen der Bildung, auch unter Berücksichtigung neuer hygienischer Konzepte aufgrund der vielen Krankheitswellen der Zeit.

Nach 1945 knüpfte man in Ost- wie in Westdeutschland an diese Ideen erneut an, wenn auch unter jeweils anderen politischen Umständen. Wie einige der Beiträge zeigen, blieben die Gedanken der Reformschulen, wie zum Beispiel die Idee der Klassenzimmereinheit oder des Freiluftunterrichts, weiterhin lebendig, auch wenn sich die politischen, sozialen und architektonischen Umstände verändert hatten. Durch Reisen, Ausstellungen und Vorträge, aber auch in Forschungsinstituten oder Expert:innennetzwerken wie der Schulbaukommission der *Union internationale des architectes* (UIA), der UNESCO oder der *Organisation for Economic Co-operation and Development* (OECD), wurden Foren des internationalen Austauschs zum Schulbau geschaffen, die global ausstrahlten. Überhaupt war die Leitidee etwa der UIA-Schulbaukommission, wie sie in der Schulbaucharta ab den späten 1950er Jahren festgelegt worden ist, dass Schulbauten sich an regionalen Bedingungen orientieren sollten, eine zutiefst emanzipatorische. Denn die Einbeziehung des lokalen Kontexts in Planung, Bau und Funktion des Schulgebäudes betraf ja nicht nur architektonische Fragestellungen, sondern hatte ganz explizit auch sozialen Charakter. Diese Haltung muss im Kontext der Antikolonialbewegung und der internationalen Zusammenarbeit gesehen werden. Aber auch die

Abb. 1: Plakat zum Online-Workshop Politischer Bildungsbau, 01. Dezember 2023

Bandbreite der nach 1945 allein in Ost- und Westdeutschland entstanden Schulbautypen – und damit der Lehr- und Lernkonzepte – ist enorm. Dabei darf der Einfluss der alliierten Besatzungsmächte auf die jeweilige zonale Schul- Bildungsarchitektur nicht unterschätzt werden. Es sollte in Zukunft noch stärker thematisiert werden, wie sich diese zu den landestypischen Traditionen und Bildungsbauvorstellungen verhielten.

Aus den genannten historischen wie zeitgenössischen Gründen schien uns eine Diskussion über Bildungsbauten erstrebenswert. Der vorliegende Band versammelt Texte, die sich mit politischen Bildungsbauten von der Bildungsreformzeit Ende des 20. Jahrhunderts in Argentinien über Schulbau in der DDR und in der Bundesrepublik der Nachkriegszeit bis in die 1990er Jahre auseinandersetzen. Er ist das Ergebnis eines Onlineworkshops, der im Dezember 2023 unter gleichem Titel stattfand und den Fragen nachging, wie politisch Bildungsbauarchitektur und deren Ausstattung ist beziehungsweise war, welche Bildungsideale und -konzepte sich in dieser widerspiegeln oder welche Rolle die Architekten und Entwerfer in diesem Aushandlungsprozess spielten. Organisiert wurde der Workshop von den beiden Herausgeber:innen, unterstützt von der TU Darmstadt, Fachgebiet Architekturtheorie und -wissenschaft (ATW), sowie von der Guernica-Gesellschaft e.V. Weil nicht alle Vorträge als ausgearbeitete Beiträge aufgenommen werden konnten, sind noch weitere Texte dazugekommen, um damit das Bild von Bildungsbauten in ihren politischen Bezügen abzurunden. Regina Bittner (Dessau) untersucht in *Bildungsorte zwischen Widerstand und Selbstbestimmung* die internationalen Verflechtungen der Bildungsmoderne nach dem Sputnikschock. Dabei fokussiert sie insbesondere auf Campusarchitekturen in Afrika, die als kreativ-geistige Zentren der Befreiungsbewegungen wirkten. Mit Joaquín Medina Warmburg (Karlsruhe) und seinem Text *Bildungsarchitektur als Identitätspolitik* verlassen wir Afrika und werfen einen Blick auf die Situation in Argentinien in der Mitte des 20. Jahrhunderts, wobei hier die städtebauliche Einordnung und die symbolischen Qualitäten von Schulbauten in der argentinischen Hauptstadt Buenos Aires im Vordergrund stehen. Eva Maria Stadlers (Wien) Aufsatz *The Garden for the Children is the Kindergarten* wirft einen Blick auf die Architektur für Kleinkinder und behandelt die ineinander verzahnte Entwicklung von Kindergärten und Kinderspielzeug / didaktischen Konzepten am Beispiel von Montessori. Wie auch in ungewöhnlichen Räumen gelernt und gelehrt werden kann und wie viel Angst vor dem Atomschlag in den Bildungsbauten der 1970er Jahre stecken, untersucht Lisa Beißwanger (Koblenz) in *Zwischen Klaustrophobie und maximaler (Gestaltungs-) Freiheit*. Darin setzt sie sich auch mit der oftmals kritischen Rezeption von fensterlosen Klassenräumen auseinander. Alexandra Axtmann (Karlsruhe) bespricht in

Vorwort

Die Kieler Pavillonschulen und der Schulbau der 1920er bis 1950er Jahre eine aktuelle Neuerscheinung zu einem speziellen Typ von Bildungsbauten in der britischen Besatzungszone und dessen Vorläufer und Kontext, die fast schon als komplementäre Ergänzung zu diesem Sammelband erscheint. Ebenfalls mit der frühen Nachkriegszeit und dem (vermeintlichen) Aufbruch der Schule nach dem Nationalsozialismus setzt sich Martin Papenbrocks (Karlsruhe) Aufsatz über die *Kufenstühle von Karl Nothelfer* auseinander. Damit rücken die ebenfalls wichtigen Themen Traditionen und Kontinuitäten sowie Möbeldesign für Bildungsbauten in den Vordergrund. Oliver Sukrow (Darmstadt) stellt sich die Frage, wie der *Schulbau in der DDR als politische Aufgabe* verstanden worden ist und wie sich die Wechselwirkungen von Bildungspolitik, Schulbau und Pädagogik an der ›neuen sozialistischen Schule‹ abzeichneten. Räumlich und zeitlich knüpfen die Überlegungen von Anna-Sophie Kruscha (Wuppertal) zum Begriff der *Polytechnischen Bildung* an. Kruschas Aufsatz erweitert das Spektrum des Sammelbandes um eine bildungsgeschichtliche Dimension. Doch in welchen Architekturen wurden eigentlich angehende Lehrer:innen ausgebildet? Dieser Frage widmet sich Sonja Hnilica (Dresden) in ihrem Aufsatz *Von den Lehrerseminaren der Kaiserzeit zu den Pädagogischen Hochschulen in der BRD* in einem breiten Panorama von architektonischen Lösungen. Schließlich zeigt Nora Benterbusch (Saarbrücken) in *Bildungsbauten als Gegenstand der universitären Lehre* in Form eines Praxisbeispiels, wie sich Studierende in einem Seminar mit der Campusarchitektur der Saarbrücker Universität und damit auch ihrer Lehr- und Lernumgebung beschäftigten.

Abgerundet wird der Band durch zwei Besprechungen von aktuellen Neuerscheinungen und einer Ausstellung sowie die Aufsätze der Gewinner:innen des Jutta-Held-Preises 2021 und 2023. Seit 2021 vergibt das Zentralinstitut für Kunstgeschichte in München den Jutta-Held-Preis. Der Preis erinnert an die langjährige Vorsitzende der Guernica-Gesellschaft und die Begründerin des Jahrbuchs *Kunst und Politik* und würdigt ihr Engagement für eine kritische Kunstwissenschaft. Ausgezeichnet werden kunstgeschichtliche Masterarbeiten und Dissertationen mit gesellschaftspolitischer Perspektive. In der neuen Rubrik »Jutta-Held-Preis« haben die Preisträgerinnen seit dem letzten Band 25/2023 die Möglichkeit, kurze Zusammenfassungen oder Ergänzungen ihrer ausgezeichneten Arbeiten zu präsentieren. Jo Ziebritzki wurde für ihre Studie *Stella Kramrisch. Kunsthistorikerin zwischen Europa und Indien* von 2021 ausgezeichnet. Ihr Aufsatz *Geschlechtsbasierte Differenzpraktiken in der Wiener Kunstgeschichte ca. 1910–1930* stellt einige Ergebnisse ihrer feministischen Untersuchungen zur Situation des Wiener Kunstgeschichtlichen Instituts zu Beginn des 20. Jahrhunderts vor. Anne Pfautsch erhielt den Jutta-Held-Preis 2023 für ihre Dissertation *Ostkreuz – Agency of Photographers: Tracing the Legacy of the German Democratic Republic in Post-Socialist Photography and Exhibition Making*. Der hier veröffentlichte, gleichnamige Aufsatz stellt ihre zentralen Thesen und Ergebnisse zur einzigen Fotoagentur vor, welche es vor und nach der deutsch-deutschen Wiedervereinigung 1989/90 gab.

Wir freuen uns sehr, dass die Artikel des Workshops von 2023 in gesammelter Form im Jahrbuch 2024 der Guernica-Gesellschaft e.V. gemeinsam mit den anderen Texten erscheinen können. Allen Autor:innen, allen an Redaktion und Layout beteiligten Personen und der Guernica-Gesellschaft sei hiermit für die Unterstützung herzlich gedankt.

Alexandra Axtmann und Oliver Sukrow

Regina Bittner

Bildungsorte zwischen Widerstand und Selbstbestimmung. Die ANC-Bildungszentren SOMAFCO und Dakawa

Im Archiv der University of Fort Hare in Alice (National Heritage and Cultural Studies Center) wird die Geschichte der südafrikanischen Befreiungsbewegung aufbewahrt. Neben umfangreichen Dokumenten, Plänen und Fotografien befindet sich hier auch eine Sammlung von Artefakten, Lehrmitteln und Unterrichtsmaterialien. Dr. Maamoe Mosoabuli, Leiter des Archivs, gehörte zu jener Gruppe junger, dem African National Congress (ANC) verbundener Südafrikaner, die im Solomon Mahlangu Freedom College (SOMAFCO) in Tansania Aufnahme und Bildung fanden, bevor er ein Stipendium für ein Studium in der DDR in Leipzig erhielt. Hier absolvierte er in den 1980er Jahren sein Journalistikstudium. Nach der Rückkehr nach Südafrika bekam er die Chance, ein zweites Studium der Archivwissenschaften in Großbritannien aufzunehmen, bevor er zu Beginn der 1990er Jahre endgültig nach Alice zurückkehrte und den Aufbau des Archivs der Anti-Apartheid-Bewegung vorantrieb. Neben Lehrmitteln in russischer Sprache, an denen der Aufbau von Kristallen und Atomen erprobt werden konnte, finden sich englischsprachige Schulbücher für den Physikunterricht, Baukästen zum Kennenlernen geometrischer Grundformen sind in der Nachbarschaft von Sony-Kassettenrecordern aufbewahrt. Plastische Modellierungen der Beschaffenheit der Erdoberfläche aus Dänemark finden im Regal direkt hinter Tamburin und kleinen Trommeln Platz, die im Musikunterricht zum Einsatz kamen (Abb. 1).

Dieser Kosmos der Dinge bietet einen Einblick in das Lernen und Lehren in den ANC-Bildungszentren SOMAFCO und Dakawa als Orten globaler Verflechtungen auf der Grundlage internationaler Solidarität. Die Gründung des SOMAFCO 1978 in Morogoro in Tansania steht in unmittelbarem Zusammenhang mit dem Soweto-Aufstand 1976 in Johannesburg. Es war ein Protest vor allem jugendlicher Südafrikaner:innen gegen die Verschärfung der rassistischen Bildungspolitik des Apartheid-Regimes, das 1974 Africaans – die Sprache der weißen herrschenden Schicht – als Schulsprache einführte. Schon mit dem 1953 verabschiedeten Bantu-Education-Act wurde der schwarzen Bevölkerung der Zugang zu höherer Bildung verwehrt. Die Bildungsstrategie des Apartheid-Regimes steuerte damit eine zutiefst rassistische Politik von Ausgrenzung und Separierung. Für diese vor dem Regime fliehenden jungen Südafrikaner:innen einen Ort der zeitweiligen Bleibe und vor allem der Ausbildung zu schaffen, war das Anliegen der Bildungs- und Entwicklungscamps, die ohne die panafrikanische Bewegung wechselseitiger Kooperation und Unterstützung im antikolonialen Befreiungskampf nicht zu denken sind. Julius Nyerere, erster Präsident des unabhängigen Tansanias, war seit den 1960er Jahren ein wichtiger Akteur innerhalb der Panafrikanischen Bewegung und Unterstützer des vom Exil aus agierenden ANC. Für die nach dem

Abb. 1: Lehrmaterialien aus Dakawa und SOMAFCO

Soweto-Aufstand in Dar es Salam Zuflucht suchenden jungen Südafrikaner:innen wurde die Stadt sowohl auf Grund nicht ausreichender Unterkünfte und der Angst vor Pro-Apartheid-Spionen jedoch bald zum Problem. Die Ansiedlung des ersten Entwicklungs- und Bildungszentrums in der Morogoro-Region folgte insofern auch sicherheitsstrategischen Überlegungen der tansanischen Regierung.

Der erste Komplex in einer ehemaligen Sisal-Plantage, der neben Wohnbauten, Kindertagesstätten, Grundschulen und Sekundarschulen auch Werkstätten, Fabriken und landwirtschaftliche Einrichtungen integrierte, wuchs allmählich und war, wie der Projektmanager Spencer Hodgson rückblickend erinnert, das Ergebnis der »perhaps biggest international solidarity and mobilisation campaign in history«.[1] Mit dem Zentrum, das nach dem vom Apartheid-Regime zum Tod verurteilten ANC-Freiheitskämpfer Salomon Mahlangu benannt wurde, verfolgte der ANC das Ziel, eine für den Aufbau des von Apartheid befreiten Südafrikas neue Generation heranzubilden: »A new South Africa will not be won on the battlefields alone. Indeed the most decicive battles will be won in the hearts and minds of men and women and their ability to lasting acts of peace.«[2] Nur wenige Jahre später erreichte das Zentrum in Mazimbu seine Kapazitätsgrenzen und der Bau eines weiteren Komplexes in Dakawa wurde geplant, dessen Aufgabe vor allem darin bestand, junge Menschen in einer Art Qualifizierungs- und Orientierungszentrum auf die weitere Ausbildung vorzubereiten.

Im Folgenden wird es darum gehen, die Bildungsagenden dieser Zentren in ihren transnationalen Verflechtungen im Kontext der geopolitischen Konstellationen des Kalten Krieges zu reflektieren: Im Zusammenspiel zwischen internationalen Hilfsorganisationen, diversen Akteurskonstellationen, Materialflüssen, Technologien und geopolitischen Interessen werden die gebauten Anlagen der Siedlungen als formativ für spezifische Politiken der Bildung befragt.

Schließlich stehen die beiden Bildungszentren in Zusammenhang mit der besonderen Stellung der Bildungspolitik als Entwicklungshilfe in der zweiten Hälfte des 20. Jahrhunderts. Nicht nur die beiden Machtblöcke, sondern auch internationale Organisationen wie die UNESCO und die OSZE engagierten sich im Feld der Bildungspolitik. In unterschiedlichsten Szenarien, die von direkter Beratung, der Entsendung von Expert:innen, Stipendien bis zum Export von Schulbautypen und Campuskomplexen reichte, prägten sich die Soft-Power-Strategien im Kalten Krieg aus.[3] War die Rolle des Ostblocks in der Historiografie der internationalen Entwicklungshilfe und deren Verflechtung mit bildungspolitischen Agenden lange unberücksichtigt geblieben, so widmen sich jüngere Forschungen verstärkt dem bildungspolitischen Engagement des Ostblocks als globalem Sozialismus. Sie bieten nicht nur Einsichten in die Zentralität von Bildung in den postkolonialen Gesellschaften, sondern stellen auch die Vielfalt an Austausch, Begegnungen und Kooperationen im Feld der Bildung heraus.[4] Schließlich war Bildung eines der wichtigsten und dynamischen Felder der Ost-Süd-Beziehungen, in denen weniger simple Übernahmen sozialistischer Ideologien und Bildungskonzepte stattfanden als vielmehr deren Adaption, Übersetzung und Weiterentwicklung auch eine Vielfalt neuer Lernformen hervorbrachte. Die beiden ANC-Bildungszentren in Tansania sind aber vor allem deshalb von besonderem Interesse, weil sowohl westliche Hilfsorganisationen, hier vor allem skandinavische Akteure gemeinsam mit Partnern:innen aus sozialistischen Ländern, sowohl am Aufbau als auch in der Ausbildung engagiert waren. Wie prägten diese unterschiedlichen Ideologien der Bildungsagenden einerseits und die damit verknüpften Hierarchien der Wissensvermittlung andererseits den konkreten Alltag der Bildungs- und Entwicklungszentren? Zum einen wird es darum gehen die besonderen Bildungsansätze zu diskutieren, die hier zum Einsatz kamen. Zum anderen setzt sich der Artikel mit den Campusanlagen als Manifestationen der internationalen Solidarität, aber auch als von unterschiedlichen Ideologien und Interessen durchzogene gebaute Lernumgebungen auseinander.

›Education with production‹

Den beiden Bildungszentren SOMAFCO und Dakawa kam die Aufgabe zu, Lernangebote vom Kindergarten bis zur Berufsausbildung bzw. der Vorbereitung auf ein Studium im Ausland zu schaffen. Dem im Rahmen der internationalen Solidaritätsbewegung sich formierenden transnationalen Engagement zur Unterstützung dieser Lernumgebungen ist zu verdanken, dass in SOMAFCO und Dakawa unterschiedlichste Erziehungsstile und Bildungskonzepte aufeinandertrafen, die aus der Sowjetunion, aus Schweden, Dänemark, den Niederlanden, der DDR, aber auch von christlichen Missionsschulen stammten. Im Fächerkanon fanden sich 1988 Mathematik, Englisch, Chemie, Biologie, Physik, Agrarwissenschaften, technisches Zeichnen, Literatur, Kunst, Gesellschaftskunde sowie Geschichte des Kampfes der Anti-Apartheid-Bewegung. Das Fach zur Ent-

Abb. 2: SOMAFCO Progress Report Special Edition, 1985

wicklung von Gesellschaften geht auf Einflüsse aus der Sowjetunion zurück, während ›History of Struggle‹ die Geschichte der Antiapartheidbewegung an die jüngere Generation vermitteln sollte.[5] Das übergreifende Ziel der Bildungspolitik des ANC bestand vor allem darin, im Exil eine Generation, die zum Teil noch unter den Repressionen des Bantu-Regimes erzogen worden ist, mit Wissen und Fähigkeiten auszustatten, die sie in die Lage versetzt, eine neue von Apartheid befreite demokratische Gesellschaft aufzubauen. Das schloss auch ein, Verhaltensmuster und Wertvorstelllungen in die Erziehung zu integrieren, die in südafrikanischen Traditionen der praktischen Zusammenarbeit, der Sprache, Kultur und Solidarität gründeten. Südafrikanische Bräuche – Tänze, Lieder und Handwerkstraditionen – gehörten vom Kindergarten an zum Curriculum in SOMAFCO.[6]

Im Report des ANC Education Council heißt es:

> »Our schooling system is the alternative to Bantu education and Bantu education is not merely a watered down version of academic tuition: It is a schooling system which seeks to impart certain attitudes towards self and society. Our system therefore should not concentrate purely on one aspect – the academic – but should seek to foster a complete alternative value system as implied in the ANC education policy«.[7]

Besonders wird herausgestellt, dass Student:innen aller Altersgruppen in produktive Prozesse im Campus einbezogen werden und dabei technische und industrielle Fähigkeiten erwerben sollen. Die praktischen Fertigkeiten wurden auch mit dem Ziel vermittelt, den Respekt vor und gegenseitige Unterstützung bei sozial und gesellschaftlich notwendiger Arbeit für eine selbstbestimmte und unabhängigen Gemeinschaft zu fördern (Abb. 2).

Dieser Aspekt des Curriculums ›education with production‹ – die Kombination von akademischer Aktivität mit physischer Arbeit – verstand Bildung nicht nur als Angelegenheit des Lernens im Klassenraum, sondern auch auf der Farm oder in der Fabrik. Das Konzept geht zurück auf Patrick von Rensburg, ein südafrikanischer Theoretiker und Pädagoge, der 1967 bereits in seiner Publikation *Education and Development in an Emerging country* die Grundlinien seines pädagogischen Konzeptes skizzierte und später nach seiner Rückkehr aus dem britischen Exil in der Swaneng Hill Scholl in Botswana umsetzte.⁸ Er hatte SOMAFCO in den ersten Jahren der Gründung besucht. Ausgangspunkt seiner Überlegungen bildete die besondere Situation der Bildung auf dem afrikanischen Kontinent, die durch die koloniale Vergangenheit und damit verbundene Superiorität des Westens geprägt war. Das von ihm vorgeschlagen Brigade-Modell ging von der Tatsache aus, dass sich für viele Kinder nach dem Abschluss der Grundschule kein weiterer Bildungsweg eröffnete. Die Brigaden verstand er als Alternative zur weiterführenden Schule, die in armen ländlichen Regionen schulisches Lernen mit praktischen handwerklichen Tätigkeiten wie Tischlern, Weben, Landwirtschaft und technischer Ausbildung verbanden und so den Weg für eine ökonomische Selbstständigkeit ebneten.⁹

Aus der Sicht des ehemaligen SOMAFCO-Lehrers Patrick Mtshaulana stellte sich das Konzept der ›education with production‹ wie folgt dar:

> »…the ANC favoured broadly a … less straight jacketed approach to education so that you should'nt have academics on this one hand and stupid people […] on the other side […The] education given to the people must be all round, giving and recognizing the talents and capabilities of those that were not necessarily academics and yet enriching those that were going to go academic by giving them access to practical things.«¹⁰

Im Alltag der Entwicklungszentren erwies sich dieser pädagogische Ansatz allerdings als ambivalent: viele Zeitzeugen berichteten von den Schwierigkeiten, für die Mitarbeit in der landwirtschaftlichen Produktion oder in den Werkstätten junge Student:innen zu gewinnen. Die Gründe dafür waren mannigfaltig und reichten von Ressentiments gegenüber manueller Arbeit, die von den meist städtisch sozialisierten jungen Südafrikaner:innen als sozial abwertend wahrgenommen wurde, bis hin zur Kritik am als paternalistisch erlebten Verfahren der Durchsetzung des Brigade-Modells. Wieweit in dem Modell der ›education with production‹ auch Aspekte der polytechnischen Erziehung, wie sie in den Ländern des Ostblocks zum Tragen kamen, eine Rolle spielten, kann hier nicht detailliert erörtert werden.

Im Laufe der Existenz von SOMAFCO erfuhr dieses Modell dann unterschiedliche Adaptionen und Veränderungen, wobei die Mitarbeit in der Landwirtschaft, in der Textilfabrik und in den mechanischen Werkstätten für das auf Selbstversorgung ausgerichtete Zentrum essenziell war. Mehr und mehr wurden auch tansanische Arbeitskräfte aus der Region für diese Tätigkeiten angeworben. Und mit der Einführung von *Letsema*, Tage der gemeinsamen Arbeit mit und für die Gemeinschaft in den Zentren, wurden viele Aspekte der ›education with production‹ quasi in ein anderes Format kollektiver Aktivität übersetzt. Ob und inwiefern dieses von sozialistischen Ideologien des sozialen und politischen Egalitarismus geprägte Bildungsmodell tatsächlich einer neuen Form von Schule den Weg bereitete, darüber existieren divergierende Einschätzungen. Gleichwohl sich die hinter diesem Konzept liegende Vision an eher ökonomisch schwach entwickelten Gesellschaften ausrichtete und die Vielzahl ungelernter Arbeitskräfte zu mobilisieren beabsichtigte, verfolgte der ANC mit seinen Campusschulen eine andere Bildungsstrategie. Hier lag der Fokus auf akademischen Fächern, Examen und daraus folgenden erweiterten Bildungskarrieren: »The growing centrality of academic teaching producing well-qualified and technically competent graduates for the ›New South Africa‹ led to the fall of education with production at least as ideologically motivated mass labor«.¹¹

Lernumgebungen als Mikrokosmen einer neuen Gesellschaft

Aufbau des ANC-Entwicklungszentrums Dakawa in Tansania

Abb. 3: Peter Wurbs: Aufbau des ANC Entwicklungszentrum Dakawa in Tansania

In den ersten Monaten des Aufbaus von SOMAFCO auf dem Gelände einer ehemaligen Sisal-Farm in Mazimbu, einer kleinen Stadt in der Region Morogoro, fand der Unterricht oft noch im Freien und unter Bäumen statt. Neben verfallenen Siedlerhäusern entstanden mit der Hilfe internationaler Spenden und Unterstützer ab 1977 die Schulgebäude. Hinzu kamen landwirtschaftliche Einrichtungen, ein Krankenhaus, Grund- und Sekundarschulen, Sportanlagen, Kultureinrichtungen, eine Möbelfabrik sowie Wohnsiedlungen. Im Masterplan von SOMAFCO bilden die Bildungsstätten den Kern der Anlage während alle weiteren Bauten entlang der Straßen die unmittelbar zum beziehungsweise weg vom Campus führten, angeordnet waren. Die Bildungseinrichtungen wurden quasi zentralisiert: An sie schlossen sich die Wohn- und Produktionsbereiche an. Das betraf auch die Wohnunterkünfte, die Sport- und Gemeinschaftseinrichtungen für das tägliche Leben sowie Obstgärten und Werkstätten als Orte der Produktion. In ihrer Analyse der räumlichen Organisation stellt Nokubekezela Mchunu heraus, dass im Masterplan von SOMAFCO auch eine deutliche Abkehr von Stadtplanungen unter dem Apartheidregime zum Ausdruck kommt, die wesentlich von Prinzipen der räumlichen Separierung, Überwachung und Kontrolle geprägt waren. SOMAFCO war radial angelegt, sollte jedoch um zukünftige Siedlungen erweiterbar sein, die wiederum einzelne unabhängige Einheiten bildeten.[12] Der Komplex beherbergte bald 3500 Südafrikaner:innen und bot zugleich Arbeit für die tansanische Bevölkerung aus den umliegenden Gemeinden (Abb. 3).

Die räumliche Anordnung des zweiten Bildungszentrums Dakawa unterschied sich vom Vorgängerzentrum SOMAFCO: eine dezentralisierte Anlage entstand, die Kapazitäten und Möglichkeiten für zukünftige Erweiterungen vorhielt. Grund für den Bau eines zweiten Komplexes war der anhaltende Zustrom flüchtender junger Südafrikaner:innen und der damit verbundene Bedarf, den Neuankommenden Orientierung in den Schulablauf sowie Instruktionen in einzelnen Fächern zu geben, bevor sie dann in SOMAFCO studieren konnten. 1982 bot die tansanische Regierung für diesen neuen Komplex erneut ein Gelände an, dass allerdings hinsichtlich seiner geografischen Lage, der Ressourcen und Infrastruktur wesentlich schlechter ausgestattet war. In den Diskussionen über Ausmaß und Funktion von Dakawa wurden sowohl Fragen nach dessen Verhältnis zu SOMAFCO als auch zu dessen zeitlichen Rahmen immer wieder thematisiert. Der Aufbau dieses Komplexes sah sich mit diversen Spannungsfeldern konfrontiert: sie ergaben sich aus den ständig Neuankommenden und deren Bedarf nach Unterkunft, aus der wachsenden Notwendigkeit eines Befreiungskriegs, aus dem Imperativ, in einem fremden Land eine lebendige Gemeinschaft als Modell für das zukünftige Südafrika aufzubauen.[13] Bedeutenden Anteil an der Planung von Dakawa hatte die Norwegische Beratungsfirma Norplan. Der 1984 vorgelegte Masterplan umfasste alle Aspekte des Komplexes, von den Wohnsiedlungen über Bildungs- und Kultureinrichtungen, Werkstätten, Verwaltungseinrichtungen, und war für eine Bewohnerzahl von 5.000 ausgelegt.

Mit Unterstützung internationaler Hilfe in Form von freiwillig zur Verfügung gestellten Materialien und Dienstleistungen bei der Planung, dem Bau und den verschiedenen betrieblichen Erfordernissen konnte Dakawa verwirklicht werden. Dakawa war auch als Gemeinschaft für eine größere Produktionskapazität als SOMAFCO ausgerüstet. Das bildete sich unter anderem in großen Flächen für die landwirtschaftliche Produktion sowie für Berufswerkstätten ab. Neue, modulare und vorgefertigte Konstruktionsmethoden wurden eingeführt, um den dringenden Bedarf an Unterkünften zu decken. Dabei konnten vor Ort neue Konstruktionstechniken vermittelt werden. Ein Beispiel für die unmittelbare internationale Unterstützung beim Aufbau von Dakawa ist die Wall-Panel-Bauweise (Wall-Panel-Construction, WPC), die in Dakawa zum Einsatz kommen sollte.

Ein Bausystem zwischen den Fronten

Im Archiv der Stiftung Bauhaus Dessau befindet sich ein umfangreiches Konvolut an Dokumenten über zwei UN-Habitat-Seminare, die am damaligen Zentrum für Gestaltung Bauhaus Dessau von der Bauakademie der DDR organisiert wurden. Das erste Seminar 1987 unter Beteiligung internationaler Expert:innen stand im Kontext des von der UNO proklamierten »International Year of Shelter for the Homeless« und hat den etwas umständlichen Titel »Erfahrungen der DDR bei der Lösung der Wohnungsfrage und ihre Nutzung für Entwicklungsländer«. Architekt:innen und Planer:innen aus Angola, Ghana, dem Irak, Äthiopien Ägypten, Syrien, Tanzania, Kenia, Zimbabwe sowie vom ANC finden sich auf der Teilnehmer:innenliste. Ein Jahr später folgte eine zweite Veranstaltung: Ein von Architekt:innen und Bauingenieur:innen am Institut für Städtebau und Architektur der Bauakademie der DDR entwickeltes und im ANC-Entwicklungszentrum Dakawa angewandtes Fertigbausystem wurde auf diesem Seminar vorgestellt.[14] Unter der Schirmherrschaft von UN-Habitat hatten der ANC und das DDR-Solidaritätskomitee ein gemeinsames Projekt zur Einführung der WPC-Bauweise im ANC-Entwicklungszentrum Dakawa beschlossen.

In der Zeitschrift *Architektur der DDR* berichtete der an dem Projekt beteiligte Architekt Peter Wurbs 1989 ausführlich über dieses Projekt, das bereits 1987 begonnen wurde und sowohl den Aufbau einer mobilen Vorfertigungsanlage als auch die Ausbildung von ANC-Kadern in Bautzen vorsah. Vor Ort in Tansania sollten diese dann gemeinsam mit FDJ-Brigaden den Aufbau von Kindertagesstätten und geplanten weiteren Wohnhaustypen realisieren. Dazu gehörte auch die Vor-Ort-Ausbildung »ungelernter Arbeitskräfte«[15], wie es im Artikel heißt (Abb. 3).

Im Archiv des Leibnitz-Instituts für Raumbezogene Sozialforschung (IRS) sind die Dokumente der Bauakademie der DDR gesammelt: Hier finden sich weitere Spuren zum Dakawa-Projekt. In den Korrespondenzen zwischen dem Zentralrat der FDJ, dem Solidaritätskomitee der DDR, dem Institut für Städtebau und Architektur der Bauakademie und dem Ministerium für Bauwesen kommen die Schwierigkeiten bei der Implementierung des Vorhabens zur Sprache: Mängel an den vorgefertigten Bauteilen und damit verbundene teure Nacharbeiten, die geringe fachliche Qualifikation der FDJ-Bauarbeiter:innen und lokalen Kräfte, der Befall mit Termiten und so weiter.[16] Die Berichte weisen eine hohe Dringlichkeit auf und betonen die besondere Bedeutung dieses Projekts für die internationale Anerkennung der DDR.

Den politischen Stellenwert hatte auch der Artikel in der *Architektur der DDR* herausgestellt: »Mit der produzierenden Vorfertigungsanlage und der im Rohbau errichteten Kinderkrippe wurde im Zentrum von Afrika ein überzeugendes Referenzobjekt für die Leistungsfähigkeit der WPC Bauweise geschaffen. Es stellt einen international vielbeachteten Beitrag der DDR zum *International Year of Shelter for the Homeless (IYSH)* dar.«[17]

Warum wurde diesem Projekt eine solche besondere politische Bedeutung in der DDR zugeschrieben zu einem historischen Zeitpunkt, wo standardisierte industrialisierte Bautechnologien als Beiträge zur Lösung der Wohnungsnot in den – wie es damals hieß – »Entwicklungsländern« international bereits heftig unter Kritik standen? Schon seit Mitte der 1970er Jahre hatten sich internationale Architekt:innen gegen »low cost housing development«-Strategien gewandt und für an lokalen Bautraditionen, Materialien und Praktiken ausgerichtete Projekte eingesetzt. Die erste Habitat-Konferenz 1976 in Vancouver plädierte dafür, »housing as a basic human right and as a practice of communal creation« zu verstehen[18] und setzte damit einen Paradigmenwechsel in der Development-Politik in Gang: weg von den standardisierten technologisch hochgerüsteten, von westlichen Akteuren wie dem IWF, der Weltbank und der UN geprägten One-fits-all-Lösungen, die eher weltweit zu neuen Abhängigkeiten denn zu Bewältigung von Armut und Obdachlosigkeit beigetragen hatten, und hin zu an lokalen Akteur:innen, Bauwissen und Materialien ausgerichteten Selbstbauprojekten.[19] Im Tenor dieser Kritik liest sich auch ein Dokument im ANC-Archiv der University Fort Hare: der von der norwegischen Firma Norplan vorgelegte Masterplan für das Bildungszentrum Dakawa wird hier aus eben jener Perspektive der Abstandsnahme vom modernistischen Entwicklungshilfe-Paradigma diskutiert: »Are they planning a mini-Brazilia?« wird in dem Report gefragt. Die nach westlichen Standards geplanten Sanitäranlagen standen vor dem Hintergrund des akuten Wassermangels in der Region ebenso in der Kritik wie die Baumaterialien und Technologien, verbunden mit der Frage, warum hier nicht auf lokale Baumaterialien und Bauweisen zurückgegriffen wurde.[20]

Das Engagement der DDR in Dakawa steht im Kontext der seit den 1970er Jahren aktiven Bemühungen um internationale Anerkennung, die nach dem Ende der Hallstein-Doktrin eine neue Stufe erreicht hatte und in der Mitgliedschaft in der UN seinen Ausdruck fand. Architektur und Wohnungsbau wurden auf internationaler Ebene in unterschiedlichen Organisationen, Konferenzen und Projekten zu Feldern der Begegnung und des Austauschs zwischen den Blockmächten und postkolonialen Ländern. Aber auch pragmatische ökonomische Beweggründe – wie der Zugang zu dringend benötigter westlicher Währung – machten das Dakawa-Projekt zu einer hochpolitischen Angelegenheit.

Doch zugleich greift diese Argumentation zu kurz, wenn sie den Rahmen des Ost-West-Systemvergleichs nicht verlässt, die das Engagement der DDR in Dakawa nur als Ausweis des Ringens um internationale Anerkennung begreift. Vielmehr ist das Zusammentreffen von norwegischen, finnischen, ostdeutschen, tansanischen, dänischen und südafrikanischen Akteuer:innen in Dakawa auch Ausruck einer Entwicklung, die in der Historiografie der Globalisierung lange ausgeblendet wurde. Zu Recht kritisieren Zeithistoriker:innen die Abwesenheit der Rolle sozialistischer und postkolonialer Staaten in der Betrachtung globaler Verflechtungen im 20.Jahrhundert, die den Westen als einzigen Motor derselben beschreibt und den ›Rest‹ als davon ausgeschlossen und isoliert behandelt.[21] Wie sozialistische Projekte rund um den Globus miteinander ökonomisch, politisch und kulturell verbunden waren, wie sich globale Geografien im Zuge antikolonialer Befreiungsbewegungen verschoben haben und in welchen dynamischen Prozessen und Kollaborationen sich alternative Modelle des Lernens und Lebens ausprägten: die beiden ANC-Bildungszentren in Tansania bieten für diese Fragen spannende Einsichten. Sie waren schließlich Lernorte, hier traf die Pluralität unterschiedlicher transnationaler Bildungskonzepte in all seinen Spannungen, Kontroversen und Konflikten aufeinander.

Der Artikel geht zurück auf Forschungen im Rahmen des Bauhaus Labs 2022 »Doors of Learning. Microcosms of a Future South Africa«.

---

1   Interview mit Spencer Hodgson in Johannesburg im Juni 2022, Bauhaus Lab 2022.
2   *The ANC's SOMAFCO Progress Report*. Special edition. August 1985, Hilda and Rusty Bernstein Papers 1931–2006, University of Fort Hare, ANC Archives, collection number A3299, S. 4.
3   Tom Holert »Politiken des Lernens, Politiken des Raumes Der Bildungsschock der 1960er und 1970er Jahre« In: Ders. (Hg): *Bildungsschock. Lernen Politik und Architektur in den 1960er und 1970er Jahren*. Berlin 2020, S. 25.
4   Vgl. hier Ingrid Thea Miethe, Jane Weiss (Hgg.): *Socialist Educational Cooperation and the Global South*. Berlin 2020.
5   Brown Bavusile Maaba: »Alternative Schooling for South Africans. Notes on the Salomon Mahlangu Freedom College in Tanzania 1978–1992« In: *International Journal of African Historical Studies*. Vol. 37, 2004, No. 2, S. 289–308, hier S. 292.

6 Vgl. Nokubekezela Mchunu: »Reframing transnational identities Education in a Transitory state« In: Stiftung Bauhaus Dessau (Hg.): *Doors of Learning. Microcosms of a future South Africa*. Leipzig 2023, S. 43.
7 *Education Report*. Hilda and Rusty Bernstein Papers, 1931–2006, University of Fort Hare, Alice, NAHECS, ANC Archives.
8 Patrick von Rensburg: *Education and Development in an Emerging country*. Uppsala 1967.
9 Ebd., S. 18.
10 Zitiert nach Maaba 2004 (wie Anm. 5), S. 296.
11 Ebd., S. 298.
12 Mchunu 2023 (wie Anm.6), S. 44.
13 Sean Morrow: »Dakawa Development Center. An African National Congress Settlement in Tansania 1982–1992« In: *African Affairs*. Vol. 97, 1998, No. 389, S. 497–521, hier S. 501.
14 Bauakademie der DDR, Directive for the implementation of the seminar: *Experience of the GDR in solving the housing problem and its relevance for developing countries*. 1988, Stiftungsarchiv, Archiv der Stiftung Bauhaus Dessau, EA 264_fundus.
15 Peter Wurbs: »Aufbau des ANC-Entwicklungszentrums Dakawa in Tansania« In: *Architektur der DDR*. 9, 1989, S. 51–54.
16 IRS/Wiss.Sammlungen, Bestand A2_2 Internationale Zusammenarbeit, Sign. A2_2_14.
17 Wurbs 1989 (wie Anm. 15).
18 https://sdgs.un.org/sites/default/files/documents/7252The_Vancouver_Declaration_1976.pdf [zuletzt aufgerufen am 12.03.2024].
19 Vgl. u. a. John F. Turner: *Housing by People. Towards autonomy in building environments*. London 1976; John F. Tuner, Robert Fitcher: *Freedom to Build: Dweller Control of the Housing Process*. New York 1972.
20 ANC Archives, NAHECS, University of Fort Hare, Alice. SDO/049/0014/120.
21 Siehe u. a. Steffi Marung, James Mark, Artemy M. Kalinovsky (Hgg.): *Alternative Globalizations. Eastern Europe and the Postcolonial World*. Blomington 2020.

Joaquín Medina Warmburg

»Fünf Ecken« – Bildungsarchitektur als Identitätspolitik.
Eine Fallstudie zum staatlichen Schulbau in Buenos Aires
zwischen Historismus und Moderne

Der jüngste Sieg des selbsterklärten ›Anarchokapitalisten‹ Javier Milei in den argentinischen Präsidentschaftswahlen hat das südamerikanische Land im Kern seines nationalen Selbstverständnisses erschüttert. Die in Aussicht gestellte radikale Beschneidung staatlicher Strukturen durch das metaphorische Anlegen einer ›Kettensäge‹ begann beim öffentlichen Bildungssystem, das vom ultraliberalen Milei als ineffizient erachtet und der ›sozialistischen‹ Indoktrination bezichtigt wird. Erste radikale Maßnahmen im Hochschulbereich (wie etwa drastische Kürzungen der Finanzierung mitsamt der Einfrierung von Gehältern in einem Land mit Hyperinflation) haben zu Arbeitsniederlegungen und teils gewaltsamen Demonstrationen geführt. Unmittelbar zuvor – ebenfalls im Dezember 2023 – hatte das weit unterdurchschnittliche Abschneiden argentinischer Schüler in der PISA-Studie (Programme for International Student Assessment der OECD, Organisation for Economic Co-operation and Development) die Alarmsirenen insbesondere in den öffentlichen Bildungsinstitutionen ertönen lassen.[1] Die Erschütterungen reichen bis zu den Grundpfeilern eines gesellschaftlichen Selbstverständnisses, das seit bald 150 Jahren konsequent auf der Basis einer laizistischen und kostenlosen Schulpflicht aufgebaut worden ist, die als Fortschrittsprogramm und Schlüssel zur kulturellen wie sozialen Integration einer überaus heterogenen Immigrationsgesellschaft verstanden wurde. Die dadurch erfolgreich geförderte Herausbildung einer breiten gebildeten Mittelschicht hat lange sowohl kulturell wie sozioökonomisch die Besonderheit Argentiniens im lateinamerikanischen Kontext ausgemacht. Für die damit einhergehende identitätspolitische Wertevermittlung hat die architektonische Repräsentation des Staates eine nicht unwesentliche Rolle gespielt, wie der außergewöhnliche Fall der Grundschule Domingo Faustino Sarmiento mit dem dazugehörigen Kindergarten Cinco Esquinas in Buenos Aires illustriert.

Ein Schulbau als bedeutsame urbane Abweichung

Auf den ersten Blick könnte das unscheinbare Gebäude (Abb. 1) einfach als ein durchschnittliches, sogar etwas bangloses Beispiel für die heute als ›racionalismo‹ bezeichnete moderne Architektur der 1930er Jahre in Buenos Aires gelten.[2] 1934–1936 errichtet, entspricht das schmucklose, äußerst nüchterne Erscheinungsbild des Gebäudes den damaligen Idealen einer vorrangig zweckgebundenen Architektur. Die ornamentlosen, weiß verputzen Oberflächen weisen jedoch bei näherer Betrachtung ein subtiles tektonisches Fugenbild auf und auch die zurückhaltende Andeutung eines Kranzgesimses

Abb. 1: Blick auf den Eckbau des Kindergartens Cinco Esquinas in Buenos Aires

suggeriert eine stilisierte klassizistische Formensprache. Dieser Eindruck wird durch eine maßvolle Massenkomposition unterstützt, die sich zum prismatischen Eckkörper aufschichtet und staffelt. Die Ecke bildet den vertikalen Kontrapunkt zu den ansonsten dominierenden liegenden Proportionen. So wurden die stehenden Fenster mit betonten horizontalen Kippflügeln zu liegenden Gruppen zusammengefasst. Auch die seitlichen Fassaden sind von horizontalen Formaten und Rhythmen geprägt. Auffällig ist zudem die Transparenz der vier großen Glasfelder in der seitlichen Eingangsfront, die ebenfalls Assoziationen an tektonische Rahmungen mit Pfeilern und Gebälk wachruft. So überlagern sich auch hier Merkmale einer modernen und einer abstrahiert klassizistischen Formensprache. Das gilt ebenso für die Spannung zwischen lokalen Symmetrien (etwa von einzelnen Fassadenabschnitten) und asymmetrischen Massenkompositionen. Beispielsweise wird der trapezförmige Innenhof vom vertikalen Kontrapunkt des campaniléartigen Treppenturms dominiert. Auch zu diesem karg gepflasterten Hof sind drei große zusammenhängende Glasfelder angeordnet, so dass man durch die Sport- und Aufführungssäle, welche die gesamte Tiefe des Gebäudes einnehmen, zurück auf die Straße hindurchsehen kann. Trotz dieser gestalterischen Ambivalenzen bleibt der Gesamteindruck von der formalen Nüchternheit des Gebäudes geprägt, als hätten sich die Architekten aus rätselhaften Gründen zurücknehmen wollen.

Diese architektonische Zurückhaltung ist umso erstaunlicher, wenn man die besondere Lage des Gebäudes bedenkt. Es handelt sich um einen aus stadtbauhistorischer Sicht überaus bedeutsamen Ort im gediegenen Stadtviertel Recoleta im Norden von Buenos Aires (daher auch als Barrio Norte bezeichnet). Die Besonderheit erschließt sich über den Namen des Kindergartens Cinco Esquinas: fünf Ecken. Gemeint ist der Umstand, dass sich an dieser Stelle fünf gerade gezogene Straßen kreuzen und einen platzähnlichen Raum schaffen. Daraus ergibt sich die exponierte Lage und die Präsenz des Gebäudes im Stadtbild, denn es dreht sich in die zusammenlaufenden, geraden Straßen-

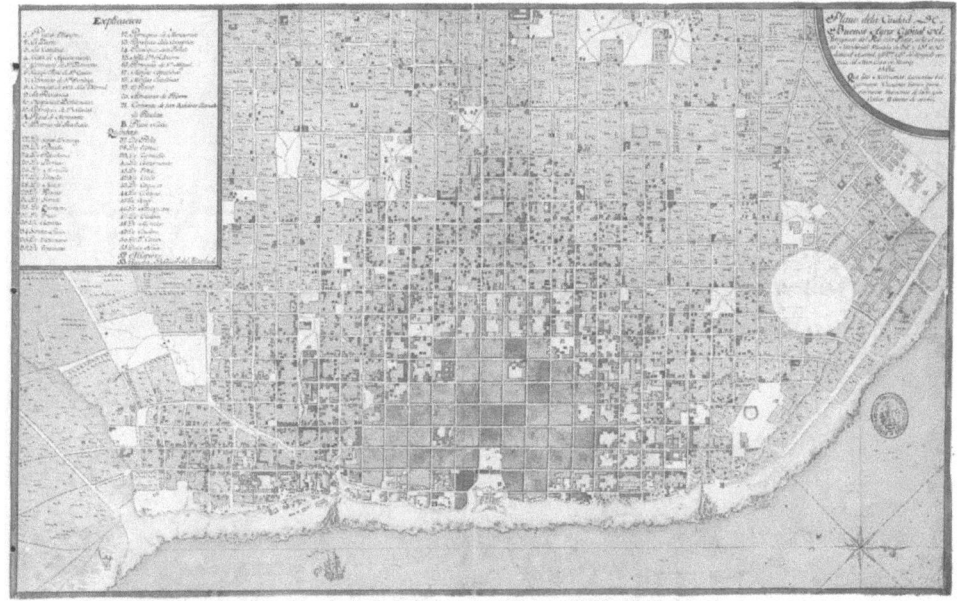

Abb. 2: Stadtplan von Buenos Aires gegen Ende des 18. Jahrhunderts (Servicio Histórico Militar no. 6268/E-16-8X; mit runder Markierung der Kreuzung rechts)

fluchten hinein, wodurch es teilweise die perspektivischen Bahnen abschließt. Es bildet sich so ein unbeabsichtigter städtebaulicher Blick- und Knotenpunkt heraus, wie man ihn etwa aus den Traditionen des barocken Städtebaus oder der Stadtbaukunst des 19. Jahrhunderts her kennt. Diese Wirkung wird zusätzlich durch den Umstand verstärkt, dass die exponierte Ecke an sonnigen Tagen mehrere Stunden lang angestrahlt wird und sich von der verschatteten Umgebung in den Straßenfluchten absetzt.

Der Blick in die historische Kartographie von Buenos Aires macht deutlich, dass die Kreuzung Cinco Esquinas eine besonders bedeutsame Ausnahme gewesen ist. Die Stadtpläne zeigen gegen Ende des 18. Jahrhundert an dieser Stelle die erste Herausbildung einer Kreuzung von fünf Straßen infolge der Anpassung des orthogonalen Straßenrasters an das nach Norden hin schräg verlaufende Ufer des Rio de la Plata (Abb. 2).[3] Durch das Zusammentreffen der beiden Raster ergab sich zunächst eine sternförmige Wegegabelung, die durch die spätere Bebauung räumlich gefasst wurde. Es ergab sich dadurch eine topologische Ausnahme im räumlichen Stadtsystem von Buenos Aires. Die hohe symbolische Bedeutung dieser erstmaligen ›Anomalie‹ (es sollten mit der Zeit weitere vergleichbare Regelbrüche folgen) erschließt sich aus dem Umstand, dass die Straßenkreuzungen gemäß den Zielen und Prinzipien des hispanoamerikanischen Städtebaus streng genommen keine ›entworfenen‹ Artefakte oder Räume darstellten. Zwar entsprachen sie einer auf Expansion angelegten territorialen Strategie, gleichwohl entsprach das isotrope Raster einer räumlichen Übersetzung von kolonialen Verwaltungsakten, für die Bernhard Siegert die Verbindungen zwischen den Passagierlisten der Siedler, den Einwohnerlisten und den Rasterpläne vorgenommenen Grundstückverteilungen nachgezeichnet hat.[4] Dass dieses rationale System mit zum

Abb. 3: *Próspero Lebeau und Ramón J. Muñoz für den Consejo Nacional de Educación (CNE), Mädchen-Schule Benjamín Zorrilla an der Kreuzung Cinco Esquinas, Buenos Aires 1886*

Teil religiösen Inhalten symbolisch aufgeladen wurde, illustrieren die Stadtgründungsrituale.[5] Wenngleich die Kreuzungen im Raster nicht Gegenstand einer bewussten und gezielten Entwurfstätigkeit im städtebaulichen Sinne waren, so wurde beispielsweise ihre Ausrichtung schon früh nach gesundheitlichen Kriterien bestimmt, wie etwa die vorherrschenden Windrichtungen oder die Besonnung. Vor allem aber war die symbolische Auflading der Kreuzungen eine Folge der sozialen Praxis. Denn sie wurden zu bedeutsamen Orten der Begegnung und der Interaktion innerhalb eines sich gleichmäßig über die natürliche Ebene ausdehnenden Rasters (ohne Diagonale, kaum Plätze, keine Stadtgrenze).

In ihren Artikeln zu einer postmodernen Stadt- und Architekturtheorie von Buenos Aires haben Rafael Iglesia und Mario Sabugo die Bedeutung der urbanen Ecke als vervielfachte *axis mundi* hervorgehoben: ein Zentrum des Universums an jeder wiederkehrenden Straßenkreuzung – alle 100 Meter.[6] Sie stellten fest, dass die vorrangigen Orte des Geschehens in der Literatur und in den Liedern von Buenos Aires nicht etwa die repräsentativen, durch monumentale Bauten gefassten öffentlichen Plätze seien (erst recht nicht ein zentral gelegener Hauptplatz wie die Plaza de Mayo), sondern vielmehr die gewöhnlichen Gassen und die Straßenkreuzungen mit ihren Ecklokalen (Eckcafés, Eckläden, Eckkneipen etc.), die sich als vorab ausgemachte Treffpunkte ebenso wie als Orte für zufällige Begegnungen eigneten. Obwohl die Kreuzungen nicht zwingend als urbane Aufenthaltsorte qualifiziert seien, verfüge jeder Bewohner von Buenos Aires über seine ganz eigene Topografie der »Lieblingsecken«, die in der Summe ein plurales Universum der Urbanität konstituieren, so Rafael Iglesia. Es handelt sich dabei keineswegs um eine ausschließlich für Buenos Aires charakteristische Eigenschaft: Vor einigen Jahren hat auch Mario Vargas Llosa durch die Betitelung seines Romans *Cinco esquinas* (Barcelona 2016), dessen Handlung in Lima spielt, dem urbanistischen Phänomen der »fünf Ecken«-Kreuzungen in der hispanoamerikanischen Stadt ein Denkmal gesetzt.

Die Schule Cinco Esquinas als Paradebeispiel des Gesetzes 1420

Eingedenk der topologischen und urbanen Besonderheit des Ortes, wirkt die nüchterne Architektur des Schulgebäudes Cinco Esquinas in Buenos Aires umso erstaunlicher (vgl. Abb. 1). Denn bei aller Ornamentlosigkeit und formaler Zurückhaltung ist der gestalterische Wille unverkennbar, die Eckbebauung als städtebauliches Scharnier und als perspektivischen Blickpunkt an den Cinco Esquinas zu disponieren. Nur passt die moderne Architektursprache kaum zu diesen monumentalen städtebaulichen Intentionen. Die verblüffende Erklärung lautet, dass die heutige Schule ein Umbau ist, der weitgehend die Kubatur des ursprünglichen Schulbaus von 1886 beibehalten hat. In historischen Fotografien ist festgehalten worden, wie sich die Kreuzung zwischen 1870 und 1890 von einer ländlich anmutenden eingeschossigen Blockrandbebauung mit introvertierter Kolonialarchitektur zu einer urbanen Situation mit Straßenbahnschienen, Gaslaternen und mehrgeschossigen Gebäuden in den akademischen Stilen des Historismus und Eklektizismus wandelte. Letzteres gilt insbesondere für die ambitionierte Architektur der Schule (Abb. 3). Die Baukörper wurden zur Ecke hin aufgeschichtet und gestaffelt, wo ein dreigeschossiger, zylindrischer, von einer barockisierenden Kuppel bekrönter Körper zur Kreuzung hin den Haupteingang markiert, der zusätzlich durch eine rahmende Säulenstellung nobilitiert wird (Abb. 4). Der gesamte Bau wird durch ein reiches ornamentales und tektonisches Blendwerk gegliedert, das gleichermaßen der besonderen Lage des Gebäudes im Stadtbild und der besonderen Bedeutung der Institution für die Gesellschaft Rechnung tragen möchte.

Es handelt sich bei diesem Schulbau und der mit ihm in Verbindung stehenden urbanen Transformation nicht um einen Einzelfall. Das Gebäude wurde 1886 am 25. Mai

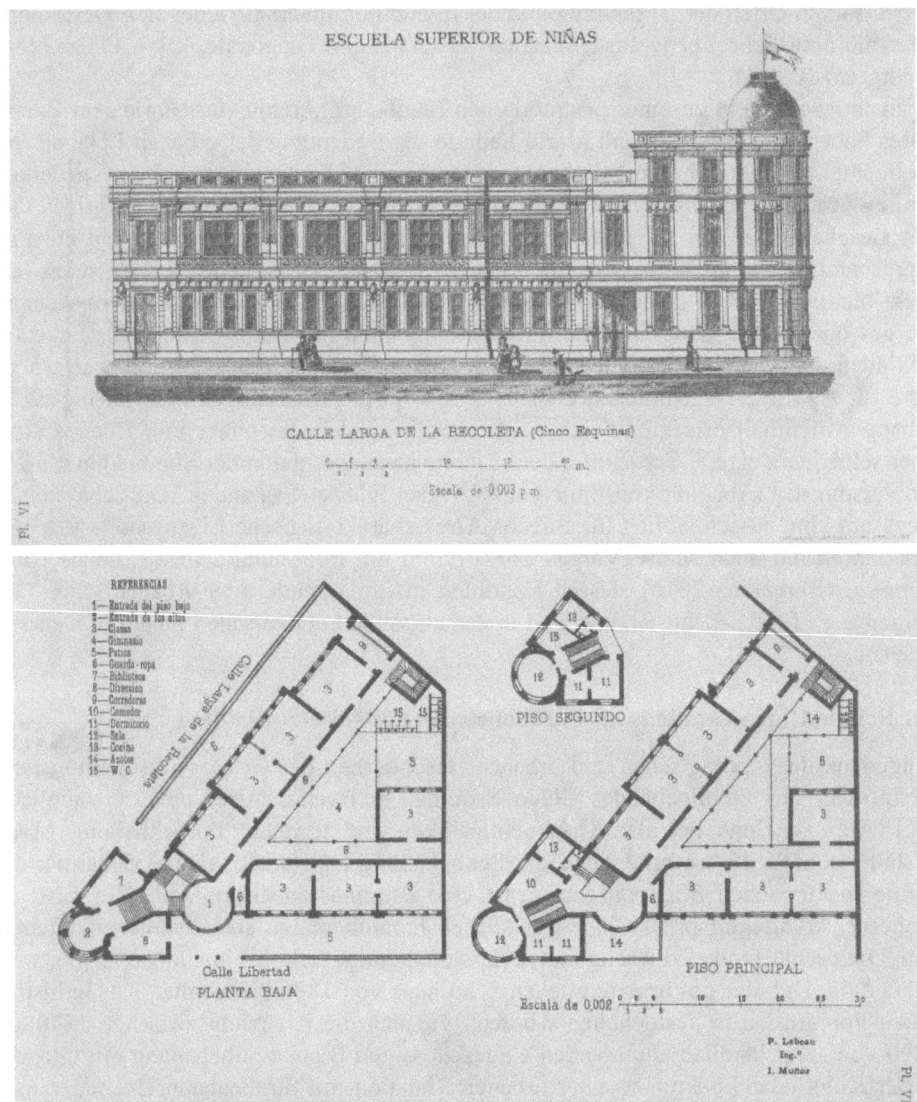

Abb. 4: Próspero Lebeau und José R. Muñoz für den Consejo Nacional de Educación (CNE), Mädchen-Schule Benjamín Zorrilla an der Kreuzung Cinco Esquinas, Buenos Aires 1886, Grundrisse und Ansicht

(bis heute der Nationalfeiertag zur Erinnerung an die Revolution 1810, die zur Unabhängigkeit von Spanien führte) gemeinsam mit 40 weiteren Schulen in Buenos Aires feierlich eröffnet, nachdem diese zur Hauptstadt der Republik erklärt worden war. Der Bau stand für die erfolgreiche Umsetzung des zwei Jahre zuvor verabschiedeten Gesetzes 1420 (*Ley 1420*), das die allgemeine Schulpflicht eingeführt hatte, dafür einen laizistischen Rahmen vorschrieb und die Kostenfreiheit gewährleisten sollte. Mit diesem

Gesetz sollte die Republik Argentinien in den Kreis der fortschrittlichen Nationalstaaten treten. Als rasant wachsendes Einwanderungsland wurde hierfür die Bestimmung eines gemeinsamen Bildungskanons als entscheidend für den sozialen Zusammenhalt erachtet, etwa durch die verbindliche Festlegung einer gemeinsamen Sprache. Den hohen politischen, ökonomischen und kulturellen Zielen entsprechend sollten die neuen öffentlichen Schulen als laizistische Tempel beziehungsweise republikanische Paläste des Wissens architektonisch umgesetzt werden, wie Claudia Shmidt eingehend analysiert hat.[7] Von der besonderen Bedeutung der Höheren Mädchen-Schule an den Cinco Esquinas zeugt der Umstand, dass der ursprüngliche Bau seinen Namen vom Leiter des neu ins Leben gerufenen Nationalen Bildungsrats (Consejo Nacional de Educación, CNE) Benjamín Zorrilla erhielt. Dieser sollte anlässlich der feierlichen Schuleinweihungen auch einen

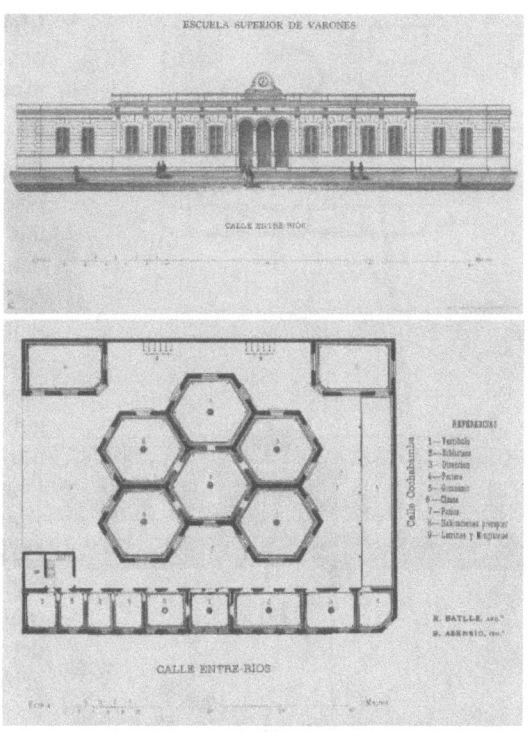

Abb. 5: Raymundo Batlle für den CNE, Höhere Knaben-Schule (Escuela Superior de Varones), Buenos Aires 1886, Grundriss und Ansicht der Eingangsfassade

ausführlichen Bericht über den Stand der Schulbauprojekte im gesamten Staatsgebiet herausgeben.[8] Darin wurde auch über die sozialen Intentionen, über pädagogische Kriterien sowie über die vielfältigen Anforderungen an die Architektur und die Ausstattung der neuen Schulen informiert. Der gemeinsame Tenor betonte den gesellschaftlichen Fortschrittsgedanken, der auch in den teils experimentellen Schulbauten zum Ausdruck kam. Aus heutiger Sicht erscheint beispielsweise die Wabenstruktur der Klassenräume für eine Höhere Knaben-Schule (Escuela Superior de Varones) des Architekten Raymundo Batlle (1831–1905) wie eine Vorwegnahme von reformpädagogischen Ansätzen in der Architektur des Strukturalismus um 1960 (Abb. 5). Bemerkenswerterweise realisierte Batlle damals sechs Typen-Schulen für den CNE: ein Ansatz der frühen Rationalisierung, für den auch in Zorrillas Bericht mehrere Beispiele dokumentiert wurden. Im Gegensatz zu einer solchen Typisierung bewegten sich zahlreiche Projekte, die gerade die Besonderheit der jeweiligen Lagen und Orte hervorhoben, zum Beispiel der fast surreal wirkende Schulbau für ein äußerst spitzwinkliges, dreieckiges Grundstück nach einem Entwurf der Architekten Próspero Lebeau und José R. Muñoz (Abb. 6). Sie scheinen Architekten für besondere Aufgaben im Schulbau des CNE gewesen zu sein, denn sie zeichneten sich auch für die prachtvolle Höhere Mädchen-Schule Benjamín Zorrilla an den Cinco Esquinas verantwortlich.

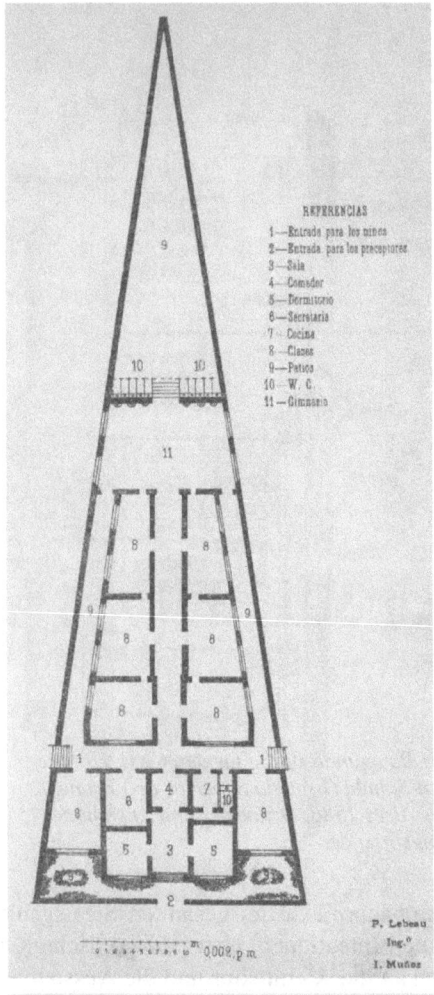

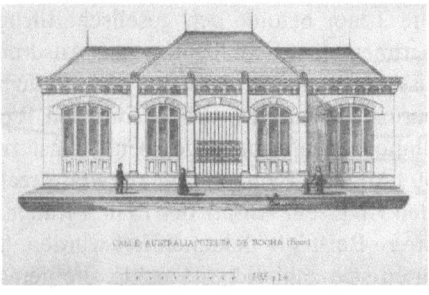

Abb. 6: Próspero Lebeau und José R. Muñoz für den CNE, Schule in La Boca, Buenos Aires 1886, Grundriss und Ansicht der Eingangsfassade

Identitätspolitik des Fortschritts: positivistische Zivilisation versus moderne Kultur

Es bleibt zu klären, unter welchen Umständen und mit welchen Absichten der Umbau des ursprünglichen Schulbaus von Lebeau und Muñoz erfolgte. Der Zeitpunkt fiel mit dem 50-jährigen Bestehen des Gesetzes *Ley 1420* zusammen. Zu diesem Anlass wurde 1934 ein Fassadenerneuerungsplan des CNE ins Leben gerufen. Der damalige Leiter der Bauabteilung des CNE, der 1887 geborene Architekt Alberto Gelly Cantilo, übernahm persönlich die Planungen für die Umgestaltung der Cinco Esquinas.[9] Es galt zunächst die teils renovierungsbedürftige Fassade mit ihrer historisierenden Stilhülle und der Kuppel über der Eckrotunde abzutragen, um sie durch eine zeitgemäße ›moderne‹ Architektur zu ersetzten. Der Eingriff fiel drastisch aus und zielte auf die Erneuerung der eigentlichen Botschaft, nämlich die architektonische Vermittlung der Idee eines fortschrittlichen laizistischen Staates, für das in den 1930er Jahren die Bilder von Palast und Tempel nicht länger überzeugend erschienen.[10] Wie sehr man aber am ursprünglichen Modernisierungsprojekt festhielt, zeigt auch die Umbenennung der Schule. Heute, nachdem 1945 ein weiterer Umbau nach Plänen von Jorge Sabaté erfolgte, ist die Schule nach dem Präsidenten Domingo Faustino Sarmiento (1811–1888) benannt, wie auch im Schriftzug über den großen Glasfronten zu lesen ist (Abb. 7).[11]

Sarmiento, der in jungen Jahren selbst als Lehrer tätig war, gilt als der intellektuelle Begründer des staatlichen Bildungssystem Argentiniens. In seiner sechsjährigen Amtszeit (1868–1874) wurden über 800 öffentliche Schulen errichtet. Er hat in zahlreichen Schriften über die ideologischen Hintergründe seines Wirkens Auskunft gegeben, etwa im programmatischen

Abb. 7: Escuela Domingo Faustino Sarmiento (frühere Escuela Benjamín Zorrilla) in Buenos Aires, Eingang nach den Umbauten von Alberto Gelly Cantilo (CNE) im Zuge des Fassadenerneuerungsplans des CNE anlässlich des 50-jährigen Jubiläums der Ley 1420 (1934–1936) und der Erweiterung nach Plänen von Jorge Sabaté (1945–1949). Das Foto zeigt den Zustand Ende 1949

Werk *Civilización y Barbarie* (Santiago de Chile 1845), in dem er über die tiefe Kränkung berichtet, die er als Dorflehrer auf dem Land erlebte, wo seine urbanen Kleidungs- und Umgangsformen lächerlich gemacht wurden. Das ganz Buch ist eine recht polemische Gegenüberstellung von europäisch (vor allem französisch) aber auch US-amerikanisch geprägter Zivilisation, wie man sie auch in Buenos Aires lebte, und der rückständigen kulturellen Wüste in den ländlichen Gebieten. Der Weg in die wünschenswerte Zukunft des zivilisatorischen Fortschritts führe seiner Ansicht nach über die Ausrottung der barbarischen Wilden zum Aufbau eines modernen, liberalen Staates.[12] Dieser würde europäische Einwanderer zwecks Neubesiedelung des Landes anwerben. Das staatliche Schulwesen würde dann für deren Integration und Assimilation sorgen, wie Sarmiento auch in späteren Büchern wie *La educación popular* (Buenos Aires 1849) darlegte.

Heute erinnert eine von der Stadt an der Fassade des Kindergartens Cinco Esquinas angebrachte Tafel an ein anderes Buch, das von einer anderen Moderne berichtet. Gemeint ist Jorge Luis Borges' *Cuaderno de San Martín* (Buenos Aires 1929). Darin ist das Gedicht *Barrio Norte* enthalten, das ganz im Sinne der Theorien von Sabugo und Iglesias den »Luftstern der Cinco Esquinas« in eine Reihe stellt mit den elegischen

Bildern früherer Lebens- und Gemeinschaftsformen in den vorstädtischen Quartieren, wie sie in den Tangoliedern weiterhin beschworen wurden.13 Seine poetische Auslegung der Vergangenheit und der Erinnerungen der Stadt verflechtet reale Orte wie die Kreuzung Cinco Esquinas mit der nostalgischen Fiktion der Lieder. Letztlich dichtet er eine emotionale Topologie der Stadt, die sich dem abstrakten Raster und dem vermeintlich objektiven Fortschrittsnarrativ entzieht. Zudem versetzt uns das Gedicht *Barrio Norte* zurück in die Welt der literarischen, künstlerischen und architektonischen Avantgarde dieser Jahre in Buenos Aires, in der Borges eine zentrale Rolle einnahm. Er war 1930 an der Gründung der Zeitschrift *Sur* beteiligt, die von Victoria Ocampo initiiert und geleitet wurde. Als zentrales Organ der intellektuellen Avantgarde wurde in seinen Seiten verhandelt, was eigentlich ›modern‹ und wie Modernisierung zu verstehen sei – auch unter Beteiligung von international führenden Architekten wie Le Corbusier oder Walter Gropius. Zu den argentinischen Architekten, die für *Sur* schrieben, zählt Alberto Prebisch. Dieser verfasste 1936 gemeinsam mit dem Fotografen Horacio Cóppola den Bildband *Buenos Aires 1936*. Cóppolas Bilder zeigten in der Sprache der Neuen Sachlichkeit (mit der er im Zuge seiner Ausbildung am Dessauer Bauhaus in Berührung gekommen war) eine Großstadt, die von fließenden Übergängen zwischen urbaner Zivilisation und ländlichem Leben geprägt war, in der die allzu einfache und schroffe Gegenüberstellung von Zivilisation und Barbarei – wie noch zu Zeiten des positivistischen Fortschrittsglaubens Sarmientos – überholt erschien.14

Ocampos Zeitschrift *Sur* macht nachvollziehbar, wie sehr die Moderne in Buenos Aires – wie sie von Jorge Francisco Liernur und Beatriz Sarlo analysiert worden ist – vorrangig eine literarische Konstruktion der Peripherie gewesen ist.15 Das erklärt teilweise das Spannungsverhältnis zu den Zentren und die sich gelegentlich daraus ergebenden Deutungsspielräume. Ein Beispiel bietet der von Victoria Ocampos verworfene Entwurf von Le Corbusier für ihr eigenes Wohnhaus in Buenos Aires. Stattdessen ließ sie sich vom programmatischen Platoniker und Klassizisten Alejandro Bustillo eine moderne Stadtvilla bauen, deren ornamentlose, glatt verputze ›Stilhülle‹ die Moderne zu einer klassischen Ästhetik des Zeitlosen umdeutete. Dass Ocampo gleichzeitig europäische Protagonisten wie Gropius wiederholt zu Wort kommen ließ, steht nicht zwingend im Widerspruch hierzu. So war der Traditionsbegriff, den Gropius im dritten Heft von *Sur* präsentierte, durchaus mit der Suche nach klassischen Idealen einer zeitlos funktionellen Baukunst vereinbar. Er schrieb:

> »Der Begriff Tradition – von lateinisch *tradere*: weitergeben, überliefern – ist ja durchaus kein Gegensatz zum Begriff des Radikalen d.h. des von der Wurzel Ausgehenden. […] Die Tradition wird nur dann sinnreich und förderlich für uns, wenn wir lebendig die Erfahrungen unserer Vorgänger wieder benutzen und Neues hinzufügen. […] Der richtige Sinn für die Tradition wird nicht das mutwillige, eigenbrötlerische Wollen, sondern das gemeinsame, den Standard, der viele zu befriedigen in der Lage ist. […] Der Standard ist keine Erfindung unseres rationellen Zeitalters, sondern er bezeichnet immer den Hochstand einer Kultur, die Auslese des Besten, die Abscheidung des Wesenhaften und Überpersönlichen vom Persönlichen.«16

Der hier beschworene Kulturbegriff bringt je Unterscheidung von bloßer Zivilisation und organischer Kultur in Erinnerung, die auch in den Amerikanismus-Debatten der Moderne bemüht wurden. Dass Adolf Behne 1926 in *Der moderne Zweckbau* Gropius »zwischen Amerika und Ostendorf« verortete, bestätigt dessen Ausführungen zum Verhältnis von Tradition und Fortschritt beziehungsweise von Kultur und Technik in der Architektur der Moderne.[17] Der internationale Vergleich relativiert diesen Gedanken der Besonderheit der klassizistisch-modernen Ambivalenzen der Cinco Esquinas, insbesondere wenn man ergänzend noch den Absatz hinzuzieht, den Gropius der Veröffentlichung seines Artikels in Buenos Aires voranstellte:

> »Die alte europäische Architektur ist derart von den Traditionen belastet, dass sie im Zuge der ungeheuren Entwicklung der Technik ihren Wert verloren hat. Diese Traditionen sind nicht selten eine Last für den schöpferischen europäischen Architekten. In diesem Sinne ist Amerika glücklicher. Ohne Hemmnisse durch eigene traditionelle Stile, fühlt es sich heute freier um rasch und ohne Einschränkungen eine neue Epoche der eigenen Architektur einzuläuten: Sofern es den Mut aufbringt, entscheidend auf das ›imported from Europe‹ zu verzichten – d.h. auf den Schatten jener Stile, die ihre Frische einbüßten und ihren Sinn –, und gleichzeitig in der Lage ist, die Bauformen aus dem Wesen und den Funktionen der ›Neuen Welt‹ abzuleiten.«[18]

Bezeichnenderweise versuchte Gropius damals mit seinem Berliner Bauatelier in Buenos Aires beruflich Fuß zu fassen. Das »imported from Europe« war längst nicht mehr nur eine Frage der Stilnachahmung, sondern betraf auch den wirtschaftlichen und technologischen Transfer etwa durch international agierende Baufirmen wie Siemens-Baunion, Wayss & Freytag oder Philipp Holzmann mit ihrer Expertise auf dem Gebiet des Stahlbetonbaus.[19] Beispielsweise beteiligte sich die in Buenos Aires als Baufirma tätige Siemens-Schuckert 1945–1949 am Umbau der Schule Domingo F. Sarmiento an den Cinco Esquinas. Im ersten Band der Bauhausbücher *Internationale Architektur* (München 1925) hatte Gropius in diesem Sinne auf die »durch Weltverkehr und Welttechnik bedingte Einheitlichkeit des Baugepräges« in allen »Kulturländern« hingewiesen.[20] Doch schon zu Zeiten Sarmientos war das Bild von Buenos Aires als ein Paris Südamerikas über die bloß formalistischen Analogien der Architektur hinausgegangen und hatte mit dem positivistischen Zivilisationsbegriff umfassendere Fortschrittsansprüche zum Ausdruck gebracht – etwa auf pädagogischem Gebiet.

Fazit

Zusammenfassend können wir festhalten, dass die beiden architektonischen Zustände des Schulgebäudes an der Kreuzung Cinco Esquinas in den Jahren 1886 und 1936 bei nur flüchtiger, ausschließlich formal-ästhetischer Betrachtung eindeutige Gegensätze zwischen Eklektizismus und Moderne darstellen. In beiden Fällen haben wir es jedoch mit Versuchen zu tun, den jeweils zeittypischen Vorstellungen von gesellschaftlicher Modernisierung architektonischen Ausdruck zu verleihen. Es ließe sich selbst auf formaler Ebene in beiden Fällen von Stilhüllen sprechen, die 1934–1936 und 1945–1949 im wörtlichen Sinne ausgetauscht wurden, um die eigentliche Botschaft aufrecht zu erhalten: nämlich das Versprechen eines auf staatlichen Institutionen und staatlicher Fürsorge gründenden sozialen Fortschritts als fester Bestandteil des nationalen Selbstverständnisses – selbst ein Jahrhundert nach der wirtschaftlichen Blüte des Landes zwischen den letzten Jahrzehnten des 19. und den ersten des 20. Jahrhunderts – zwischen Historismus und Moderne.[21]

1 In der PISA-Studie für 2022 nahm Argentinien lediglich Platz 66 unter den 81 teilnehmenden Ländern weltweit ein. Siehe: https://gpseducation.oecd.org [aufgerufen am 20.07.2024].
2 Mimi Böhm, Fabio Gremetieri, Xavier Verstraeten: *Buenos Aires, Art Déco y Racionalismo*. Buenos Aires 2008.
3 Vgl. Horacio Difrieri (Hg.): *Atlas de Buenos Aires*, Band 2 (Bildtafeln). Buenos Aires 1981, S. 62–85.
4 Bernhard Siegert: *Passagiere und Papiere. Schreibakte auf der Schwelle zwischen Spanien und Amerika*. München 2006.
5 Fernando Terán (Hg.): *La ciudad hispanoamericana: el sueño de un orden*. Madrid 1989.
6 Rafael Iglesia: »El mundo en la esquina« In: Rafael Iglesia, Mario Sabugo: *La ciudad y sus sitios* [1981–1985]. Buenos Aires 1987, S. 85–87 (ursprünglich erschienen in der Tageszeitung *Clarín* in Buenos Aires am 18. September 1981).
7 Claudia Shmidt: *Palacios sin reyes. Arquitectura pública para la »capital permanente« Buenos Aires, 1880–1890*. Rosario 2012, S. 228–231.
8 Benjamín Zorrilla (Consejo Nacional de Educación, CNE): *Informe sobre el estado de la Educación Común en la Capital, Provincias, Colonias y Territorios Nacionales durante el año 1885*. Buenos Aires 1886.
9 Roxana Pérez: »Alberto Gelly Cantilo«, In: Jorge Francisco Liernur, Fernando Aliata (Hgg.): *Diccionario de arquitectura en la Argentina: estilos, obras, biografías, instituciones, ciudades*, Band 3 (e–h). Buenos Aires 2004, S. 112–113.
10 Fabio Grementieri, Claudia Shmidt: *Arquitectura, educación y patrimonio. Argentina 1600–1975*. Buenos Aires 2010, S. 150–185.
11 Zu Jorge Sabaté, der 1945 die Umbaupläne der Dirección de Arquitectura Escolar unterzeichnete (Centro de Documentación e Investigación de la Arquitectura Pública CeDIAP, Signatur 3303), siehe: CEDODAL (Hg.): *Jorge Sabaté. Arquitectura para la justicia social*. Buenos Aires 2009.
12 Domingo Faustino Sarmiento: *Civilización y Barbarie*. Buenos Aires 1845.
13 Jorge Luis Borges: »Barrio Norte« (aus: *Cuaderno San Martín*, Buenos 1929), abgedruckt In: Borges: *Obra Poética*. Barcelona/Buenos Aires 2011, S. 100–101.
14 Roxana Marcoci, Sarah Hermanson Meister: *From Bauhaus to Buenos Aires. Grete Stern and Horacio Coppola*, Ausst. Katalog MoMA New York, New York 2015.
15 Vgl. Beatriz Sarlo: *Una modernidad periférica. Buenos Aires 1920 y 1930*, Buenos Aires 1988; Jorge Francisco Liernur: *Arquitectura en la Argentina del siglo XX. La construcción de la modernidad*. Buenos Aires 2001.
16 Walter Gropius: »Arquitectura Funcional« In: *Sur* (Buenos Aires), H. 3, 1931, S. 155–161. Hier zitiert nach dem Original-Typoskript »Funktionelle Baukunst« (Bauhaus Archiv Berlin). Vgl. Joaquín Medina Warmburg (Hg.): *Proclamas de Modernidad. Walter Gropius, escritos y conferencias (1908–1934)*, Barcelona 2018, S. 47–58, S. 325.
17 Adolf Behne: *Der moderne Zweckbau*, München 1926, S. 33.
18 Gropius 1931 (wie Anm. 15), S. 155.
19 Fabio Grementieri, Claudia Shmidt: *Alemania y Argentina. La cultura moderna de la construcción*. Buenos Aires 2010.
20 Walter Gropius: *Internationale Architektur*. München 1925, S. 7.
21 Alberto Nicolini: »Institucionalización nacional y arquitectura de Estado (1880–1920)« In: Alberto Petrina, Sergio López Martínez (Hgg.): *Patrimonio arquitectónico argentino. Memoria del Bicentenario 1810–2010*, Band II: 1880–1920. Buenos Aires 2014, S. 57–102.

Eva Maria Stadler

The Garden for the Children is the Kindergarten. Architektur für Kinder im Spannungsfeld von Disziplin und Emanzipation

Die Vorstellung von einem Garten, in dem Kinder wie Pflanzen wachsen, folgt dem deutschen Pädagogen Friedrich Fröbel (1782–1852), der den Begriff des Kindergartens 1840 etablierte. Fröbel entwickelte in der Tradition Jean Jaques Rousseaus (1712–1778) eine Lehre, nach der Kinder im Einklang mit der Natur frei und spielerisch aufwachsen sollten. Am Beispiel des Diagramms *The Garden for the Children is the Kindergarten* aus dem Jahr 1899 wird deutlich, wie die Vorstellung von Freiheit mit der schützenden Einhegung des Gartens korreliert. Die Namen der Kinder, eingeschrieben in kleine Rechtecke, finden sich gleichberechtigt neben Gemüse- und Blumenbeeten: Mary und Paul stehen neben Sonnenblumen und Erbsen (Abb. 1).

Der vorliegende Text geht der Frage nach, in welchem Verhältnis die disziplinierende Formensprache geometrischer Ordnungen zur Idee der freien Entfaltung der Kinder steht und welcher Bildungsanspruch sich damit verknüpft.

1826 veröffentlichte Friedrich Fröbel seine Schrift *Menschenerziehung*, die Ideen und Methoden dargelegt, nach denen Kinder mit der Natur in Berührung kommen, mehr aber noch mit den Gesetzen der Natur leben lernen sollten. »Kommt lasst uns unsern Kindern leben« lautet die Losung, die Fröbel ausgerufen hatte.[1]

Im Spannungsfeld von Romantik und Aufklärung ging es einerseits um eine Hinwendung zu einer christlich motivierten Innerlichkeit und andererseits um das Erfassen und Verstehen kausaler Funktionen von Naturgesetzen. Fröbels Konzept des Kindergartens umfasste das freie Spiel, die Bewegung der Kinder in der Natur genauso, wie eine Reihe von zunächst einfachen, und sukzessive komplexer werdenden Übungen, die der Pädagoge entwickelte und als »Spielgaben« bezeichnete. Die Gabe, im Sprachgebrauch des 19. Jahrhunderts ein Ausdruck der Dankbarkeit, war in Fröbels Verständnis gleichermaßen ein Geschenk der Natur, wie ein Geschenk an die Natur. Wir haben es hier mit einem Naturbegriff zu tun, der jedoch weniger dem romantischen Klischee einer gefühlsbetonten Natur entspricht, die Sehnsucht und Schauer zu vereinen vermag, als mit einer Vorstellung spiritueller Einheit, die als Maßstab für die Erziehung des Menschen gelten sollte.

So beschreibt der Kunsthistoriker Werner Busch in seinem Buch *Romantisches Kalkül* die ästhetischen Strategien, die das deutsche Landschaftsbild des 19. Jahrhunderts konzeptualisieren. Caspar David Friedrich (1774–1840) etwa vermaß die Wälder, Wolken, Eisblöcke und Klippen in seinen Gemälden, indem er den mathematischen Gesetzen der euklidischen Geometrie folgte, und mittels Hyperbel und Ellipse Kompositionsformen wählte, die in Anlehnung an die Infinitesimalberechnungen von Gottfried Wilhelm Leibniz die absolute Form imaginierte. Eine Form, die losgelöst vom Gegen-

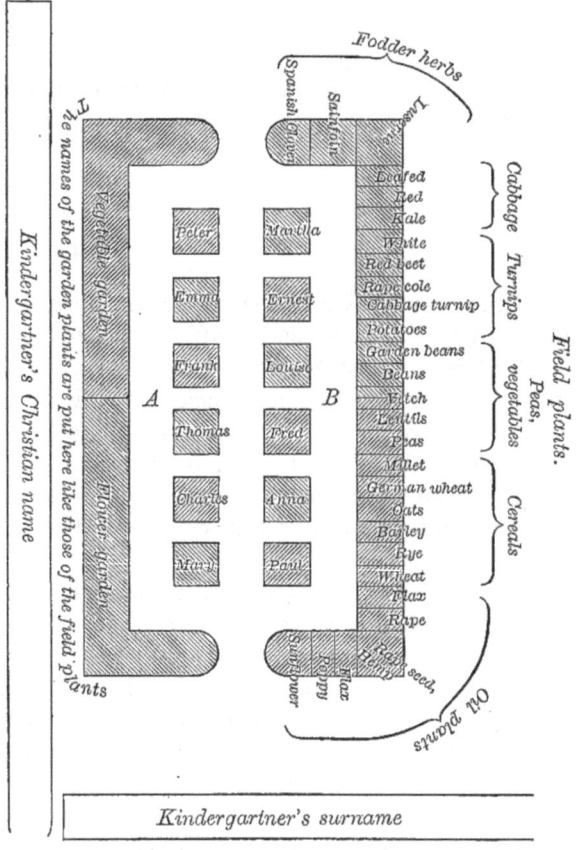

Abb. 1: Friedrich Fröbel: *The Garden for the Children is the Kindergarten*, 1899

stand, der Natur, der Erde, den Gesetzen der Mathematik folgt und dabei transzendierend wirkt. Mit der Hinwendung zur unendlichen Linie, wie sie in den Asymptoten der Hyperbel zur Anwendung kommt, zu Symmetrie und Harmonie, sowie zur Klimax, die in der Dreiecksform ihren Ausdruck findet, wendet Friedrich Kompositionsmittel an, die eine göttliche Ordnung symbolisieren, und mehr noch als Wegweiser im Sinne der Sittenlehre Friedrich Schleiermachers für das unendliche Streben des Menschen nach Gott und nach Erlösung fungieren, wie Werner Busch ausführt.[2] Neue Erkenntnisse in der Chemie und Physik, und in besonderer Weise in der Mineralogie waren schließlich ausschlaggebend für einen Paradigmenwechsel von der Naturphilosophie hin zu den exakten Wissenschaften. Zwischen 1811 und 1815 hatte Fröbel Gelegenheit, als Assistent von Christian Samuel Weiss (1780–1856) am Mineralogischen Museum der Universität zu Berlin die Neuerungen in den Forschungsmethoden kennenzulernen. Die veränderten Parameter der kristallografischen Untersuchungen, die unter anderem in der Beschreibung des Symmetriegesetzes zum Ausdruck kam, veranlassten Fröbel dazu, pädagogische Übungen zu konzipieren, die die menschliche Entwicklung mit dem »geometrischen Handwerk Gottes« gleichsetzte.[3]

Die erste von zwanzig Spielgaben hat Friedrich Fröbel für die kleinsten Kinder entwickelt. Sie besteht aus sechs kleinen Kugeln an einem Band, umhüllt mit Wolle in den Farben Rot, Grün, Gelb, Violett, Blau, und Orange. Lehrziele dieser Spielgabe bestehen in der Unterscheidung nach Farbe und Zahl, deren mathematische Operationen, wie Addition, Subtraktion und Division, aber auch in der Anwendung von Bewegungen und deren sprachlichen Übersetzung, um Richtungen – wie links und rechts, oben, unten, rundherum – Tätigkeiten wie rollen, springen, ziehen, halten, fallen oder um Erzählungen, wie zeigen und verstecken, zur Anschauung zu bringen.

Fröbel bezieht sich mit dieser Lehrmethode auf den Pädagogen Johann Heinrich Pestalozzi (1746–1827), den er 1805 zum ersten Mal in Yverdon in der Schweiz besuchte. Pestalozzi entwickelte 1803 mit seinem *ABC der Anschauung* Lehrmethoden, die sich gegen die disziplinären Methoden der Rezitation, des Wiederholens und Auswendiglernens wandte. Vielmehr konzipierte er einen Unterricht, der aktives Handeln mit Beobachtung und eben Anschauung verknüpfte. Dafür verzichtete er zunächst auf Buchstaben, die seiner Ansicht nach nicht unmittelbar empirisch erfahren werden könnten. Mittels spezifischer Anordnungen von Linien versuchte er Ordnungsprinzipien und Dynamiken, wie aufsteigend, absteigend, zunehmend, abnehmend, und so weiter anschaulich zu machen. Pestalozzi ging davon aus, dass Kinder durch die genaue Beobachtung geometrischer Ordnungen sowohl Zahlen wie Buchstaben in ihrer Grundstruktur verstehen und anwenden lernen könnten:

> »So wie die Natur von dem Augenblick an, da das Kind seine Sinne braucht, nicht aufhört, ihm tausend Gegenstände, von denen der Mensch den Begriff der Einheit und Vielheit abstrahiert hat, vor Augen zu stellen, ebenso hört sie von diesem Augenblick an nicht auf, dem Kinde tausend Gegenstände, von denen der Mensch den Begriff der Form und der Größe abstrahiert hat, vor Augen zu stellen.«[4]

Pestalozzi gründete eine Schule für Kinder, die keinen Zugang zu Bildung und Erziehung hatten und reagierte damit auf soziale Entwicklungen der Industrialisierung. Aufgrund der Lohnarbeit, die für Männer und Frauen der Arbeiterklasse gleichermaßen obligatorisch wurde, blieben die Kinder entweder unbetreut, oder mussten bereits in frühem Alter selbst arbeiten. Darüber hinaus wandte sich Pestalozzi gegen die repressive und durch harsche Disziplinierung geprägte, stumpfe Bildungspolitik seiner Zeit und orientierte sich ebenso an den Ideen Rousseaus, der das Kind als ein Medium der Natur begriff, das nur durch sanften Druck in die richtige Richtung gebogen werden sollte, um dazu befähigt zu werden, den Gesellschaftsvertrag einzugehen. Das Kind sollte angeregt werden, selbstbestimmt zu handeln, nicht um »eines jeden Bedürfnis wuchern zu lassen, sondern einen Willen zum Wollen einzupflanzen«, wie es der Kunsttheoretiker Helmut Draxler ausdrückt.[5] Der Wille zum Wissen sollte dazu führen, selbstständig forschend Fragen zu stellen. Mit der zweiten Spielgabe, die 1836 konzipiert wurde, ging es Fröbel also darum, Pestalozzis *ABC der Anschauung* weiterzuentwickeln. Das Holzobjekt beinhaltet eine Kugel, einen Zylinder und einen Würfel, die die Kinder auf kleine Holzstangen zu hängen hatten. Fotografien vom Ende des 19. Jahrhunderts zeigen Kinder, die mit der zweiten Spielgabe üben, die geometrischen Körper buchstäblich zu begreifen. Sie wenden und drehen die Formen und entdecken dabei, dass der Würfel, sowohl den Zylinder als auch die Kugel enthält und umgekehrt enthält die Kugel den Würfel und den Zylinder. Über Beobachtung und Anschauung gelangen die Kinder zum Vergleich und werden dadurch befähigt, Differenzen zu formulieren. Entscheidend hierbei ist, dass Fröbels Methoden, die aus heutiger Sicht als frühe Beispiele der Abstraktion gesehen werden, nicht vom realen Objekt abstrahieren, sondern umgekehrt von der Abstraktion zur Natur und zur Umwelt hinführen. In diesem Zusammenhang ist auch Fröbels Arbeitstisch zu sehen, den er für die Kindergartenkinder entwickelte. Es handelt sich um einen niedrigen Holztisch, angepasst an die Körpergröße der Kinder, in dessen Oberfläche ein Raster eingelassen ist. Auf der gerasterten Grundfläche können die Übungen ausgeführt werden, die Fröbel in den Spielgaben 3–20 entwarf.

Das Raster erscheint mir hier insofern von großer Bedeutung zu sein, als es sich um einen Paradigmenwechsel des Sehens, Lernens, Verstehens und Tuns handelt. Nicht die Repetition, Nachbildung und naturalistische Wiedergabe und nach den Gesetzen der Perspektive steht im Vordergrund, sondern selbstständige, und man könnte sagen, selbstbestimmte Handlungen und Operationen auf der Basis von den elementaren Grundformen der Geometrie. Aus wenigen Grundformen können dabei unendlich viele Kombinationen erschlossen werden.

Das dualistisch cartesianische Prinzip des Rasters entwickelte René Descartes (1596–1650) im frühen 17. Jahrhundert in den Niederlanden. Der französische Philosoph und Physiker legte damit den Grundstein dafür, alle natürlichen Phänomene von der Geometrie und der reinen Mathematik abzuleiten.

Seine Auffassung der Natur basierte auf der Überzeugung, sich die Erde untertan zu machen, selbst zu Herren und Besitzern der Natur zu werden, und mit unendlichen Kunstgriffen und Erfindungen, ohne Schmerzen, die Früchte dieser Erde und all die Güter, die hier gefunden werden können, zu genießen, wie er es ausdrückte.[6] Es soll hier nicht unerwähnt bleiben, dass Descartes' Denken dabei im Einklang mit den politischen und ökonomischen Strategien der Niederlande stand, die mit dem Ausbau globaler Handelsrouten, der Erschließung von Silberminen, wie in Mexiko, und ihren kolonialistischen Eroberungen die wesentlichen Voraussetzungen des Frühkapitalismus schufen.

Zweihundert Jahre später hatte die Industrialisierung mit ihrem mechanistischen Weltbild längst die meisten Lebensbereiche durchdrungen. Die Kritik der künstlerischen Strömungen wie jene der Romantik oder der Arts-and-Crafts-Bewegung an den ausbeuterischen Produktionsbedingungen entfremdeter Fabrikarbeit forderte schließlich eine Revision des Arbeitsbegriffs und unterzog insbesondere das Verhältnis von Kopf und Hand einer Neubewertung.

Fröbels Spielgaben waren als Instrumentarium gedacht, mit dem Kopf und den Händen gleichermaßen zu denken, um die Natur als Einheit zu erfassen. Nachdem die Kinder anhand der beiden ersten Spielgaben gelernt hatten, die geometrischen Körper in ihrer Ganzheit zu erfassen, ging es in den weiteren Übungen darum, die Formen zu zerlegen und sie wieder zusammenzusetzen. Dies erfolgte systematisch, Schritt für Schritt wurden Holzwürfel in Reihen, Säulen oder Blöcken gestapelt, aneinandergereiht, verschoben, und mannigfaltig kombiniert. Die Kinder lernten nicht nur die Eigenschaften der geometrischen Körper kennen, mehr noch entwickelten sie ein Vokabular für den spielerischen Umgang mit ihnen. Auf diese Weise wurden sie nicht nur mit dem Raster als Operationsstruktur vertraut, sondern wurden in weiterer Folge befähigt, sich eine mathematische Denkweise der Abstraktion *avant la lettre* anzueignen.

Abstraktion und Raumorganisation

Was bedeutet dieser Exkurs zu den Anfängen des Kindergartens nun für die Frage nach dem politischen Schulbau? Es soll hier gezeigt werden, wie die abstrakte Formensprache der Kindergartenpädagogik zu einer operativen Strategie wurde, die schlussendlich die Raumorganisation der Moderne und mit ihr den Schulbau revolutionierte.

Der amerikanische Kunsthistoriker Norman Brosterman, der die Fröbelsche Pädagogik in seinem Buch *Inventing Kindergarten* umfassend beschrieben hat, weist nach, dass

Fröbels Spielgaben nicht nur einen enormen Einfluss auf die Entwicklung der Abstraktion, als Formensprache der Moderne hatte, sondern dass bedeutende Architekten und Künstler:innen wie Frank Lloyd Wright, Le Corbusier, Buckminster Fuller, Paul Klee, Piet Mondrian und viele andere als Kinder in Kindergärten und Schulen mit den abstrakten Übungen der Fröbelpädagogik in Berührung kamen.[7]

Durch das Engagement von Frauen, wie Bertha von Marenholtz-Bülow (1810–1893), die als Frauenrechtlerin und Kindergarten-Pädagogin tätig war, wurden in der zweiten Hälfte des 19. Jahrhunderts Kindergärten in ganz Europa gegründet. Margarethe Meyer-Schurz (1833–1876), die selbst bei Fröbel in die Lehre gegangen war, hat die Idee des Kindergartens auch nach Amerika getragen. Sie gründete den ersten Fröbel-Kindergarten 1856 in Wisconsin.[8] Einen großen Auftritt hatte die Kindergartenpädagogik Fröbels auf der Weltausstellung in Philadelphia im Jahr 1876, wo in eigens errichteten Pavillons eine Art Lehrprobe zur Aufführung kam. Kinder saßen an den gerasterten Arbeitstischen und experimentierten unter der Anleitung von Pädagoginnen mit den Spielgaben. Eine der Besucher:innen der Weltausstellung war Anna Wright (1838–1923), die Mutter des Architekten Frank Lloyd Wright, die so angetan war von den ›fancy work‹, dass sie nicht nur dafür sorgte, dass ihr Sohn einen Kindergarten besuchen konnte, wo er die Arbeit mit den Spielgaben kennenlernte, sondern dass sie auch selbst Kurse besuchte, um sie beim Spiel mit ihrem Sohn richtig anwenden zu können.[9]

Brosterman stellt in seiner Untersuchung Papierfaltungen auf der Basis eines Quadrats als Beispiel für die 18. Spielgabe dem Grundriss des *Price Tower* aus dem Jahr 1956 gegenüber[10]. ährend Frank Lloyd Wright die meisten seiner Gebäude unmittelbar auf das umgebende Gelände ausrichtete und die jeweilige Landschaft in die Anordnung der architektonischen Kubatur einbezog, bildet der *Price Tower* eine Ausnahme: »the tree that escaped the crowded forest«, lautet Wrights berühmtes Diktum, mit dem er das Konzept des neunzehnstöckigen Hochhauses beschrieb. Bemerkenswert an Brostermans Beobachtung ist die Tatsache, dass Frank Lloyd Wright die vertikale Ausrichtung des Gebäudes aus dem parallelogrammförmigen Grundriss entwickelte, besser – buchstäblich entfaltete.

Bei der 18. Spielgabe handelt es sich um die komplexe Aufgabe der Verräumlichung. Während es in den vorangegangenen Spielgaben, um das Ausdifferenzieren von diskreten Flächen nach Farben und Formen mittels Ausschneiden und Weben ging, besteht die Herausforderung der Papierfaltung darin, das Raumkontinuum aus der Fläche zu entwickeln, ohne das Papier zu zerschneiden und das Raster aus der Form hervorgehen zu lassen. Brosterman beschreibt den Vorgang des Faltens als geometrische Reise und betont den transformativen Umgang mit dem Raster. Mit den Papierfaltungen wäre es möglich, die cartesianischen Wurzeln zu verbergen, so Brosterman.[11]

Der Grundriss des *Price Tower* kann also als Übersetzung einer Faltübung gelesen werden, darüber hinaus zeigt er eine der zentralsten Grundideen Frank Lloyd Wrights, nämlich die Raumentwicklung von innen nach außen. Ein auf der Spitze stehendes Quadrat bildet den Kern des Entwurfs, der sich in der Gesamtform wiederholt. Darin zeigt sich einmal mehr das Formenverständnis, das der Fröbelschen Pädagogik zugrunde liegt: die einzelnen Partikel, sind wie atomare Formelemente der größeren Form eingeschrieben und haben denselben Stellenwert, wie die ihr übergeordnete Form.

In der von ihm gegründeten Architekturschule von Taliesin kam Frank Lloyd Wright immer wieder auf die Erfahrungen seiner Kindergartenzeit zu sprechen: »The smooth shapley made blocks with which to build, the sense of which never afteward leaves the fingers: so form became feeling«[12]. So nimmt es nicht Wunder, dass sein Engagement für die Grundbildung sich auch in der Architektur niederschlug, die er für Kinder konzipierte. 1911 erhielt er von Queene Ferry Coonley und Avery Coonley den Auftrag einen Kindergarten zu bauen. Da es der vierjährigen Tochter der Coonleys noch nicht gestattet war, einen Kindergarten zu besuchen, ergriffen sie die Initiative und bauten auf dem Gelände ihres Wohnhauses eine Vorschule. Frank Lloyd Wright entwarf das *Coonley Playhouse* auf der Basis eines kreuzförmigen Grundrisses. Die Entwicklung des Raumes von innen nach außen war auch hier angelegt. Wesentlich erscheint, dass das Gebäude von allen Seiten zugängig ist bzw. umgekehrt, dass in alle Himmelsrichtungen der Weg zum Garten führt. Berühmt wurde der Kindergarten insbesondere für seine Glasfenster, die als »Kinder-Symphony« bezeichnet werden. Wright deklinierte hier das abstrakte Formenvokabular aus Quadraten und Kreisen und rhythmisierte damit den Lichteinfall. Das *Coonley Playhouse* unterschied sich in jeder Hinsicht von einem klassischen Schulgebäude. Die kleinen Arbeitstische der Werkstätten standen nicht in Reihen, sondern waren lose im Raum verteilt. Die Küche war ebenso an die Körpergröße der Kinder angepasst, schließlich galt es die täglichen Arbeiten in den Schulalltag zu integrieren.

Queene Ferry Coonley lernte selbst Fröbels Theorien als Kindergartenpädagogin und Sozialarbeiterin kennen und war überzeugt davon, dass auch kleine Kinder öffentliche Einrichtungen besuchen sollten, wo sie neben dem sozialen Austausch spielerisch Erfahrungen mit Materialien und Lehr-Methoden machen sollten.

Juliet Kinchin, die sich in einer umfassenden Ausstellung im Museum of Modern Art in New York im Jahr 2012 mit der historischen Einordnung von Architektur und Design für Kinder beschäftigte, macht drei Aspekte aus, die die relative Unsichtbarkeit des Kindes in Gesellschaften auszeichnen würden. Zum einen führt sie einen nostalgischen Blick auf das Kind an, der einer nüchternen und sachlichen Analyse der Bedingungen unter denen Kinder aufwachsen im Weg stehen würde. Das zweite Argument betrifft die Skepsis gegenüber allem Spielerischen in einer Kultur, die in erster Linie auf Arbeit ausgerichtet ist. Und drittens schließlich wird das Kind der häuslichen Sphäre zugeordnet, was nicht nur die Teilnahme des Kindes am öffentlichen Leben beeinträchtige, sondern darüber hinaus die Agenden der Kinder und mit ihnen den Wert von allem, was unter dem Begriff der sozialen Reproduktion subsummiert werden kann, geringschätze.[13] Allen drei Argumenten gemeinsam ist die Tendenz, Kinder der politischen Sphäre zu entziehen.

Umso bemerkenswerter erscheinen jene progressiven Initiativen wie die Gründung des *Coonley Playhouse* oder die internationale Verbreitung des Konzepts des Kindergartens, da sie von einem emanzipierten Kind ausgehen, das von Anfang an seinen Platz in der Gesellschaft hat. Kinchins Analyse hat bis heute nichts an Aktualität verloren. Auch wenn in einer Vielzahl von pädagogischen Konzepten an Alternativen zur eindimensionalen Disziplinierung des Kindes geforscht und gearbeitet wird, fehlen immer noch die gesellschaftspolitischen Grundlagen für eine Pädagogik, die vom Kind ausgeht.

Emanzipation des Kindes

Zur gleichen Zeit als Frank Lloyd Wright am *Playhouse* in Illinois arbeitete, entstand in Europa eine Reihe von Einrichtungen, die frühkindliche Erziehung propagierten.
Allein in Wien gab es 1909 bereits zweiundsiebzig Kindergärten.[14] An der Wiener Kunstgewerbeschule, der heutigen Universität für angewandte Kunst Wien, wurde 1906 die Jugendkunstklasse von Franz Čizek (1865–1946) eingerichtet. Wie Fröbel ging der Maler und Kunsterzieher Franz Čizek nicht vom Gegenstand oder von der Natur aus, sondern entwickelte innovative Methoden, die zunächst in Pinselübungen bestanden, die nicht technische Fertigkeiten, sondern sensitive Qualitäten, wie das Rhythmusgefühl schulen sollten. Čizek ging es in erster Linie darum, die Kinder vom Drill des Abzeichnens zu befreien. Sie sollten eigenständig arbeiten und durch genaue Beobachtung und Reflexion ihre Urteilskraft bilden. Die Kinder fanden ein reichhaltiges Angebot vor, das von Kunstbüchern, über Musik bis zu verschiedensten Materialien reichte, mit denen sie experimentieren konnten. Zu einer zentralen Übung zählte die Bildbesprechung. Dabei wurden Fragen zur Bildkomposition, zu Proportionen und Linienführung reflektiert. Čizeks Lehrmethoden fanden schnell internationale Anerkennung. Die beeindruckenden Ergebnisse der Kinderzeichnungen finden sich heute in Museen und bilden inzwischen so etwas wie ein Manifest der Moderne, das die Freiheit des Kindes als oberstes Prinzip proklamiert. Bis heute prägt diese Vorstellung der Moderne den Kunstunterricht und wirkt als kreativer Imperativ weit in das Erwachsenenalter hinein.

Ein Vergleich von Čizeks Methoden mit jenen Fröbels vermag dabei Aufschluss geben, auf welche Weise sich die freie Entfaltung der Kinder ausdrückt, bzw. welche Vorstellung von Freiheit sich in deren Arbeiten realisierte.

Sowohl Čizek als auch Fröbel wandten sich mit ihrem Unterricht an Kinder aus bürgerlichen Verhältnissen und gleichermaßen an Kinder aus Arbeiterfamilien. Die desaströse gesellschaftliche Situation der Kinder im 19. Jahrhundert, die von Kinderarmut, Kinderarbeit und gesellschaftlicher Ungleichheit geprägt war, forderte Reformen auf allen Ebenen. Fröbel und Čizek suchten nach Möglichkeiten, um dem zu begegnen. Sie verfolgten spirituelle Ansätze, die sich bei Čizek in der Vorstellung des individuellen schöpferisch künstlerischen Arbeitens und bei Fröbel in der Suche und Hinwendung zu einer von Gott gegebenen Einheit ausdrückten. Während Fröbels Spielgaben auf einer Systematik von einfachen zu komplexen Übungen basiert, um die Gesetze der Geometrie zu erfassen und aus der abstrakten Formensprache eine Denkweise zu formulieren, deren Ziel die freie Entfaltung für ein Leben in Gleichheit und Harmonie bestand, stehen bei Čizek Bild- und Darstellungstraditionen auf dem Prüfstand, um Kinder zu befähigen, sich auszudrücken und ihnen damit eine Sprache zu geben. Durch die Integration anderer künstlerischer Disziplinen, wie der Musik, wurden weitere Wissensfelder und Denkmodelle erschlossen, die das ästhetische Vokabular deutlich erweiterten, womit Čizek ganz in der Tradition des Wiener Kreises stand.

Wenn Norman Brosterman nachweist, dass sich Zeichnungen und Grafiken von Kindern, die im 19. Jahrhundert entstanden, jenen der Künstler:innen der Avantgarde, wie Paul Klee oder Piet Mondrian nahestehen, steht weniger die Frage nach der Originalität zur Diskussion, als vielmehr die Frage der Emanzipation der Kinder, die durch die Fröbelschen Spielgaben Methoden und Techniken kennenlernten, die sie befähigten eine eigene Sprache zu entwickeln. Es sollte hier nicht unterschlagen werden, dass die Kinder sowohl in den Fröbel-Kindergärten, als auch in der Jugendkunstklasse mit einer Reihe von Regeln konfrontiert waren, die es zu befolgen galt. So konnte nicht jede Übung zu jeder Zeit ausgeführt werden, und genauso wenig standen alle Materialien gleichzeitig zur Wahl. Erst durch die Konzentration auf einzelne Übungen konnte innerhalb des Aufgabenspektrums Freiheiten im Umgang mit Formen und Materialien erarbeitet werden. Das Freiheitsversprechen der Moderne, sich von allen Fesseln zu befreien, erscheint somit in einem anderen Licht. Vielmehr als alle Regeln hinter sich zu lassen, ermöglicht das Ausdifferenzieren von Bedingungen, seien es Bedingungen des Materials oder der ästhetischen Formulierungen einen größeren Grad der gestalterischen Freiheit.

Eine der Schüler:innen der Jugendkunstklasse war Friedl Dicker Brandeis (1898–1944). Sie griff als Künstlerin, Designerin und Architektin wie Frank Lloyd Wright oder Paul Klee in mannigfacher Weise auf die Gestaltungsprinzipien zurück, die sie als Kind kennenlernte. Als Studentin besuchte sie erst die Kunstschule des Schweizer Künstlers und Pädagogen Johannes Itten (1888–1967), dem sie schließlich mit einer Gruppe um Franz Scala, Naum Slutzky und Anny Wottitz ans Bauhaus in Weimar folgte, wo wie sie unter anderem die Kurse von Paul Klee besuchte.

Die Arbeit für und mit Kindern zieht sich wie ein roter Faden durch das Werk Dickers. Sie entwickelte gemeinsam mit dem Architekten Franz Singer (1896–1954) an Entwürfen für Spielzeug, wie dem Phantasus-Baukasten, arbeitete an der Ausstattung des Montessori-Kindergartens im Goethehof, einem der bedeutendsten Gemeindebauten der Stadt Wien, und widmete sich schließlich ab 1933 in Prag dem Kunstunterricht für Kinder.[15]

Beim Phantasus-Baukasten (1919–2025), der durchaus in der Tradition der Fröbelschen Pädagogik gesehen werden kann, handelt es sich um ein Steckspiel aus den geometrischen Grundformen, Quadrat, Dreieck und Kreis, mit dem verschiedene Tierformen gebaut werden können. Der Baukasten, der in einem der Entwürfe als »Quadreikrei der Tierbaukasten«[16] bezeichnet wurde, unterscheidet sich von den technisch ausgerichteten Baukästen, wie Matador, wo es in erster Linie um das Verständnis der Mechanik geht, vor allem um »das natürliche instinktive Gefühl des Zusammenhangs«, wie es Singer ausdrückt.[17] Gemeint ist der Zusammenhang mit der Natur genauso, wie der Zusammenhang mit dem künstlerischen Ausdruck, der zur eigenständigen Gestaltung befähigt.

Ittens ganzheitlicher pädagogischer Ansatz, der von zarathustrischen, christlichen und hinduistischen Elementen geprägt war und Atemübungen genauso berücksichtigte wie Bewegungs- und Rhythmuslehre hatte großen Einfluss auf Dickers Lehrmethoden. Sie ging jedoch darüber hinaus und »schaltete alles Mystische aus«, wie es Edith Kramer, eine ihrer Schülerinnen beschrieb: »Alles wurde wirklichkeitsnäher«, so Kramer weiter.[18] Dicker Brandeis, die die himmelschreiende Ungerechtigkeit der politischen Situation der 1920er und 1930er Jahre und deren monströse Entwicklung im aufkommenden Faschismus scharf kritisierte, wie es unter anderem in ihren Fotomontagen zum Ausdruck kommt, hielt bis zu ihrem Tod im Konzentrationslager Theresienstadt im Jahr 1944 an der Überzeugung fest, dass das künstlerische Arbeiten auch in größter existenzieller Bedrohung seine emanzipierende Kraft entfalten kann. Sie unterrichtete Kinder im Konzentrationslager bis zuletzt und gab ihnen damit eine Sprache für das Unsagbare.

Gegen den Faschismus anzuarbeiten war auch ein zentrales Anliegen der Architektin Margarete Schütte-Lihotzky (1897–2000). Sie reagierte auf die schwierigen sozialen Verhältnisse, die in der Folge des Ersten Weltkrieges weite Teile der Bevölkerung betrafen und engagierte sich in erster Linie für die Verbesserung alltäglicher Abläufe, um das Leben der Frauen zu erleichtern, die zunehmend berufstätig waren. Auch sie orientierte sich an der Reformpädagogik und konzipierte mehrere Kindergärten nach den Konzepten Maria Montessoris (1870–1952).[19]

Für Schütte-Lihotzky bildeten die Konzepte Montessoris eine wichtige Grundlage für die architektonische Gestaltung einer Reihe von Kindergärten, die sie umsetzte. Bereits 1917 wurde der erste Montessori Kindergarten in Wien eröffnet und fand nicht nur da rasche Verbreitung. Es entstanden Montessori-Kindergärten in der Türkei im Rahmen der Alphabetisierungskampagne Atatürks, und später in Bulgarien, wo sie begann, an einer Entwurfslehre für Kindergärten zu arbeiten. Eine zentrale Rolle für Lihotzky spielte das Verhältnis des Baukörpers zum Außenraum, der für die Kinder leicht zu erreichen sein sollte. Wie Frank Lloyd Wright für das *Coonley-Playhouse* einen kreuzförmigen Grundriss wählte, griff auch Schütte-Lihotzky auf diese Grundform zurück. Ab 1965 arbeitete sie an einem Baukastensystem, wonach vorfabrizierte funktionsfähige Module an bestehende Gebäude angeschlossen werden können sollten. Schütte-Lihotzkys Konzeption war dabei von reformpädagogischen und hygienischen Überlegungen getragen. So sollten einzelne Kindergartengruppen im Fall einer Pandemie getrennt voneinander funktionieren, um die Ansteckungsgefahr zu minimieren.[20]

Die italienische Ärztin und Pädagogin Montessori setzte sich wie Pestalozzi und Fröbel für die schwächsten Kinder ein. Zunächst nahm sie sich neuro-diversen Kindern an, die sie als Ärztin in der Kinderpsychiatrie betreute. Das von ihr gegründete *Labor zur Erforschung der Natur des Kindes* öffnete sie bald für Kinder armer Familien, und entwickelte dabei die Methode, die inzwischen weltweit anerkannt und praktiziert wird. Montessori setzte von Anfang an auf die Fähigkeit der Kinder, ihre Aufmerksamkeit zu fokussieren und frei zu entscheiden, welcher Aufgabe sie nachgehen. Montessori orientierte sich an Fröbels Spielgaben und entwickelte diese weiter. Mehr noch leistete sie mit ihrer Forschungsarbeit einen wesentlichen Beitrag dazu, die pädagogischen Prinzipien zu strukturieren und dementsprechend zu kommunizieren.
2023 veröffentlichen die Architekten Benjamin Staehli und Steve Lawrence die Publikation *Montessori Architecture* und beschreiben darin Kriterien, die für die architektonische Umsetzung Maria Montessoris Überlegungen zu einer »vorbereiteten Umgebung ausschlaggebend sind«[21] (siehe Übersicht der Kriterien). Hier finden sich wesentliche Merkmale, die sich in Fröbels Spielgaben bis zu deren Übersetzungen in der Architektur und im Design Frank Lloyd Wrights, Dicker-Brandeis und Schütte-Lihotzky genauso finden, wie in der zeitgenössischen Architektur Diébédo Francis Kérés, der in Gando, Burkina Faso, im Jahr 2008 eine Montessori-Schule errichtete. Die Anpassung des Gebäudes an seine unmittelbare Umgebung, die Verwendung lokaler Materialien, die Bedeutung der Lichtführung, die Berücksichtigung des individuellen Gebrauchs von Möbeln, sowie die Organisation der Baukörper, um Inseln der Konzentration zu schaffen, sind nur einige Kriterien, die sich hier finden, wie in Frank Lloyd Wrights *Playhouse*.

Den Raum für Kinder von der Aktivität aus zu denken, bedeutet einen Raum für die Emanzipation des Kindes zu schaffen. Der Raum für Kinder ist nicht der Kontrollraum.

Übersicht der Kriterien

1. Eine Hierarchie von miteinander verbundenen Räumen, die an die Aktivitäten der Kinder angepasst sind
2. Unterschiedliche Raumhöhen
3. Verwendung von lokalen Materialien unter besonderer Berücksichtigung taktiler Qualitäten
4. Orientierung des Eingangs nach Osten
5. Vermeidung von Korridoren um die verbindende Funktion des Begrüßungsraumes zu stärken.
6. Ausrichtung der Raumgliederung um Inseln der Konzentration zu schaffen
7. Boden als primärer Arbeitsbereich
8. Zugänglichkeit für Kinder unterschiedlichen Alters
9. Überlegungen zur Akustik – Unterscheidung von Klang und Lärm
10. Integration der Lagerflächen in die Wände
11. Offene Regale für Lehrmaterial
12. Beobachten ohne Zudringlichkeit
13. Rückzugsangebote für Tätigkeiten, die Konzentration erfordern
14. Einrichtung von Fensterplätzen um die Verbindung zur Außenwelt herzustellen
15. Bedeutung von Tageslicht und Lichtführung
16. Zugang zu Wasser für Kinder
17. Hygiene-Einrichtung als Teil der Erziehung begreifen
18. Übergangsräume zwischen innen und außen, Schattenräume
19. Integration einer Kinderküche und Esstische
20. Versammlungsräume innen und außen
21. Räume für grobmotorische Entwicklung innen und außen
22. Walking on the line
23. Schule und Gelände als Wohnraum für Pflanzen und Tiere
24. Werkstätten
25. Flexibilität in der Anordnung der Möbel

---

1 Friedrich Fröbel: *Die Menschenerziehung, die Erziehungs-, Unterrichts- und Lehrkunst, angestrebt in der allgemeinen deutschen Erziehungsanstalt zu Keilhau. Teil 1: Bis zum begonnenen Knabenalter.* Keilhau 1826.
2 Vgl. Werner Busch: *Romantisches Kalkül. Caspar David Friedrichs »Kreuz an der Ostsee.,* Berlin 2023, S. 36.
3 Vgl. Norman Brosterman: *Inventing Kindergarten,* hg. v. Eric Himmel. New York 1997, S. 24–25.
4 Johann Heinrich Pestalozzi: ABC der Anschauung oder Anschauungs-Lehre der Maßverhältnisse, Zürich 1803, https://www.digitale-sammlungen.de/de/view/bsb10082563?page=4 [aufgerufen am 23.06.2024].
5 Helmut Draxler: »Auf Biegen und Brechen« In: *Kindheit, Emanzipation und Kritik. Geh und spiel mit dem Riesen!* Ausst.Kat. Villa Stuck München, hg. von Michael Buhrs, Anne Marr, Eva Maria Stadler. Bielefeld 2015, S. 76.

6 Vgl. Rem Koolhaas: *Countryside. A Report.* New York 2020, S. 281.
7 Brosterman 1997 (wie Anm. 3).
8 https://www.nifbe.de/fachbeitraege-2?view=item&id=1069:margaretha-meyer-schurz-1833-1876&catid=37 [aufgerufen am 20.5.2024].
9 Brosterman 1997 (wie Anm. 3), S. 10.
10 Brosterman 1997 (wie Anm. 3), S. 140.
11 Brostermann 1997 (wie Anm. 3), S. 78.
12 Brostermann 1997 (wie Anm. 3), S. 139.
13 Vgl. Juliett Kinchin (Hg.): *Century of the Child: Growing by Design, 1900–2000.* New York 2012, S. 16.
14 Vgl. Brosterman 1997 (wie Anm. 3), S. 96.
15 https://issuu.com/wienmuseum/docs/wien_museum_katalog_bauhaus/s/17469892 [aufgerufen am 20.5.2024].
16 Ebd.
17 Paul Reza-Klein: »›Gespieltes Zeug‹. Die Baukästen des Ateliers« In: Katharina Hövelmann, Andreas Nierhaus, Georg Schrom (Hgg.): *Atelier Bauhaus, Wien: Friedl Dicker und Franz Singer.* Salzburg / Wien 2022, S. 61–70, hier S. 65.
18 *Friedl Dicker-Brandeis. Werke aus der Sammlung der Universität für angewandte Kunst*, hg. von Stefanie Kitzberger, Cosima Rainer, Linda Schädler. Wien, Berlin/Boston 2023, S. 232.
19 Marcel Bois, Bernadette Reinhold (Hgg.): *Margarete Schütte-Lihotzky. Architektur. Politik. Geschlecht. Neue Perspektiven auf Leben und Werk.* Basel 2019.
20 Ebd., S. 302.
21 Steve Lawrence und Benjamin Stæhli: *Montessori architecture: a design instrument for schools.* Zürich 2023, S. 49–115.

Lisa Beißwanger

Zwischen Klaustrophobie und maximaler (Gestaltungs-)Freiheit – Fensterlose Klassenzimmer im Schulbau um 1970

Im Jahr 1971 erlebte die hessische Provinzstadt Neu-Isenburg einen Architekturskandal, der auch in der überregionalen Presse Wellen schlug. Auslöser waren zwei im Bau befindliche Grundschulen nach einem Entwurf des Darmstädter Architekten Gerd Fesel (1924–1984).[1] Die zunächst eher unscheinbaren Flachbauten empörten die Neu-Isenburger Elternschaft, da sie – angeblich – fensterlos waren.[2] Dieser Vorwurf war bei genauerer Betrachtung zwar nicht gerechtfertigt, doch geben die hitzigen Diskussionen um das Projekt Anlass zu einer Spurensuche nach dem Phänomen fensterloser Klassenzimmer in den langen 1960er-Jahren.

Von einigen Berichten und Studien aus der Bauzeit abgesehen, wurde dem Phänomen bislang kaum wissenschaftliche Aufmerksamkeit zuteil. Im Zuge der seit den 2010er Jahren verstärkten Forschung zur Bildungsarchitektur der »Boomjahre« wurden jedoch angrenzende Phänomene wie System- und Großbauten, Typisierung, Flexibilisierung oder Open-Space-Konzepte bereits intensiver bearbeitet. Als zentrale Anhaltspunkte für die folgenden Überlegungen sei hier auf das von Tom Holert initiierte »Bildungsschock«-Projekt sowie auf einschlägige Schriften von Sonja Hnilica verwiesen.[3] An diese Forschungen anknüpfend und von einem Interesse an den politischen und kulturhistorischen Kontexten von Bildungsarchitektur getrieben, untersucht der vorliegende Beitrag das Phänomen fensterloser Klassenzimmer im Kontext spätmodernen Fortschrittsglaubens und der politischen Großwetterlage der Ära des Kalten Kriegs. Die Fensterfrage rückt dabei als ein gleichermaßen pragmatisches wie symbolisch aufgeladenes Phänomen ins Blickfeld.

Aus heutiger Perspektive erscheint die Idee fensterloser Klassenzimmer geradezu absurd. Aktuellen deutschen Schulbaurichtlinien zufolge sind sie sogar unzulässig.[4] Auch im frühen 20. Jahrhundert gehörte eine großzügige Durchfensterung zu den Kriterien für guten Schulbau. Reformpädagogische Ansätze forderten den intensiven (Blick-)Kontakt zur Außenwelt und ein Höchstmaß an Licht, Luft und Sonne für eine optimale Schulhygiene. In der westdeutschen Architektur der 1950er Jahre wurden Fenster – im Bildungsbau und darüber hinaus – zum Symbol für Offenheit und Transparenz in einer jungen Demokratie. All diesen Maßgaben stehen Räume ohne Fenster zunächst einmal entgegen. Dennoch, so wird sich zeigen, verbanden sich auch mit ihnen Rhetoriken eines westlichen Freiheits- und Gleichheitsideals sowie Narrative technologischen Fortschritts und ökonomischer Effizienz.

Ausgehend von einer der beiden Neu-Isenburger »Problemschulen« und den Debatten, die sie zur Bauzeit begleiteten, nimmt dieser Beitrag den Schulbau in Westdeutsch-

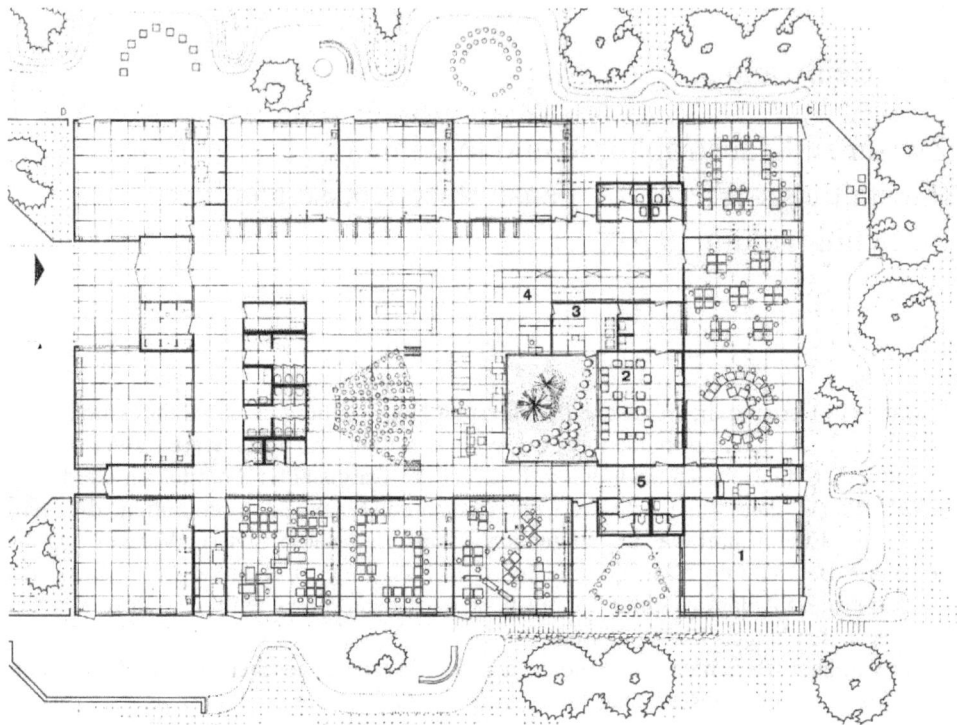

Abb. 1: Grundriss der Hans-Christian-Andersen-Grundschule, Neu-Isenburg, Typ GST. 12

land und den USA als einem zentralen Einfluss- und Impulsgeber und in den Blick.[5] Als Materialbasis dienen Publikationen aus der Bauzeit, Archivalien aus dem Nachlass Gerd Fesels im Darmstädter Universitätsarchiv sowie Gespräche mit Zeitzeug:innen und aktuellen Nutzer:innen der Schule.[6] Ziel des Beitrags ist weder die Kritik noch eine Apologie des untersuchten Baus, sondern das Herausarbeiten der politischen Dimensionen des Phänomens fensterloser Klassenzimmer, seiner Vielschichtigkeiten und Ambivalenzen.

Die Neu-Isenburger Grundschulen

Die Hans-Christian-Andersen-Grundschule liegt im westlichen Teil von Neu-Isenburg im Landkreis Offenbach am Main, etwa zehn Kilometer südwestlich der Kreisstadt. Nur wenige Kilometer nach Westen, getrennt durch eine Waldfläche, liegt der Frankfurter Flughafen, der bereits in den 1970er Jahren der größte Flughafen (West-)Deutschlands war.

Eine Baudokumentation in der Zeitschrift *Bauen + Wohnen* stellt das historische Schulgebäude als einen eingeschossigen Flachbau auf rechteckigem Grundriss vor (Abb. 1).[7] Um ein zentrales überdachtes Atrium gruppieren sich ringförmig verschiedene Gruppen- und Arbeitsräume – so die historische Bezeichnung der Klassen- und Fachklassenzimmer.[8] Im östlichen Teil des Atriums ist ein kleiner Lichthof eingeschnit-

Abb. 2: Außenansicht der Hans-Christian-Andersen-Grundschule, Neu-Isenburg, ca. 1972

ten, an den das Leitungsbüro und das Lehrer:innenzimmer grenzen. Die Erschließung erfolgt über sogenannte Verkehrszonen von einem dezentral an der westlichen Stirnseite gelegenen Haupteingang. Die Außenfassade gliedern vertikal gereihte kunststoffbeschichtete Aluminium-Systembauplatten mit einer dem Flachdach vorgeblendeten vertikal reliefierten Aluminiumverschalung (Abb. 2). Je eine Glastür und zwei flankierende bodentiefe Fenster markieren an der Außenhaut die Lage der Gruppenräume im Innern. Diese Öffnungen sind mit goldfarben spiegelndem Infrastop-Glas geschlossen, das Blicke von außen abweist, von innen aber transparent ist. Die starke Dämpfung des Lichteinfalls durch das Spezialglas erfordert im Innern ergänzendes Kunstlicht zu jeder Tageszeit.[9] Während die Türen das direkte Austreten aus den Gruppenräumen auf das Außengelände der Schule ermöglichen, sind die Fenster versiegelt, ein Hinweis darauf, dass anstelle direkter Frischluftzufuhr auf Vollklimatisierung gesetzt wurde.

Ein ungerichtetes Tragwerk mit unverkleideten Stahlträgern garantiert maximale Flexibilität im Innenausbau und ermöglicht einen zentralen Großraum, der für eine variable Nutzung ausgelegt und mittels flexibler Stellwände frei gestaltbar ist (Abb. 3).[10] Eine Besonderheit im Innern sind gläserne Wände zwischen Atrium und Gruppenräumen. Zum Zentrum hin ist der Bau somit maximal transparent. Alle weiteren Wände im Innern sind aus weiß lackierten Metallpanelen zusammengesetzt, die als

Abb. 3: Zentraler Großraum der Hans-Christian-Andersen-Grundschule, Neu-Isenburg, ca. 1972

magnetische Tafeln oder Projektionsleinwand einsetzbar sind. Eine abgehängte Akustikdecke und ein im gesamten Schulhaus verlegter maisgelber Perlonteppich sorgen für maximale Schall-Absorption.[11] Die Installationen für Belüftung und Beleuchtung sind unsichtbar über der Decke und in Installationskernen verlegt beziehungsweise auf dem Flachdach positioniert.

Alle Gruppenräume sind mit flexibler Möblierung aus Zweiertischen und Kufenstühlen ausgestattet.[12] Zur Ausstattung gehören außerdem – auch das eine Besonderheit – zwei Tafeln, eine an der Stirnwand und eine an der Außenwand zwischen den Fenstern (Abb. 4).

Fesels Entwurf war die Antwort auf eine Ausschreibung des Landkreises Offenbach zur Entwicklung einer Typenreihe für ein-, zwei- und dreizügige Grundschulen. Wie andere Kommunen war auch Offenbach in den ausgehenden 1960er Jahren mit der Aufgabe konfrontiert, binnen kürzester Zeit und trotz klammer Finanzen Bildungskapazitäten für die heranrollenden geburtenstarken Nachkriegsjahrgänge zu schaffen. Im Namen von Kosten- und Zeiteffizienz setzte die Bauverwaltung auf Typisierung, Systembau und neueste technologische Standards. Die zu entwerfenden Grundschulen sollten »mehrfach gleichzeitig« ausführbar und standortunabhängig sein, »Grundriß, Konstruktions- und Ausbausystem« sollten zudem »die notwendige Flexibilität für die Entwicklung moderner Unterrichtsformen« aufweisen.[13] Die Kosten mussten sich dabei innerhalb der Bezuschussungsrichtsätze des Landes Hessen bewegen.[14] Fesel konnte die Kriterien erfüllen, indem er eine Kombination aus Pavillonschule und Großraumbüro entwarf. Dabei griff er auf das Fertigbausystem »VAR – M 3« des Mailänder Unternehmens *FEAL* zurück, das vornehmlich im Industriebau verbreitet war und dessen Grundmaß von 1,20 Metern an den Fassadenelementen deutlich ablesbar bleibt.[15]

Fesels Entwurf wurde insgesamt neunmal ausgeführt, jeweils in verschiedenen Varianten und mit unterschiedlicher Durchfensterung.[16] Die beiden Neu-Isenburger Schulen des Grundrisstyps 12 waren die »Introvertiertesten«. Ihre Geschlossenheit und die Dämpfung optischer und akustischer Reize begründete der Architekt vor allem mit der

Abb. 4: Unterrichtsszene in der Hans-Christian-Andersen-Grundschule, Neu-Isenburg, ca. 1972

Flughafennähe und dem Autoverkehr auf den umliegenden Straßen. Er betonte zudem, dass die sich rasch entwickelnde und inzwischen erschwingliche Gebäudetechnik die Voraussetzungen schaffe, um Licht, Luft und Temperatur vollständig zu kontrollieren und so negative Blendeffekte, stickige Luft oder das Frieren im Winter zu vermeiden.[17]

Mit Fesel entschied sich die Kommune für einen einschlägigen Vertreter des industriellen Bauens, der zugleich Experte für Bildungsarchitektur war und gute Kontakte in die USA pflegte.[18] Bereits in seiner Promotion (1955) hatte er sich mit der »Beleuchtung von Klassenräumen durch Tageslicht« auseinandergesetzt.[19] Anders, als es der Titel vielleicht vermuten lässt, plädierte er darin für eine Ergänzung von Tageslicht durch Kunstlicht, um möglichst konstante, tageszeitunabhängige Lichtverhältnisse an allen Plätzen zu schaffen und so einer Schädigungen der Augen, Ermüdungserscheinungen und Haltungsschäden vorzubeugen.[20] Als Professor für Entwerfen und Technologie im Hochbau an der Technischen Universität Darmstadt setzte Fesel in seinen Schulbauforschungsprojekten, die er gemeinsam mit Mitarbeiter:innen durchführte, auf Flexibilisierung, Kompaktheit und Gebäudetechnologie.[21]

Dem Eindruck des bürokratischen Systembauers zum Trotz, forderte Fesel schon in seinen frühen Schriften zum Schulbau die Berücksichtigung der psychologischen Wirkung von Tageslicht und plädierte für möglichst ruhige, parkähnliche Schulumgebungen.[22] Er äußerte sich außerdem mehrfach kritisch zu den technokratischen Tendenzen in der Architektur seiner Zeit.[23] Er warnte vor Monotonie als Folge der Unterordnung von Kreativität und Gestaltung unter die Kostenorientierung, wie sie seinerzeit beispielsweise in Forderungskatalogen zum Schulbau zum Ausdruck kam.[24] Eine »differenzierte Gestaltung« müsse stattdessen »ortsbezogene Identifikationsmöglichkeiten« schaffen.[25] Als Kompromiss sprach er sich für eine »projektbezogene Differenzierung« unter Verwendung der »maximalen Variationen technischer Systeme« aus.[26] Die Technik sollte in den Dienst der »gegenwärtigen Leitbilder unserer Gesellschaft« gestellt und

Nutzer:innen keinesfalls in die »Rolle des statistisch auswertbaren Durchschnittsbürgers« gedrängt werden.[27] Günter Behnisch würdigte deshalb in seinem Nachruf auf Fesel, dass es diesem ein Anliegen gewesen sei, die Technik »in einer am Menschen orientierten Architektur zu vermenschlichen.«[28] Fesels Typenentwurf für die Offenbacher Grundschulen lässt sich als eine Umsetzung dieses Ansatzes lesen.

Die Kritik an Fesels Schulbauten

In den Augen der Kritiker:innen gelang es Fesel im Neu-Isenburger Fall allerdings nicht, die von ihm formulierten Anliegen einzulösen. Die alarmierte Elternschaft protestierte heftig und trug in einem Dossier alle zu erwartenden Negativ-Auswirkungen der neuen Schule(n) zusammen, wobei die Fensterlosigkeit – die Rede ist von einer »lichtgebremsten Schule« – im Zentrum der Kritik stand.[29] Unter Bezugnahme auf eine Vielzahl wissenschaftlicher Studien – keine davon auf Kinder oder Schulen bezogen – wurden mögliche Gefahren aufgezeigt. Dazu gehörten Störungen von Hormon- und Stoffwechselvorgängen bis hin zu vorübergehender Unfruchtbarkeit oder, abgeleitet aus Studien zu fensterlosen und künstlich beleuchteten Arbeitsumgebungen, Krankheitsbilder wie Neurosen, Kreislaufstörungen oder Menstruationsbeschwerden.[30] Ein weiterer zentraler Punkt war die Sorge, dass die Schule mit zunehmender Kontrolle aller Umgebungsfaktoren, insbesondere des Lichtes, zu einem »totalen Leistungsraum« werde, in dem die Kinder durch Kunstlicht zur Leistungsbereitschaft bis zur Erschöpfung angeregt und in ihrer natürlichen Entwicklung gestört würden.[31]

Ähnliche Kritikpunkte vertrat auch der Pädagoge und Philosoph Hugo Kükelhaus (1900–1984), der an dieser Stelle relevant ist, da er in seinem Buch *Unmenschliche Architektur* (1973) Fesels Schulbauten zum zentralen Negativbeispiel für eine menschenfeindliche »Lernanstalt-Architektur« stilisiert hat.[32] Ihr gegenüber stellte er sein Ideal einer »organgemäßen Architektur«, die den Funktionen des menschlichen Organismus entsprechen und auf sinnliche Erfahrungen ausgerichtet sein sollte.[33] Kükelhaus vergleicht in seinem Buch – in drastischen Bildern – moderne Schulbauten mit Geflügel- und Schweinefabriken.[34] Architektur diene hier einer Mentalität der »Zielvorstellungen«, deren »gradlinige Anpeilung« sie durch »risikofreie Verfahrenstechnik und Ausschaltung aller Störfaktoren« sicherstelle.[35] Die technisch kontrollierte und sinnesreizbefreite Umgebung der Fesel'schen Schulen lasse die Außenwelt nur schemenhaft, »wie durch eine Schneebrille« sichtbar werden.[36] Die bis zur Echolosigkeit abgedämpfte Akustik, die strukturlosen Wände, das Mobiliar aus Aluminium und Kunststoff und der zwar farbige aber homogene Teppich führten zu einer völlig reizbefreiten Umgebung.[37] Vollklimatisierung und schattenfreie Helligkeit täten ihr Übriges, um nicht nur Orientierungslosigkeit, sondern auch eine Vielzahl »biogenetischer Negativ-Faktoren« aufzurufen, darunter – und dabei bezieht er sich auf eine Studie zu einer fensterlosen Schule in Harlem, New York – Unwohlsein, Kopfschmerzen und Angstzustände sowie chronische Unterleibsbeschwerden bei den Lehrerinnen.[38] Erneut werden hier also psychologische Faktoren ins Feld geführt und – mehr oder weniger implizit – vor einer drohenden Gefährdung weiblicher Reproduktionsfähigkeit gewarnt.

Antwort auf die Kritik

Als Antwort auf die heftigen Anfeindungen der Neu-Isenburger Eltern beauftragte die Kommune Offenbach ein aufwendiges Gutachten.[39] Bausachverständige, Mediziner und Pädagogen entkräfteten darin Vorwurf für Vorwurf mit betont sachlichen und wissenschaftlichen Argumenten, wobei unter »wissenschaftlich« in erster Linie quantitative Belegbarkeit verstanden wurde.[40] In einer der Stellungnahmen heißt es, der Elternbericht sei »einseitig und sehr stark durch emotionelle Momente belastet«, ergo: unwissenschaftlich.[41] Der Blick in die USA, wo ähnliche Konzepte keinerlei gesundheitliche Bedenken auslösten, zeige, dass hier bestenfalls ein kulturelles Missverständnis vorliege, keine Gesundheitsgefahr.[42]

Dem Begriff der »lichtgebremsten Räume« setzt das Gutachten den Ausdruck »tageslichtarme Räume mit vorwiegend künstlicher Beleuchtung« entgegen.[43] Es bestehe dabei kein Unterschied in der biologischen Wirkung von Tages- und Kunstlicht. Selbst eine Schustertyp-Schule mit beidseitiger Durchfensterung könne die in Neu-Isenburg gegebenen 750 Lux an jedem Platz im Klassenzimmer nicht erreichen. Zudem seien »Helligkeitsschwankungen« kein »notwendiger Trainingsreiz für das Sehorgan«, wie im Eltern-Dossier behauptet.[44] Klimatisch sei die »geschlossene Schule« dem »konventionellen Schultyp« sogar überlegen, da sie in der Lage sei, durch »wärmedichte Raumumschließungselemente« optimale Bedingungen herzustellen.[45] Der Verzicht auf ein seitliches Fensterband ermögliche eine nicht-gerichtete Tischstellung und damit die Abkehr vom überholt-autoritären Frontalunterricht.

Interessant ist, dass die gleichmäßige Beleuchtung und Klimatisierung auch mit sozialer Gleichheit in Verbindung gebracht wird: die introvertierte Ausrichtung des Baus sei ein Fortschritt in der psychologischen Umweltgestaltung im Schulwesen auf dem Weg »Reizeinflüsse in den Griff zu bekommen« und so gleiche Bedingungen für alle Schüler:innen herzustellen.[46] »Alles zu tun, was dem inneren sozialen Ausgleich dient«, sei »neben der seelischen und physischen Gesundheit ein wesentlicher Faktor der Gesamthygiene.«[47] Chancengleichheit wird dann auch mit Blick auf den Raum jenseits des Klassenzimmers betont: »Bildungsstätten in geographischen Bereichen mit stärkerer Umweltbelastung« müssten abgeschirmt werden, um diese zu garantieren. Die Fesel'sche Lösung einer teiltransparenten Abschottung gegen den Fluglärm erscheint damit als idealer Kompromiss. Der Bericht schließt mit der durchaus provokanten Anmerkung, dass Fesels Schulbautypen keineswegs defizitär, sondern so zukunftsweisend seien, dass die hessischen Schulbaurichtlinien auf ihrer Grundlage neu definiert werden sollten.[48]

Einflüsse und Impulsgeber

Woran orientierte sich Fesel bei seinen Entwürfen? Als eine besonders direkte Inspirationsquelle lässt sich unschwer der Schulbau in den USA identifizieren. Dort verbrachte Fesel einige Lehrjahre und auch in seiner späteren Laufbahn kehrte er für mindestens zwei Forschungsreisen dorthin zurück. 1970 nahm er im Rahmen eines DFG-Forschungsauftrags zur flexiblen Schulbaugestaltung an einer »Studien- und Informationsreise« zu Schulen an der amerikanischen Ostküste teil. 1972 veröffentlichte er mit seinem Mitarbeiter Karl-Ulrich Bechler (*1937) Erkenntnisse aus dieser Reise in einem Artikel zu »Tendenzen im Schulbau am Beispiel der USA«.[49] Auch Fensterlosigkeit spielt darin eine Rolle und zwar im positiven Sinne. Den Autoren zufolge böten »fensterlose Räume [...] die Möglichkeit, bei einwandfreier künstlicher Beleuchtung, eine ausgezeichnete visuelle Umgebung zu schaffen.«[50]

Die Vorbildrolle des US-amerikanischen Schulbaus für Westdeutschland war nicht zuletzt politisch begründet und scheint seitens der Vereinigten Staaten auch intensiv gefördert worden zu sein – etwa durch die Finanzierung von Forschungsreisen ausländischer Delegationen in die USA. Zugleich wurde in den USA bereits früher als in Westdeutschland intensiv Schulbauforschung betrieben. Federführend waren dabei die 1958 gegründeten Educational Facilities Laboratories (EFL), eine massive Forschungs- und Förderinitiative der Ford Foundation.[51] Ihr Ziel war der schnelle und kosteneffiziente Ausbau des Schulsystems auf der Grundlage amerikanisch-liberaler Demokratievorstellungen. Fast alle schulbaubezogenen Forschungs- und Entwicklungsprojekte der Ära sind mit dieser in New York City ansässigen Initiative verbunden, darunter auch das School Construction System Development Projekt (SCDS) an der Stanford University (1961–1967), das die Standardisierung und Typisierung im US-amerikanischen Schulbau vorantrieb und dabei auch auf fensterlose Schulen und Klassenzimmer setzte. Die Vor- und Nachteile dieses neuen Typus wurden in mehreren publizierten Studien untersucht.

Bevor ein genauerer Blick auf diese Studien erfolgt, lohnt es sich, zwei dezidiert US-amerikanische Spuren auf dem Weg zum fensterlosen Klassenzimmer aufzuzeigen. Die erste ist technologisch gelagert. Sie führt zurück an den Beginn des 20. Jahrhunderts und zu Innovationen in der Industrie- und Büroarchitektur. Ab den 1930er Jahren zeichnete sich dort eine intensive Auseinandersetzung mit fensterlosen Arbeitsumgebungen ab. Schnell expandierende Unternehmen entwickelten einen Bedarf an Produktions- und Verwaltungsstätten in zuvor ungekannten Maßstäben. Der Herausforderung, die nun entstehenden Großraumarchitekturen mit ausreichend Licht und frischer Luft zu versorgen, konnte eine technologiegetriebene Industriearchitektur dank rascher Fortschritte in der Licht- und Klimatisierungstechnik begegnen. Fenster wurden damit obsolet oder zumindest verhandelbar, denn die Vollklimatisierung versprach, ihren Apolget:innen zufolge, »… results better than nature's own«.[52] Ähnlich wie später in Neu-Isenburg wurde Fenstern mangelnde Schall- und Wärmeisolierung und die allgemeine Durchlässigkeit für negative Umweltfaktoren vorgeworfen. Der Klimatechnik-Ingenieur Dan C. Lindsay stellte 1929 sogar ganze fensterlose Städte in Aussicht. Er argumentiert dabei entlang einer Logik des technologischen Fortschritts, die die menschliche Kontrolle und Überwindung der Natur durch Technik in den Vordergrund stellt:

> »[a]t first consideration the proposal for windowless buildings seems senseless, but when it is remembered that the operations of engineering are contrary to nature in general, it appears logical that a building, the acme of mechanical attainment, should supply its own weather, and do a better job for itself than by leaving the matter to the exigencies of climate.«[53]

Vor diesem Hintergrund entstanden also ab den frühen 1930er Jahren die ersten fensterlosen Produktionsstätten und Großraumbüros, darunter die 1931 fertiggestellte Simonds Saw and Steel Company in Fitchburg, Massachusetts, oder Frank Lloyd Wrights ikonischer Bürogroßraum für das Johnson Wax Administration Building in Racine, Wisconsin, das keine Fenster, aber Oberlichter besaß. Die zeitgenössische Berichterstattung über solche Bauten zeugt von einer positiven Faszination aber auch von einiger Skepsis, ähnlich, wie das später bei Fesels Schulen der Fall sein sollte.[54]

Eine zweite Spur führt in die paranoide tagespolitische Situation des Kalten Kriegs Anfang der 1960er Jahre. Als John F. Kennedy am 22. Oktober 1962 die Präsenz sowjetischer Nuklearsprengköpfe auf Kuba öffentlich machte, brach im ganzen Land Katastrophenstimmung aus. Das US-amerikanische Verteidigungsministerium arbeitete an einer massiven Kampagne zum Bau öffentlicher »fallout shelters« zum Schutz der Zivilbevölkerung.[55] In Anbetracht der immensen Kosten dieses Vorhabens, wurde nach synergetischen Nutzungsmöglichkeiten für die zu bauenden Bunker gesucht. Die Wahl fiel auf Schulbauten, da diese für die sogenannte Boomer-Generation ihrerseits massenhaft benötigt wurden. Bereits 1962 eröffnete die Abo-Primary School in New Mexico als weltweit erste Schule unter der Erde.[56] Der Architekt Frank Moscow Standhardt (1913–1978), der bereits Erfahrung mit überirdischen fensterlosen Gebäuden vorweisen konnte, entwarf einen unterirdischen Betonbunker, der über der Erde lediglich durch ein kleines und unscheinbares Zugangsgebäude sichtbar ist. Nachfolger fand dieses Konzept vor allem im mittleren und südlichen Teil des Landes, wo nicht nur Nuklearangriffe, sondern auch Starkwetterereignisse eine regelmäßige Bedrohung darstellten.[57] Eine 1964 veröffentlichte vergleichende Studie, die die unterirdische Schule mit einer überirdischen Schule ohne Fenster und einer konventionellen Schule vergleicht, fiel rundum positiv aus.[58] Die Bunkerschule sei zwar im Bau etwas teurer, dafür spare man Heizkosten und es gebe keinerlei störende Ablenkungen von außen. Anhaltspunkte für nachteilige Effekte auf Schüler:innen, Lehrer:innen oder Eltern gebe es keine. Diese Studie wurde vom Verteidigungsministerium kofinanziert.

Es ist nicht auszuschließen, dass solche Experimente und Studien zu einer allgemeinen Akzeptanz fensterloser Klassenzimmer in den USA beitrugen. Jedenfalls zeichnet sich zeitgleich ein Trend zur Fensterlosigkeit auch für Schulbauten über der Erde ab. Anstelle des Zivilschutzes traten hier Argumente wie Energiebilanz, effiziente Raumnutzung und eine optimierte Arbeitsplatzgestaltung in den Vordergrund. Eine Studie der *Educational Facilities Laboratories* von 1965 stellt fest, Fenster hätten keinerlei messbaren Einfluss auf die kindliche Lernfähigkeit und Lehrer:innen schätzten die geringere Ablenkung und Lärmreduktion in fensterlosen Klassenzimmern.[59] Eltern und Kinder wiederum stünden der Fensterfrage vorwiegend mit Neugierde bis Indifferenz gegenüber. Sofern eine ausgereifte Technologie Luftsauberkeit, Wärme und Licht garantiere, seien fensterlose Schulen deshalb dem konventionellen Typ vorzuziehen beziehungsweise seien Fenster nur dann sinnvoll, wenn der Unterricht den Blick nach draußen inhaltlich erfordere.[60]

Mit Blick auf Fesels Schule in Neu-Isenburg ist eine Handreichung des Gesundheits- und Bildungsministeriums mit dem Titel »Trends in Schoolhouse Construction« aus demselben Jahr interessant, die neben Flexibilität, Team Teaching, einheitlichem Teppichbodenbelag und Vollklimatisierung auch Fensterlosigkeit propagiert.[61] Ein zentrales Argument für geschlossene und vollklimatisierter Räume ist dabei die bereits erfolgte Gewöhnung der US-Bevölkerung an solche Räume in anderen Lebensbereichen. Mangels ausreichender Daten zu vollständig fensterlosen Räumen sei es jedoch wünschenswert, das traditionelle Fensterband durch schmale vertikale Fenster zu ersetzen.[62] Es scheint, als habe Fesel für die Neu-Isenburger Schulen diese Empfehlungen direkt oder indirekt aufgegriffen.

Etwas skeptischer gibt sich ein Bericht von 1967, der einige Fälle von »anxiety« feststellt und darauf verweist, dass Langzeitfolgen noch nicht abschätzbar seien und es weiterer Forschung bedürfe.[63] Die mentale Gesundheit der Kinder müsse im Vordergrund stehen, nicht die Wirtschaftlichkeit oder gar der schiere Wunsch nach Innovation und Fortschritt.[64] Mitte der 1970er Jahre beginnen sich weitere kritische Stimmen zu regen. Eine empirische Masterarbeit von 1975 legt nahe, dass letztlich doch vor allem finanzielle Überlegungen sowie Vandalismusprävention für die Wahl fensterloser Räume ausschlaggebend waren, während den psychologischen oder physiologischen Faktoren eine untergeordnete Rolle zukam.[65] Dabei wird festgestellt, dass Fensterlosigkeit zwar keinen messbaren Einfluss auf die Lernfähigkeit der Kinder habe, aber zu einem leichten Anstieg des Aggressionspotenzials der Schüler:innen führe.[66] Mit der Ölkrise und Energieknappheit gerieten die vollklimatisierten Räume auch in Bezug auf ihre Energiebilanz in die Kritik.

Implementierung im westdeutschen Schulbau

Wie der Skandal um die Neu-Isenburger Schulen zeigt, herrschte in (West-)Deutschland zur selben Zeit noch größere Skepsis, zumal hier keineswegs von einer Gewöhnung der Bevölkerung an vollklimatisierte Räume auszugehen war.[67] Dennoch wurde auch in Deutschland und nicht nur in Neu-Isenburg mit fensterlosen Klassenzimmern experimentiert. Besonders häufig war das bei Schulgroßbauten der in dieser Zeit aufkommenden Gesamtschulzentren der Fall. Dabei waren meist nur innenliegende Räume wirklich fensterlos. Außenliegende Räume wurden hingegen häufig mit schmalen Fensterbändern unter der Decke ausgestattet. Beispiele für solche Konzepte sind die Berliner Mittelstufenzentren[68] oder in Baden-Württemberg die Gesamtschulen in Weinheim und Osterburken, die wegen ihrer fensterarmen und fensterlosen Räume ihrerseits mehrfach Zielscheibe scharfer Kritik wurden.[69] Das Konzept des neuen Gesamtschultypus sah vor, Leistungsdifferenzierung durch Größe zu ermöglichen. Individuelle Förderung (oder Bedürfnisbefriedigung) sollte somit durch die Organisation der Schule als Massenbetrieb gewährleistet werden.[70] Solche Ansätze in der Schulorganisation erinnern nicht von ungefähr an sich zeitgleich etablierende Strategien im Wirtschaftssektor, etwa im Zusammenhang mit Bürokomplexen oder der Organisation von Großkonzernen.

Fesels Schulen sind mit den genannten Schulgroßbauten nur bedingt vergleichbar, da ihr Maßstab sehr viel kleiner war. Dennoch ist auch hier eine Tendenz zur größtmöglichen räumlichen Flexibilisierung und Ausdifferenzierung und ein Hang zum »technoiden Schulbau« – wie es der Architekt und Pädagoge Michael Luley nennt – klar zu erkennen.[71] Die Orientierung an technologisch geprägten Innovationsdiskursen und eine Verwissenschaftlichung des Entwerfens – oft auf der Grundlage quantitativer Daten und unter Bezugnahme auf den US-amerikanischen Schulbau – weisen Fesel als einen Architekten seiner Zeit aus. Allerdings folgte er dieser Orientierung keineswegs blind, sondern versuchte, die übernommenen Konzepte für den lokalen Kontext anzupassen und im Falle des fensterlosen Klassenzimmers sogar radikal zu entschärfen. Wiederholt betonte er die Notwendigkeit, bei wachsender Standardisierung auch auf eine ausreichende Differenzierung zu achten. Die Unterschiedlichkeit der ausgeführten Grundschultypen ist Ausdruck dieses Ansatzes. Die rigorose Abschottung der Neu-Isenburger Schule gegen äußere Störfaktoren könnte jedoch im Rückblick eine Überkompensation gewesen sein, die mehr der Demonstration technischer Anpassungsfähigkeit des Typenentwurfs diente, als dass sie auf die tatsächlichen Anforderungen reagierte. Jedenfalls berichten damalige und heutige Nutzer:innen, dass Fluglärm oder Autoverkehr auch bei geöffneten Türen oder auf dem Pausenhof keine nennenswerte Störung darstellten.[72] Anders als an den Orten, an denen einige der US-amerikanischen Studien durchgeführt wurden, handelte es sich bei Neu-Isenburg eben nicht um eine US-amerikanische Megacity, sondern um eine Kleinstadt in der Hessischen Provinz.

Fazit

Die fensterlosen – oder im Neu-Isenburger Fall tageslichtarmen – Klassenzimmer sind ein typisches Architekturphänomen der frühen 1970er Jahre. Dabei gab es unterschiedliche Ausprägungen, etwa bezüglich der vollkommenen Abwesenheit oder sparsamen Verwendung und Positionierung der Fenster als Schlitz oder Fensterband oder bezüglich der Glasbeschaffenheit in Punkto Durchsicht oder Färbung. Auch finden sich viele unterschiedliche Beweggründe für fensterloses Bauen, etwa unter der Erde liegende Räume für Bunker- und Schutzarchitektur, innenliegende Räume in Großkomplexen oder Gründe wie Energieeffizienz und der Ausschluss ungewünschter Umgebungsfaktoren. Damit antworteten die gefundenen Lösungen auf unterschiedliche gesellschaftliche, technologische, ökonomische und ökologische Anforderungen, allerdings mit oftmals widersprüchlichen Ergebnissen. Dafür gerieten viele der Bauten bereits zur Bauzeit oder kurz danach in die Kritik.[73]

Wie in anderen Bauprojekten der Zeit verbindet sich in Fesels Typenentwurf spätmoderner Technologie- und Fortschrittsglaube mit dem gesellschaftspolitischen und pädagogischen Anspruch auf Teilhabe und Gleichberechtigung. Dabei führten Leitkategorien wie Flexibilität, Offenheit oder Enthierarchisierung, die unter anderem in der Abkehr vom Frontalunterricht und einer Hinwendung zu Open-Space-Konzepten zum Ausdruck kam, gleichzeitig zu einer in sich geschlossenen Architektur, die die Außenwelt als Gefahrenherd oder Störfaktor nach Möglichkeit ausblendete.

Die Herleitung der fensterlosen Klassenzimmer aus der Büro- und Industriearchitektur rückt sie in die Nähe ökonomischen Effizienzdenkens in einer modernen Leistungsgesellschaft. Dabei erscheint die hypermoderne Arbeitsumgebung mit den bestmöglichen Voraussetzungen für gleichberechtigtes, individuelles Lernen immer auch mit ihrer Kehrseite als anonyme, auf Massenabfertigung ausgerichtete Lernfabrik, der es an Privatsphäre, Identifikation und Orientierungsmöglichkeiten fehlt.

Der Blick auf die unterirdischen Atombunker-Schulen führte die Abgrenzungs- und Schutzvorstellung im Zusammenhang mit den fensterlosen Räumen vor Augen. Dieses Moment wurde auch dort relevant, wo der dröhnende Verkehr und Smog der autogerechten Stadt – oder im Fall von Neu-Isenburg der Fluglärm – ausgeschlossen werden sollten. Zugleich zeigte das Neu-Isenburger Beispiel, dass auch Negativeffekte sozialer Ungleichheit auszugleichen waren. Das Wohnen und Zur-Schule-Gehen in weniger privilegierten Umgebungen sollte durch geschlossene Architekturen kompensiert werden. Das bedeutete allerdings auch eine Abschottung und Einhegung der Nutzer:innen. Eine strukturelle Veränderung der Umweltbedingungen oder ein ganz anderer, besserer Standort für die Schule, etwa eine parkähnliche Umgebung, wie sie Fesel in seinen

Schriften über Schularchitektur gefordert hatte, kam offenbar nicht in Frage. Stattdessen spielten Zeit- und Kosteneffizienz die zentrale Rolle.

Die skizzierten Widersprüchlichkeiten mögen der Grund dafür gewesen sein, dass ein und dasselbe Projekt von manchen als demokratisch und fortschrittlich, von anderen als gesundheitsgefährdende Massenabfertigung wahrgenommen wurde. Die zunächst überzogen erscheinende und von offizieller Seite auch nicht ernst genommene Ablehnung der Neu-Isenburger Eltern griff einen in Schulbaudiskursen bereits seit dem 19. Jahrhundert etablierten Wunsch nach »Wohnlichkeit« von Schulbauten auf. Dieser Wunsch spitzte sich möglicherweise vor dem Hintergrund von Umweltzerstörung, sozialer und ökonomischer Ungleichheit und einer drohenden nuklearen Krise weiter zu. Die paranoide Stimmung der Kalten Kriegs-Ära macht auch die wiederkehrende Angst vor hormonellen Steuerungs- und Reproduktionsstörungen, sei sie noch so irrational, in ihrer existenziellen Dringlichkeit nachvollziehbarer. Sie lässt sich als Ausdruck eines diffusen Unbehagens an der modernen Welt lesen und zeugt von einem Gefühl der Entfremdung, dem die wissenschaftliche Objektivität und auf statistische Daten fokussierte Planungsmentalität der Baubehörden nicht adäquat begegnen konnte.

In der alltäglichen Praxis scheint zumindest der Neu-Isenburger Schulbau durchaus gut funktioniert zu haben und auch anderen fensterlosen oder Tageslichtarmen Schulbauten wurde von ihren Nutzer:innen ein positives Zeugnis ausgestellt.[74] Nichtsdestotrotz wurden viele der betreffenden Schulen, meist wegen baulicher Mängel oder schadstoffbelasteter Baustoffe – inzwischen rückgebaut oder stark verändert.[75] Auch die Hans-Christian-Andersen-Schule soll in den kommenden Jahren durch einen Neubau ersetzt werden. Der Grund ist nicht die Bausubstanz und auch nicht die Tageslichtarmut oder mangelnde Praktikabilität, sondern mangelnde Erweiterbarkeit zum bald gesetzlich vorgeschriebenen Ganztagsbetrieb.

---

1 Geboren 1924 in Hannover, Studium ebendort, Promotion über Tageslichtbeleuchtung von Unterrichtsräumen, 1955. Anschließend Lehrjahre in den USA, Studium am Illinois Institute of Technology in Chicago, u. a. bei Mies van der Rohe, Mitarbeiter im Architekturbüro Wheeler & Will (spezialisiert auf Bürohochhausarchitektur). Ab 1966 Professor für Entwerfen und Technologie im Hochbau an der Technischen Hochschule (heute Technische Universität) Darmstadt. Bedeutende Bauten: Versuchshallen des Fachbereichs Maschinenbau der TU Darmstadt (1973–1976); Produktionstechnisches Zentrum in Berlin Charlottenburg/Moabit zur gemeinsamen Nutzung durch die TU Berlin und die Fraunhofer-Gesellschaft in Berlin (1982–1986).
2 So kolportiere es die Presse. S. O. A.: »Schulen. Neubauten. Lust und Licht« In: *Der Spiegel*. 1971, Nr. 1–2, S. 86–87, hier S. 86.
3 Tom Holert (Hg.): *Bildungsschock. Lernen, Politik und Architektur in den 1960er und 1970er Jahren*, Berlin 2020; Sonja Hnilica: *Der Glaube an das Große in der Architektur der Moderne. Großstrukturen der 1960er und 1970er Jahre*. Zürich 2018; Sonja Hnilica: »Systeme und Strukturen. Universitätsbau in der BRD und das Vertrauen in die Technik« In: *Wolkenkuckucksheim, Internationale Zeitschrift zur Theorie der Architektur*. Bd. 19, 2014, Nr. 33, S. 211–233.

4 Vgl. Umweltbundesamt (Hg.): *Leitfaden für die Innenraumhygiene in Schulgebäuden. Erarbeitet von der Innenraumlufthygiene-Kommission des Umweltbundesamtes*. Berlin 2008, S. 12.
5 Neben den USA gehörten auch Großbritannien und die skandinavischen Länder zu den besonders intensiv rezipierten Vorbildern im westdeutschen Schulbau. Für die Frage nach fensterlosen Schulen ist jedoch der Kontext USA besonders relevant.
6 Ich danke Isabelle Brombach, die aktuell als Lehrerin an der Schule tätig ist und Christa Richter, die ab 1973 für etwa 30 Jahre als Lehrerin an der Schule tätig war, für Berichte aus der Schulpraxis. Ich danke Annegret Holtmann-Mares und Simon Götz aus dem Darmstädter Universitätsarchiv (UniA DA) sowie Karin Fesel, Witwe von Gerd Fesel und Verwalterin des Nachlasses, für Auskünfte und Unterstützung.
7 Gerd Fesel: »Grundschultypen. Beispiel: Grundschule Neu-Isenburg« In: *Bauen + Wohnen*. Bd. 26, 1972, Nr. 3, S. 127–132.
8 Christa Richter erinnert sich an je einen Musik- Turn- und Werkraum. Christa Richter im Gespräch mit der Autorin, 20. März 2024.
9 Ebd.
10 Zum Beispiel für Filmvorführungen oder Schulfeste mit Tanz sowie als Bibliothek und Materiallager (wie Anm. 8). Christa Richter erinnert sich zudem daran, dass die Türen im Innenraum keine Schlösser hatten und runde Türknäufe »wie in den USA«. Der gesamte Komplex habe sehr offen und freundlich gewirkt. Ebd.
11 Die Farbgestaltung war blau (Sessel), gelb (Teppich), braun (Türen) und weiß (Wände). Ebd. Beratung zur Farbgestaltung durch Bruno Müller-Linow. S. Gerd Fesel: »Erläuterung zur Aufgabenstellung und zum Entwurf« In: Kreis Offenbach (Hg.): *Beitrag zur Umweltgestaltung im Unterrichtsbereich. Gutachten über zwei Grundschulneubauten in Neu-Isenburg/Kreis Offenbach*. Offenbach 1971, S. 2–10, hier S. 9a. UniA DA 988, Bestand Gerd Fesel.
12 Christa Richter berichtet von Stuhlkreisen oder Hufeinsen-Formationen. Es habe auch eine Spielecke gegeben. Wie Anm. 8.
13 Fesel 1972 (wie Anm. 7), S. 129.
14 Ebd.
15 Eine interessante Randnotiz ist, dass dieses System auch in der DDR verwendet wurde, allerdings lizensiert über eine Firma in Polen. Es kam dort wahrscheinlich nur für Industriebauten zum Einsatz.
16 Folgende Schulen wurden gebaut und teilweise inzwischen wieder abgerissen: Dietzenbach, Astrid-Lindgren-Schule; Frankenau, Kellerwaldschule; Frankenberg; Jügesheim/Rodgau, Wilhelm-Busch-Schule; Mühlheim; Neu-Isenburg, Hans-Christian-Anderson-Schule; Neu-Isenburg, Wilhelm-Hauff-Schule; Rembrücken/Heusenstamm, Matthias-Claudius-Schule; Sprendlingen/Dreieich, Erich-Kästner-Schule. Fesel 1972 (wie Anm. 7), S. 131.
17 Ebd., S. 129.
18 Fesel war Mitglied in einschlägigen Verbänden und Lobbygruppen sowohl im Bereich industrialisiertes Bauen als auch im Bereich Bildungsarchitektur, zum Beispiel im DIN-Normenausschuss für Tageslicht und Kunstlicht; in der Lichttechnischen Gesellschaft und in der Gruppe »Industrialisiertes Bauen« des internationalen Architekturverbandes UIA. Fesel war zudem Mitglied der Arbeitsgemeinschaft Medizinische Forschungs- und Ausbildungsstätten des Stuttgarter Zentralarchivs für Hochschulbau sowie der Arbeitsgemeinschaft für Standardisierung im Universitätsbau der Hochbauverwaltungen der Deutschen Bundesländer.
19 Gerd Fesel: *Die Beleuchtung von Klassenräumen durch Tageslicht. Studie der Grundlagen und Untersuchung der baulichen Möglichkeiten*. Dissertation, Selbstverlag 1955.
20 Ebd.

21 Besonders nennenswert ist der DFG-Forschungsauftrag FE 34/4 »Möglichkeiten der technischen Realisierung flexibler Schulbauten«, zudem unterschiedliche Gutachten und Berichte zu Schulbaufragen, meist gemeinsam mit Karl-Ulrich Bechler. UniA DA 988, Bestand Gerd Fesel.

22 »Die Standortbestimmung der Schule abseits schädlicher Industriegase möglichst so, daß der Schulweg keine Hauptverkehrsstraßen kreuzt und im Idealfall als kreuzungsfreie Fußgängerverbindung in Grünzügen moderner Siedlungen verläuft, die Einbettung in staubfilternde, schattenspendende, wind- und geräuschabwehrende Grünanlagen ist die durch eine sinnvolle Stadtplanung zu gebende Voraussetzung.« Gerd Fesel: »Schulbau in hygienisch-technischer Sicht« Frankfurt am Main, Sonderdruck, aus *Lehrerrundbrief*. Nr. 6, 1957, S. 1–8. UniA DA 988, Bestand Gerd Fesel, Dokumente/Konvolute.

23 Vgl. Gerd Fesel: »Bauen mit Systemen. Vom Konflikt zur Harmonie. Beiträge zum Bauen mit System« In: *Bauen + Wohnen*, Bd. 31, 1977, Nr. 2/3, S. 80–82; Gerd Fesel: »Planungsirrtümer« In: *Bauwelt*. Bd. 69, 1978, Nr. 23, S. 867–868; Gerd Fesel: »Umweltgestaltung in der Schule. Gespräch mit Gerd Fesel« In: *Schulmanagement. Zeitschrift für Erneuerung und Demokratisierung im Bildungswesen durch Planung. Organisation, Kooperation*, 1974, Nr. 1, S. 27–31.

24 Fesel 1977 (wie Anm. 23), S. 82.

25 Ebd.

26 Ebd.

27 Ebd.

28 Günter Behnisch: »Nachruf. Zum Tode von Professor Dr.-Ing. Gerd Fesel« In: *Bauen + Wohnen*. Bd. 72, 1985, Nr. 1/2, S. 72.

29 Das Dossier wird in Auszügen in einem darauf antwortenden Gutachten im Auftrag der Stadt Offenbach zitiert. Der Originalbericht lag der Autorin für diesen Beitrag nicht vor. Kreis Offenbach (Hg.): *Beitrag zur Umweltgestaltung im Unterrichtsbereich. Gutachten über zwei Grundschulneubauten in Neu-Isenburg/Kreis Offenbach*. Offenbach 1971. UniA DA 988, Bestand Gerd Fesel. Das Gutachten fasst jeweils separat paginierte Einzelbestandteile zusammen. Im Folgenden werden deshalb die Teilüberschriften mit den im Original referenzierten Seitenzahlen angegeben. Da das Original teilweise unterschiedliche Seitenzahlen auf einer Seite aufweist, werden die Zahlen am oberen Seitenrand des Originals angegeben. Begriff der »lichtgebremsten Schule« ebd. »Kritik und Kommentar – Medizin«, S. 4.

30 Ebd., S. 2–4.

31 Ebd., S. 15 u. 16. Interessant ist, dass der Schulexperte Horst Mastmann, seinerzeit Leiter der Berliner Walter-Gropius-Schule und Mitglied im Deutschen Bildungsrat (ein von 1966 bis 1975 bestehendes bildungspolitisches Gremium von Bund und Ländern), über die »demokratische Leistungsschule«, in der der Einzelne »bis zum höchsten Maß seiner Leistungsfähigkeit« gefördert werden sollte schrieb. Horst Mastmann (Hg.): *Gesamtschule ein Handbuch der Planung und Einrichtung*. Schwalbach bei Frankfurt am Main 1968, S. 15 f. zitiert nach Monika Mattes: »›Leistungsschule‹, ›Lernfabrik‹, ›Kuschelecke‹? Gesamtschulen als Orte der pädagogischen Wissensproduktion« In: Tom Holert 2020 (wie Anm. 3), S. 84–89.

32 Hugo Kükelhaus: *Unmenschliche Architektur. Von der Tierfabrik zur Lernanstalt*. Köln 1973.

33 Der Begriff der »organgemäßen Architektur« findet sich auf dem Cover einer Ausgabe der *Arch+* von 1984. Hugo Kükelhaus: »Eine mitzuteilende Methode« In: *Arch+*. Bd. 17, 1984, Nr. 78, S. 46–54.

34 Kükelhaus 1973 (wie Anm. 32), S. 16.

35 Ebd., S. 6.

36 Ebd., S. 18.
37 Ebd., S. 19.
38 Ebd., S. 18.
39 Kreis Offenbach 1971 (wie Anm. 29). Eine Zusammenfassung in: O. A. »Grundschultypen in Hessen. Zur Umweltgestaltung im Unterrichtsbereich« In: *Bauwelt*. Bd. 63, 1972, Nr. 3, S. 104–111.
40 Kreis Offenbach 1971 (wie Anm. 29), »Kritik und Kommentar«, o. S.
41 Kreis Offenbach 1971 (wie Anm. 29), »Kritik und Kommentar – Medizin – Schober: Stellungnahme zum Teil Medizin der Dokumentation des Elternbeirats«, S. 19.
42 Kreis Offenbach 1971 (wie Anm. 29), »Kritik und Kommentar – Psychologie«, S. 25.
43 Kreis Offenbach 1971 (wie Anm. 29), »Kritik und Kommentar – Medizin – Schober: Stellungnahme zum Teil Medizin der Dokumentation des Elternbeirats«, S. 20.
44 Kreis Offenbach 1971 (wie Anm. 29), »Kritik und Kommentar – Medizin – Müller-Limmroth« S. 14.
45 Kreis Offenbach 1971 (wie Anm. 29), »Gutachten – Klimatechnik – Lillich«, S. 26.
46 Kreis Offenbach 1971 (wie Anm. 29), »Ergebnisse der Gutachten«, S. 2.
47 Ebd.
48 Ebd., S. 5.
49 Gerd Fesel und Karl-Ulrich Bechler: »Open-Space-Schools. Tendenzen im Schulbau am Beispiel der USA« In: *Bauen + Wohnen*. Bd. 26, 1972, Nr. 3, S. 123–126.
50 Ebd., S. 126.
51 Vgl. Judy Marks: *A History of Educational Facilities (EFL)* 2009, https://eric.ed.gov/?id=ED508011 [22.05.2024].
52 O. A.: »Windowless Cities Possible Result of Air Conditioning« In: *Refrigerating Engineering*. Bd. 17, 1929, Nr. 4, S. 119–120.
53 Dan C. Lindsay paraphrasiert in: Ebd.
54 Vgl. O. A.: »Science. Windowless Factory« In: *Time*. 29. Dezember 1930; O. A.: »Claustrophobia or Utopia?« In: *MIT Technology Review*. Bd. 33, 1931, Nr. 4, S. 192.
55 Dazu: Loretta Hall: *Underground Buildings. More than Meets the Eye*. Sanger, Calif. 2004, S. 87 ff. Eberle M. Smith Associates Inc.: *Incorporation of Shelter into Schools. Professional Guide*. Department of Defense, Office of Civil Defense, Washington D.C. 1962; John Sayers: *Dual Use of School Fallout Shelter Space*. U.S. Department of Health, Education & Welfare, Office of Education, Washington D.C. 1962 / Nachdruck, 1965; A. Longinow: *Civil Defense Shelter Options for Fallout and Blast Protection (Dual-Purpose)*. Department of Defense, Office of Civil Defense, Washington D.C. 1967.
56 Die Schule ist seit 1995 geschlossen, steht unter Denkmalschutz und dient heute als Lagerraum.
57 Hall 2004 (wie Anm. 55), S. 88. Bei den meisten unterirdischen Schulen handelte es sich um Grundschulen; weiterführende Schulen und Universitäten machten von der Idee seltener Gebrauch.
58 James G. Cooper, Carl H. Ivey: *A Comparative Study of the Educational Environment and the Educational Outcomes in an Underground School, a Windowless School and Conventional Schools*. New Mexico State Department of Education, Santa Fe 1964.
59 Larson, C. Theodore et al.: *The Effect of Windowless Classrooms on Elementary Schoolchildren*. U.S. Department of Health, Education & Welfare, Office of Education; Architectural Research Laboratory, Department of Architecture, The University of Michigan, Ann Arbor 1965.

60 Ebd., S. 1.
61 Reida, George W.: *Trends in Schoolhouse Construction*. Juni 1965. U.S. Department of Health, Education & Welfare, Office of Education.
62 Ebd., S. 9.
63 Syd Salt, L. T. Karmel: »The Windowless School« In: *The Clearing House*. Bd. 42, 1967, Nr. 3, S. 176–178.
64 »The mental health and educational growth of children should be our main concern, not the economy of building one type of structure over another, nor the desire to be in the *avantgarde* of school architecture.« Ebd., S. 177–178. Hervorhebung im Original.
65 Bryan Miles Romney: *The Effects of Windowless Classrooms on the Cognitive and Affective Behavior of Elementary School Students*. Masterarbeit, Graduate School of the University of New Mexico Albuquerque, New Mexico, 1975.
66 Ebd., S. 47.
67 Mit Ausnahme einiger positiver Stimmen in der (Arbeits-)Medizin. Vgl. Ernst Effenberger: »Hygienisch Probleme bei fensterlosen Arbeitsräumen« In: *Präventivmedizin*. Bd. 10, 1965, S. 339–353.
68 Zu Gesamtschulen in Deutschland s. Mattes 2020 (wie Anm. 31), S. 100–105.
69 Jörg Armbruster: »Geballter Schwachsinn – Schule ohne Fenster. Die Schüler sind krank und die Lehrer verschnupft« In: *Die Zeit*. 27. Februar 1981.
70 Zu Schulbauinstituten in Deutschland und anderen Ländern s. Kerstin Renz: »Neue Standards. Schulbauinstitute in der Bundesrepublik Deutschland« In: Tom Holert 2020 (wie Anm. 3), S. 90–93.
71 Michael Luley: *Eine kleine Geschichte des deutschen Schulbaus. Vom späten 18. Jahrhundert bis zur Gegenwart*. Frankfurt am Main 2000, S. 89.
72 Wie Anm. 8.
73 Vgl. Jürgen Joedicke: »Schulbau in der Krise?« In: *Bauen + Wohnen*. Bd. 26, 1972, Nr. 3, S. 106; Wilhelm Kücker: »Architekturkritik. Die neuen Schulen« In: *Bauen + Wohnen*. Bd. 31, 1977, Nr. 9, S. 333–337. Kücker nennt »pädagogisch Selbstverwirklichung« und »Chancengleichheit«, das »zweckrationale Planungsverständnis bei Staat und Gemeinden«, »Blindes Vertrauen in die Ökonomie der Serie« aber auch das »›wissenschaftliche‹ Planer-Selbstverständnis« der Akteur:innen als Gründe. Ebd.
74 Die Zeitzeugin Christa Richter berichtet von einem besonderen Gemeinschaftsgefühl, das durch die Transparenz der Innengestaltung verstärkt wurde. Wie Anm. 8. Isabelle Brombach teilte mit, dass die aus dem Außenraum zugänglichen Räume in Pandemiezeiten ideal waren und die Schule auch wegen ihrer Barrierearmut als besonders inklusiv geschätzt werde. Isabelle Brombach im Gespräch mit der Autorin im März 2024.
75 So wurden beispielsweise die Fenster und Bodenbeläge ausgetauscht und wegen steigendem Raumbedarf mehrere Container als Dauerprovisorien aufgestellt.

Alexandra Axtmann

Licht, Luft und eine neue Pädagogik – Die Kieler Pavillonschulen und der Schulbau der 1920er bis 1950er Jahre.
Ein neuer Überblick zu einem besonderen Schulbautyp

Die Pavillon- und Freiluftschulen sind ein Schulbautyp, der sich um 1900 in Zusammenhang mit Anforderungen zur Hygiene und Eindämmung von Tuberkulose und dem Neuen Bauen entwickelt hatte und welcher, den Idealen der Reformpädagogik folgend, eine alternative Lösung zu Frontalunterricht und engen Massenschulen darstellt. Im Kontext des neuen Schulbaus der Nachkriegszeit wurde dieser Bautyp ab Mitte der 1950er Jahre dann in größerem Maße prototypisch als kindgerechter Lernort in ganz Europa etabliert.

Die Stadt Kiel weist mit über zwanzig Pavillonschulen einen einzigartigen Bestand dieses Typs auf, entstanden zwischen 1948 und 1964 durch den Kieler Architekten und Stadtbaurat Rudolf Schroeder (1897–1965). Diese weitgehend authentisch erhaltene Gruppe, ihre architekturhistorische Erfassung, Kontextualisierung und Herausforderungen hinsichtlich deren Erhaltung war Ausgangspunkt für die internationale und interdisziplinäre Online-Tagung mit dem Titel *Licht, Luft und eine neue Pädagogik. Die Kieler Pavillonschulen und der Schulbau der 1920er bis 1950er Jahre* vom 7. bis 9. Mai 2021. Organisiert hatte diese das Kunsthistorische Institut der Christian-Albrechts-Universität zu Kiel in Kooperation mit dem Baltic Region Heritage Committee. Das Konzept lieferten Klaus Gereon Beuckers, Nils Meyer und Jens Kempf, die zusammen mit Martina Ide Herausgeber des 2022 erschienenen, gleichnamigen, Tagungsbands sind, der aufgrund seiner Relevanz für das Jahrbuch hier besprochen wird.[1] Die 18 Beiträge der Tagung, ergänzt um sieben weitere, sind in drei Bereiche gruppiert: 1. die Entstehung des Typus der Pavillon- und Freiluftschule zwischen den beiden Weltkriegen und deren ideellen wie pädagogischen Grundlagen im europäischen Raum, 2. Rudolf Schroeder als Architekt, seine Bauten im Kontext der Kieler Schulbaupolitik inklusive eines Katalogs der Schulensembles und 3. die Kontextualisierung der Pavillonschulen innerhalb der Schulbauentwicklung zwischen 1945 und den frühen 1960er Jahren anhand von Vergleichsbeispielen.

Der Typus der Pavillon- und Freiluftschulen

>»Die Pavillonschulen waren nach dem Zweiten Weltkrieg, trotz erster Vorläufer zwischen den Kriegen, das innovativste Konzept von Schularchitektur sowohl in Europa als auch in Übersee. [...] Kein architektonisches Konzept im Schulbau hat seitdem ein solches Innovationspotenzial besessen.«[2]

Mit diesem Statement beschließt Klaus Gereon Beuckers seine Einführung in die Thematik des Bandes und des Schulbaus als Bauaufgabe im 19. und frühen 20. Jahrhundert. Damit unterstreicht er nicht nur die Bedeutung der Pavillonschulen als Bautyp, sondern gleichzeitig die des Kieler Bestandes, den er im Wiederaufbaukonzept der stark zerstörten Stadt als gebauten Ausdruck des demokratischen Neuanfangs nach dem Zweiten Weltkrieg bewertet. In einem knappen und konzisen Überblick des Schulbaus seit dem ausgehenden Mittelalter bis ins 19. Jahrhundert anhand ausgewählter Stationen mit Fokus auf Deutschland und einigen Blicken nach England legt Beuckers dar, wie nach der Säkularisation das Schulwesen eine staatliche Aufgabe wurde und man ab dem 19. Jahrhundert standardisierte Bauformen in Anlehnung an die Verwaltungsarchitektur entwickelte. Die in der Regel mehrgeschossigen Bauten mit oft repräsentativen Fassaden wurden an zentralen Orten innerhalb der Städte platziert, die Klassenräume für Frontalunterricht längsgerichtet mit Ausrichtung auf die Tafel sowie das Lehrpersonal und mit einer Tür als Verbindung zu einem die Klassenräume verbindenden Gang mit Fensterfront. Die Preußische Bildungsrevolution und später reformpädagogische Ideen führten zu einem neuen Verständnis von beziehungsweise für kindgerechte Lehre und Wissensvermittlung und zur Suche nach neuen Schulformaten. Die entsprechenden Diskussionen wurden ab 1899 bis in die 1930er Jahre zum Teil in (Fach-)Zeitschriften wie *Das Schulhaus* oder *Die Bauwelt* geführt. Erste Lösungen waren Jahrgangsklassen, Räume für handwerkliche Tätigkeiten und Gymnastik, flexiblere Möblierungen und die Möglichkeit zur Belüftung der Räume durch größere Fensterfronten sowie die Anlage als eingeschossige Bauten mit direkten Zugängen aus den Klassenräumen in den Außenraum, Letzteres zusätzlich befördert durch die vorherrschende problematische Hygienesituation und Krankheitswellen der Zeit. Dabei führt Beuckers wichtige erste Konzepte und Umsetzungsideen von Bruno Taut (1880–1938) und Fritz Karsen (1885–1951) in Berlin-Neukölln und von Martin Elsaesser (1884–1957) und Ernst May (1886–1970) in Frankfurt am Main an, die in anderen Beiträgen näher betrachtet werden.

Dem seit 1925 in Frankfurt als Baudirektor tätigen Martin Elsaesser und dessen Schulbaukonzepten widmet sich Jörg Schilling unter dem Titel »Vom Standpunkt des Kindes. Martin Elsaesser und der Schulbau des ›Neuen Frankfurt‹«. Besprochen werden vier bis 1929 realisierte Schulbauten, in denen dieser einige seiner Ideen für kindgerechtere Schulgebäude umsetzen konnte, und ein nicht ausgeführtes Projekt für Frankfurt Bonames von 1929, das bereits als eingeschossige Pavillonschule mit Schulgarten und flexibler Möblierung angelegt war. Elsaessers Vorstellungen und Ausführungen zu den Vorteilen von Pavillonschulen und einige kritische Aussagen zu zeitgleichen Bauten von Bruno Taut in Berlin-Neukölln sind in einem unveröffentlichten, in seinem Nachlass im Archiv Architekturmuseum Technische Universität München und Archiv Martin Elsaesser Stiftung verwahrten Vortrag aus dem Jahr 1930 enthalten. Schilling stellt diesen schlüssig als eine wichtige Quelle vor, wurde dieser doch 1931 in abgewandelter Form wiederholt und teilweise in späteren Publikationen Elsaessers verarbeitet. Als Vorteile der Pavillonschule werden darin der kindgerechte Maßstab, die Abkehr vom Verkehr, Schulgärten, die Möglichkeit zum Unterricht im Freien, flexibles Mobiliar sowie – im Gegensatz zum vorher üblichen Podium – die Positionierung der Lehrenden auf selber Höhe wie die Schüler:innen genannt – alles Elemente, die nach Elsaesser zu einem »freiheitlicheren, heiteren, fröhlichen Zug«[3] der Schulbauten beitragen würden.

Welche schulpolitischen Diskussionen und welches architektonische und pädagogische Konzept nach Fritz Karsen den Schulbauten von Bruno Taut, konkret der Schule am Dammweg, zugrunde lagen, untersucht Corinna Tell in ihrem Beitrag »Bruno Tauts Versuchspavillon der Schule am Dammweg in Berlin-Neukölln«. Sie skizziert die Ideen und den Entwurf, die Erprobung im Versuchspavillon als 1:1-Modell im Jahr 1928 und thematisiert dessen Scheitern aufgrund zu individueller Lösungen und der Nicht-Umsetzbarkeit serieller Fertigung. Die Besonderheit des Konzepts war nicht in erster Linie die Pavillonbauweise der Klassenräume, sondern die Planung der Schule nicht als geschlossene Einheit, sondern die Öffnung der Grünflächen zur umliegenden Bebauung und die Integrierung eines Schwimmbads und Kindergartens am Eingang des Areals für die Bevölkerung des Wohngebiets.

Ein weiterer Architekt, der sich mit modernem Schulbau beschäftigte, ist Otto Haesler (1880–1962), den Elsaesser in dem von Schilling vorgestellten Vortrag genannt und dessen Bauten als weiterer Versuch eines neuen Schulbautyps bezeichnet hatte. Heike Troost behandelt »Die Altstädter Schule Otto Haeslers in Celle und die 6. Volksschule für Knaben und Mädchen in Wandsbek – zwei gegensätzliche Schulbauten der Architekturmoderne« und deren Besonderheiten. Der mehrgeschossige Schulbau in Celle wird weniger wegen seiner neuartigen Gesamtstruktur, sondern vor allem wegen seiner Belichtung, Wirtschaftlichkeit und Gestaltung in die Betrachtung miteinbezogen. Denn es wurde hier auch an der althergebrachten Klassenraumgestaltung mit erhöhtem Lehrpult und festen Sitzbänken für Frontalunterricht festgehalten. Demgegenüber ist Wandsbek-Jenfeld (1929/30) eine reformpädagogischen Ideen folgende, eingeschossige Flachbauschule mit kammartigen Klassentrakten, Unterrichtsgärten und quadratischen Klassenzimmern mit flexiblen Möbeln.

Die beiden letzten Beiträge des ersten Bereiches weiten das Spektrum in den europäischen Raum. Anne-Marie Châtelet liefert mit »Eugène Beaudouin und Marcel Lods. Freiluftschule in Suresnes bei Paris (1931–1935)« ein besonderes Beispiel einer französischen Pavillonschule. Als Freiluftschule mit dem Ziel der Aufnahme von tuberkulosekranken Kindern plante das Architekten-Duo acht freistehende Klassenpavillons mit begehbaren Dachterrassen und an jeweils drei Seiten zu öffnenden, faltbaren Glasschiebetüren, die durch Laubengänge erreichbar und mit den anderen Versorgungsräumen wie Pausenhallen, Speisesaal und Schlafsälen verbunden sind. Um den besonderen Typ der Freiluftschule einordnen zu können, skizziert Châtelet zu Beginn die Entstehung der Freiluftschule in Deutschland ab 1904 mit den Waldschulen und verweist auf einige Beispiele für deren europaweite Verbreitung in England und Amsterdam. Ungeachtet ihrer Bedeutung und des Denkmalschutzcharakters seit Anfang der 1960er Jahre wurde die Schule in Suresnes jedoch bis Ende der 1970er Jahre wegen der Umnutzung für andere Zielgruppen und mangelnder Wertschätzung von Seiten des französischen Staates mehrfach umgebaut und erweitert, 1996 ganz geschlossen und soll nun als ein Gedenkmuseum zum Thema Widerstand genutzt werden.

In die Schweizer Situation des Schulbaus vom 19. Jahrhundert und frühen 20. Jahrhundert und erste reformerische Projekte bis zu den ersten Pavillonschulen Anfang der 1930er Jahre im Kontext des Neuen Bauens führt Marion Sautter zu Beginn ihres Textes überblicksartig ein, um danach den Fokus auf »Den Schweizer Schulhausbau vor dem Zweiten Weltkrieg: Was bewirkte die Züricher Ausstellung *Der neue Schulbau* im Jahr 1932?« zu richten. Nach einer ausführlichen Vorstellung der Ausstellung mit ihrem

Hauptverantwortlichen Werner Max Moser und begleitenden Publikationen, die zahlreiche Verbesserungsvorschläge für den Schulbau propagierten wie größere Verglasungen, mehr Bewegungsfreiheit, innovativer Freiluftunterricht, freie Möblierungen und die Pavillonschule als Bautyp, konstatiert sie zwar einen Erfolg, jedoch ernüchternd gleichzeitig deren erfolglose Rezeption und Umsetzung. Schlussendlich war es laut Sauter vor allem ein Bau, der als »wichtigstes Schweizer Pavillonschulhauses«[4] von Bedeutung sei, nämlich Hermann Bauers Bruderholzschule in Basel-Bruderholz von 1936–1939, die breite Rezeption in der Presse und in der Ausstellung *Das neue Schulhaus* im Jahr 1953 erfuhr.

Rudolf Schroeder und die Kieler Schulbauten

> »Rudolf Schroeder war der prägende Architekt des Wideraufbaus in Kiel nach dem Zweiten Weltkrieg und darüber hinaus der Begründer einer eigenständigen Kieler Position der architektonischen Moderne.«[5]

Der zweite Themenbereich umfasst acht Beiträge zu Rudolf Schroeder als Architekt, seinen Bauten und der Kieler Schulbaupolitik mit seinen Protagonisten. Nils Meyer gibt einen sehr detaillierten und umfassenden biografischen Einblick in die Persönlichkeit Schroeders, seinen Ausbildungsweg an der Technischen Hochschule Stuttgart, den Einfluss der Stuttgarter Schule auf sein Werk und seine Rolle in drei politischen Systemen und Werkphasen von 1927 bis 1962: als Abteilungsleiter im Hochbau- und Siedlungsamt Kiel, dann Magistratsbaurat, später Magistratsoberbaurat, Städtischer Oberbaurat und schließlich Baudirektor der Stadt Kiel. Dabei stellt er wichtige Bauten mit dem größten Anteil nach 1946 und vor allem dem Schulbau vor. Meyer schließt seinen Beitrag mit einer Einteilung von Schroeders Schulbauten in drei konzeptionelle Phasen: 1. Die Umsetzung nach Vorbildern aus dem 1920er Jahren bis zur Kieler Schulbautagung 1952; 2. das Aufgreifen von Ideen zeitgenössischer Schulbaudiskursen und 3. die Ausführung von besonderen Pavillonformen und Anordnungen der Laubengänge. Anschließend listet er Gemeinsamkeiten und Kennzeichen der Schroeder-Schulen auf, die in den folgenden Beiträgen zu einzelnen Bauten dann ausführlicher besprochen werden. Die Schulen seien grundsätzlich kammartig angeordnete, eingeschossige Pavillonbauten, deren Klassen über Laubengänge aus dem Außenraum erschlossen werden. Die Verbindung erfolgt durch mehrgeschossige Baukörper für Fachklassen und Verwaltung mit Betonglaskonstruktionen der Treppenhäuser und verglasten Verbindungsgängen. Alle bestehen aus rotem Ziegelmauerwerk mit Lochfassade, besitzen Bauschmuck und Details mit Wiedererkennungswert. Die wohl wichtigsten Elemente sind jedoch ein kindgerechter Maßstab und starke Berücksichtigung der Topografie, jede Klasse hat ein Haus für sich mit annähernd quadratischem Klassenraum und guter Belüftung.

Cornelius Hopp beleuchtet anschließend mit »Zwei Wohnanlagen in Kiel-Hassee: Wohnfürsorgeanstalt (1938/39) und Kleinsthaussiedlung (1946–48)« frühe serielle Wohneinheiten in Zeilenbauweise von Schroeder, die er als Vorbilder für dessen spätere Pavillonschulen betrachtet. Für beide Beispiele zeichnet Hopp jeweils den gesellschaftspolitischen Rahmen und politisch-ideologischen Kontext der 1930er und 1940er Jahre nach, wobei vor allem für die Wohnungsfürsorgeanstalt nicht nur die Herleitung von der Fuggerei in Augsburg sowie vergleichbare historische und zeitgenössische Vorbilder im Fokus stehen, sondern auch der politische Kontext der Kieler NS-

Sozialfürsorge angesprochen wird. Das Konzepte des Bautyps Wohnungsfürsorgeanstalt ist nach Hopp in größtem Maße ideologisch befrachtet und kann als »das steingewordene Konzept einer menschenverachtenden Ideologie des Nationalsozialismus«[6] bezeichnet werden. Schroeder habe hierzu jedoch nicht ideologisch konzeptionell beigetragen, seine Architektur müsse losgelöst davon bewertet werden, zumal er sich mit seiner anderen, der Moderne verpflichtenden Bauten klar vom Traditionalistischem abwandte; Nils Meyer spricht in dieser Werkphase von 1933 bis 1945 von »einer Art innerer Emigration«[7]. Die zweite, nach dem Krieg in unmittelbarer Nähe entstandene Kleinsthaussiedlung knüpft in der Art serieller Gartenlaub-Typen an den *Reichseinheitstyp Blatt-Nummer 001* des Deutschen Wohnungshilfswerks an und folgt reformerischen Prinzipien nach Licht, Luft und Selbstversorgung – Elemente seiner späteren Pavillonschulen.

> »Von 1948 bis Anfang der 1960er Jahre organisierte Kiel das Schulbauwesen entschlossen und programmatisch als Neubauaufgabe.«[8]

Bevor einzelne Schulbauten näher untersucht werden, stehen in drei Aufsätzen die Kieler schulbaupolitische Situation, Diskussionen in der Öffentlichkeit und beteiligte Vertreter:innen im Vordergrund. Felicia E. Engelhards Beitrag »*Die verdiente Neuschöpferin des Kieler Schulwesens. Leben und Wirken der kommunalen Bildungspolitikerin Toni Jensen (1891–1970)*« ist ein ausführlicher biografischer Überblick der für den Wiederaufbau des Bildungs- und Schulwesens wichtigen sowie des Kulturangebots prägenden Kieler Pädagogin, sozialdemokratischen Landespolitikerin und Stadtschulrätin Toni Jensen (1891–1970). Im Dezember 1945 zur Vorsitzenden der Kommission Schule und Kultur in der britischen Militärregierung ernannt, leitete diese ab Februar 1946 als städtische Schulrätin, kurz danach Oberschulrätin, ab 1947 als Stadtschulrätin das Schul- und Kulturamt der Stadt, ab 1947 bis 1956 das neue Dezernat für Schule und Kultur, unterstützt durch den, ebenfalls reformpädagogischen Ideen aufgeschlossenen Kieler Oberbürgermeister Andreas Gayk. Nicht nur der Aufbau neuer moderner Schul- und Kulturbauten, sondern auch eine pädagogische Neuausrichtung waren für sie von entscheidender Bedeutung.

In dieser Phase entstanden Schroeders Schulen und fand 1952 die Kieler Woche zum Thema Schulbau statt, die mit mehr als hundert Teilnehmer:innen aus Deutschland, Österreich, Dänemark, Schweden, Norwegen, Finnland und der Schweiz als eine wegweisende dreitägige Tagung gelten kann. Dort wurden Diskussionen um die Gestaltung von Freiluftklassen und Wirtschaftlichkeit der Pavillonschulen geführt und im Rahmen der Ausstellung *Zeitgemäßer Schulbau und die Neugestaltung Kiels* im Kieler Rathaus entsprechende Beispiele gezeigt. In Kiel war mit Schroeders Goethe-Schule einer der ersten Schulbauten in der jungen Bundesrepublik gebaut worden und bis Mitte 1952 zwei weitere Schroeder-Schulen eröffnet worden, die vierte war gerade in Fertigstellung. Daher bot sich Kiel als Austragungsort einer Schulbautagung nach denen in Fredeburg und Seeheim-Jugenheim (1949, 1951) besonders an. Die Inhalte der Tagung mit deren Voraussetzungen und Akteuren, ebenso wie die Ausstellung und Schroeders Vortrag über *alte und neue Schulbauten* stellt Susanne Hanika in ihrem Beitrag »*Das Kieler-Woche-Gespräch 1952 zwischen Architekten und Pädagogen im Schulbaudiskurs der Nachkriegszeit*« konzise und detailliert dar. Die Kieler Tagung, so schließt Hanika, trug zum einen zur Festigung des Kieler Schulbauprogramms bei und zum anderen wurde dadurch deutlich, dass sich Schroeders Schulbauten konsequent »an den Forderungen der Demokratisierung der Gesellschaft und der Emanzipation ihrer Individuen orientierten«.[9]

Welche Prinzipien, Ideen und Konzepte nun im stark zerstörten Kiel nach dem Zweiten Weltkrieg bezüglich des Wiederaufbaus der Schulen realisiert wurden, thematisiert Flora Selunka in ihrem Beitrag »Neue Schulen! Schroeder und Kieler Schulbauprogramm«. Anhand von Schroeders Goetheschule als Beispiel werden dessen architektonisches Konzept und Gestaltungsprinzipien beschrieben und in Vergleich zu den Vorbildern Elsaessers und Tauts gesetzt. Hierbei führt Selunka die Elemente von Schroeders Pavillonschulen an wie die Verbindung der Gebäudeteile durch Laubengänge, ebenerdige Klassenzeilen für Stammklassen für die gesamte Schulzeit mit angrenzendem Klassengarten, teilweise Nutzgärten, gesonderten Fachklassenräumen, zweiseitige Belichtung und Belüftung der Räume, Gruppenarbeitstische und Drehstühle, Tafeln an Seitenwänden, Garderoben mit Waschbecken sowie die Verwendung von regionalen Baumaterialien. Darüber hinaus geht sie auf die Zusammenarbeit Schroeders mit Toni Jensen und die gemeinschaftliche Arbeit im Team mit weiteren Kolleg:innen im Hochbauamt ein – dies ebenfalls im Kontext der Kieler Schulbautagung.

»Das neue Schulhaus muß licht und hell, freundlich, schön und vor allem kindgemäß in seinen Abmessungen in Grün gebettet sein.« (Rudolf Schroeder)[10]

Jens-Oliver Kempf beleuchtet mit »Die Friedrich-Junge-Schule in Kiel (1950–53, 1960–61) von Rudolf Schroeder« eine der aufgrund ihrer Lage weniger wahrgenommen, jedoch seiner Meinung nach »wichtigsten und für die Rezeption des Kieler Modells einflussreichsten Schulen«.[11] Dies legt er anhand deren Vermarktung in einer, die dreitägige Schulbautagung 1952 ergänzenden, vom Magistrat der Stadt Kiel herausgegebenen Broschüre *neue Schulen in kiel* dar. Darin wurde die Schule genutzt, die Ideen der neuen Pädagogik zu vermitteln, deren Bedeutung als »Ausdruck der demokratischen Erneuerung Kiels und Deutschlands nach 1945«[12] und deren Rezeption zu bewerben und zu befördern. Wesentlich unterstützt wurde dies durch entsprechend inszenierte Fotos des Kieler Fotografen Peter Cornelius. In einer detaillierten Bau- und Ausstattungsbeschreibung erläutert Kempf die auch bei Meyer und Selunka angesprochenen wesentlichen Elemente der Schroederschen Schulbauten wie die ›Schulwohnstube‹ als neue Heimat der Klassenfamilie in der kriegszerstörten Stadt, eine flache Hierarchie durch variabel nutzbare Möbel und Verneinung von Frontalunterricht, die Ausrichtung nach Sonnenstand, Erziehung zur Hygiene durch architektonisch integrierte Elemente und natürlich Freiluftunterricht, wobei hier die biografische Komponente interessant ist, dass Schroeder nach Kriegsversehrung im Ersten Weltkrieg Mitglied Gesellschaft für Freilufterziehung war.

Es schließt sich ein Katalog der 23 zwischen 1948 und 1962 entstandenen, teilweise bis Ende der 1960er Jahre vollendeten Kieler Pavillonschulen an, die aufgrund der identifizierbaren Projektverantwortung oder der Planverfassung als Schroeder-Schulen gruppiert werden können (S. 315–354). Basisdaten und beschreibende Texte sowie eine Karte zur Übersicht und Lagepläne machen diesen Katalog zu einer hilfreichen Übersicht auch für künftige Forschung. In der Zusammenschau werden Prinzipien der Entstehung deutlich wie zum Beispiel Bauen in Bauabschnitten, markante Positionierung in der Stadt, durchgrünte Flächenbebauung der Stammklassen, durchgängig verwendeter roter Ziegel oder Anpassung des Typs der Pavillonschule für jede Schulart und Größe.

Bis auf wenige Ausnahmen wie die Goetheschule wurden die neuen Schroeder-Schulen auf bis dahin unbebaute städtische Randflächen bzw. -zonen gebaut. Ihre Planung im Rahmen des Leitbilds einer grün durchsetzten, durchlüfteten Stadtlandschaft im Wiederaufbauprogramm der Stadt Kiel und den Standortdiskussionen für Schulbauten der Nachkriegszeit ist Thema in Jens Lowartzs Beitrag »Zur Stadttopografie und Grünanlagen der Schroeder-Schulen und ihrer Grünanlagen«. Hierbei stellt er Kurt Lorenzen (1904–1969) vor, der die Mehrzahl der Grünflächen und Freiluftklassen konzipiert und dazu beigetragen hat, dass die Schulen »fast autonome städtebauliche Einheiten mit integrierten Schulgärten und gestalteten Grünanlagen«[13] sind. Neben Ausführungen zur Bepflanzung und Elementen der Außenanlagen bespricht Lowartz ausführlicher sieben Beispiele: die Goetheschule, Grundschule Kronsburg, Friedrich-Junge-Schule, Max-Plack-Schule, Jahnschule, Gorch-Fock-Schule und Hebbelschule.

Wie für die meisten Schulbauten der Nachkriegsmoderne stellen sich auch in Kiel immer wieder Fragen nach der Erhaltung und Sanierung, auch für die 13 Kieler Pavillonschulen, die zwischen 1993 und 2004 unter Denkmalschutz gestellt wurden. Für diese wurde 2019 vom Landesamt für Denkmalpflege Schleswig-Holstein bei dem Büro *ProDenkmal* ein Denkmalpflegerisches Leitbild in Auftrag gegeben, das als Instrument für den denkmalgerechten Umgang mit den Schulen genutzt werden soll und dessen Ergebnisse Beate Neumerkel darlegt. Neben einer Bestandserfassung exemplarisch wiederkehrender Raumtypen wie Garderoben, Klassen-, Fach- und Verwaltungsräumen erfolgte von Januar bis August 2020 eine Kartierung der Ausstattung (Möbel, Fußbodenbeläge, wandfeste Ausstattung, Fenster, Türen), die bauhistorische Erforschung in Archiven und in situ sowie die Erstellung von Bauphasenplänen. Am Ende wurde ein denkmalpflegerischer Bindungsplan vorgelegt, welcher für die Bewertung der Gebäudehüllen, Außen- und Innenräume drei Kategorien vorschlägt: A) für die Bewertung »höchste denkmalpflegerische Bedeutung« sind die Objekte substanziell zu erhalten, B) bei »besonderer denkmalpflegerischer Relevanz« sind die Grundstruktur und ausgewählte Ausbauelemente substanziell zu erhalten und C) bei »denkmalpflegerischer Relevanz« sind die Raumfunktion konzeptionell und einzelne Ausbau- und Ausstattungselemente substanziell zu erhalten.[14] Inwieweit dieser Bindungsplan nun Anwendung finden wird, bleibt langfristig abzuwarten.

Kontextualisierung innerhalb der Schulbauentwicklung zwischen 1945 und den frühen 1960er Jahren

Den dritten Bereich mit sieben Beiträgen eröffnet Sophie Luisa Dieckmann mit »Der Laubengang als pädagogischer Ort. Zu den Laubengängen an Pavillonschulen der 1920 bis 1950er Jahre und ihrem pädagogischen Potential«. Damit nimmt sie das ab den 1920er Jahren im Wohnungsbau bereits genutzte und dann bis in die 1950er Jahre fest etablierte Verbindungselement von Pavillonschulen in den Blick. Zum einen zeichnet sie dessen Ursprünge und Entwicklung seit der Antike bis in den betrachteten Zeitraum nach, wobei für die 1950er und 1960er Jahre die Laubengänge von Rudolf Schroeders Schulen und deren Gemeinsamkeiten im Zentrum stehen. Zum anderen zeigt sie die historische Funktion dieses besonderen Erschließungssystems als Verweilort für Debattierende bis hin zu Schroeders Einsatz als Lehr- und Unterrichtsorte sowie dessen Potential als Interaktions- und Bewegungsumgebung in den aktuellen pädagogischen Vorstellungen auf.

Anschließend beschäftigt sich Hanna Elisabeth Rehm in »Die Schulanlage Felsberg in Luzern von 1948« mit einem der bekanntesten Schweizer Schulbauten der Nachkriegszeit. Ausführlich werden Wettbewerbs- und Projektierungsphase, Bauausführung sowie Unterschiede zum Entwurf und die jeweiligen Anteile der beiden Architekten Emil Jauch (1911–1962) und Erwin Bürgi (1914–1977) aufgezeigt. Außerdem thematisiert Rehm die Unterschiede der auf versetzten Terrassen aneinandergereihten, zweigeschossigen Pavillons ohne direkten Zugang ins Freie beziehungsweise zu einem Außenklassenraum im Gegensatz zu ›klassischen‹ eingeschossigen Pavillonschulen.

Der schon bei Rehm erwähnte Alfred Roth (1903–1998) und der Schweizer Schulbaudiskurs in der Nachkriegszeit sind dann Thema bei Cyrill Schmidiger und damit quasi Fortsetzung von Marion Sautters Beitrag im ersten Teil. In »(Pavillon-)Schulen der 1940er und 1950er in der Schweiz. Eine Rekonstruktion des helvetischen Diskurses mit einem Fokus auf Alfred Roth« behandelt Schmidiger nach einem kurzen Rückblick auf die Debatten der 1930er Jahre und architekturrelevanten Facetten in Roths Biografie die in dessen Ära als Chefredakteur der Schweizer Kunst- und Architekturzeitschrift *Das Werk* zwischen 1943 bis 1958 erschienenen Themenhefte zum Schulhausbau sowie dessen Publikation und gleichnamige Ausstellung *The New School – Das Neue Schulhaus – La Nouvelle Ecole* (1950/1953). Im Zug der Ausführungen zum Architekturwettbewerb für eine Primarschule in Zürich 1953 und einige der eingereichten Beiträge kommt Schmidiger über die Beteiligung von Emil Jauch ebenfalls auf die Luzerner Schule Felsberg zu sprechen, die er dann ausführlich bespricht und damit gewissermaßen Rehms Beitrag ergänzt.

Oskar Spital-Frenkings Beitrag »Die Geschwister-Scholl-Schule in Lünen von Hans Scharoun« ist eine sehr ausführliche Beschreibung des 1956 bis 1962 realisierten Schulbaus und dessen einzelnen Bauabschnitten sowie folgenden Veränderungen und einer 2006/07 im Auftrag der Wüstenrot Stiftung erstellten Machbarkeitsstudie inklusive Umsetzungsmaßnahmen in den Jahren 2009 bis 2013. Trotz eines kürzeren Abschnitts zu den, den reformpädagogischen Vorstellungen nahen Bestandteilen des Baus und einem Zitat Scharouns zu der Idee der pavillonartigen »Klassenwohnungen«[15], erfolgt – wohl dem Blick des für die Sanierung beauftragten Architekten geschuldet – keine weitere Kontextualisierung oder Vergleichsbetrachtung zu dem Thema Pavillonbau, so dass am Ende offen bleibt, ob er die Schule zu dem Bautyp rechnet.

Mit »Genia und Kurt Marohns Hohewartschule in Feuerbach (1951/52) und Günter Wilhelms Silcherschule in Zuffenhausen (1952/54): Zwei frühe Pavillonschulen in Stuttgart« untersucht Michael Goer gleicht zwei der wenigen Stuttgarter Schulen dieses Bautyps. Erstere ist wie sein Architektenpaar Marohn wenig bekannt und eine Mischung aus eingeschossigem Pavillonbau mit Stockwerkssystem. Goer stellt in dem sehr gut bebilderten Kapitel Fragen nach der Inspiration für den Bau und widmet sich aufgrund der Beteiligung von Günter Wilhelm an demselben Wettbewerb anschließend dessen Silcherschule in Zuffenhausen-Rot. Als eine bekannte und international rezipierte Pavillonschule führt Goer hier vor allem deren Belichtungs- und Belüftungssystem aus.

Etwas ausführlicher auf die Bedeutung von Wilhelms Silcherschule geht Ulrich Schneider in seinem Beitrag »Die Vogelsangschule von Günter Behnisch und Bruno Lambart in Stuttgart (1955–1961)« ein und erläutert deren wichtigste Merkmale bezüglich des Bautyps Pavillonschule. Schließlich kann diese als Vorbild für die ebenfalls als Mischtypus-Pavillonschule konzipierte Vogelsangschule von Behnisch und Lambart gelten, deren Struktur und Anlage detailliert vorgestellt werden. Wilhelms Einfluss in Stuttgart ist zudem Thema in Schneiders historischer Einführung zum Nachkriegs-Schulbaudiskurs und den politischen Intentionen bezüglich einer demokratisch ausgerichteten Erziehung, wobei auch Scharouns Schulbauten knapp kontextualisiert und damit gewissermaßen Spital-Frenkings Beitrag ergänzt wird.

Den Abschluss des Bandes und der vergleichenden Beispiele bildet Johanna Beutners Blick nach Nordrhein-Westfalen und den bildungspolitischen sowie ideologischen Hintergründen und Kontinuitäten aus dem NS-Schulbau der Beteiligten sowie des zuständigen Wiederaufbauministeriums. »Das Gymnasium Alleestraße in Siegburg von Hans Brandt und Eberhard Vogel (1952/64)« ist ein Versuch des Neuanfangs und ein Beispiel einer Mischform aus achteckigen Pavillons und mehrstöckig gestaffelten Bauten, dessen Ausschreibungsprozess, Struktur, Außenanlage und pädagogische wie architektonische Einordnung besprochen werden. Beutner gibt dabei außerdem Informationen über die weniger bekannte Architektengemeinschaft und den zuständigen Landschaftsarchitekten Georg Reepel.

Fazit

Der 556 Seiten umfassende Tagungsband bietet eine neue wissenschaftliche Grundlage für das Thema der Kieler Pavillonschulbauten von Rudolf Schroeder und das Schulbauprogramm der Stadt in der Nachkriegszeit mit seinen Protagonisten und den entsprechenden Vermarktungsstrategien wie der Schulbautagung 1952 und begleitenden Publikationen. Darüber hinaus liefert er mit den Beiträgen zu den historischen Voraussetzungen, Kontextualisierungen und Vergleichen, auch im europäischen Rahmen, eine gute Einführung in den besonderen Bautyp der Pavillonschule mit Fokus auf dessen Umsetzung in den 1920er bis 1960er Jahre. Gerade die Vielzahl und Vielfalt der Beiträge, ergänzt durch den Katalog der Kieler Pavillonbauten, stellen die besonderen architektonischen Strukturen und Elemente von Pavillonschulen allgemein sowie diejenigen von Rudolf Schroeder im Speziellen deutlich heraus. Dabei werden sowohl bekannte und gut beforschte als auch weniger bekannte Bauten aus Deutschland, der Schweiz und Frankreich vorgestellt, einige Desiderate der Forschung genannt und damit Anregung für künftige Arbeiten gegeben. Spannend wären noch Beiträge zu anderen europäischen und außereuropäischen Beispielen gewesen, um Beuckers' eingangs zitierte Bedeutungszuschreibung (siehe S. 54) noch deutlicher zu untermauern.

Trotz interdisziplinärer Beteiligung und methodisch unterschiedlicher Herangehensweise von Architekt:innen, Bauforscher:innen, Denkmalpfleger:innen, Kunsthistoriker:innen und Pädagog:innen ist ein homogener Band entstanden, den nicht zuletzt auch die drei stark gekürzten Fassungen von Masterarbeiten bereichern. In den durch die COVID-19-Pandemie ausgelösten Diskussionen um hygienische Konzepte für Schulbauten und für die aktuellen Entwicklungen zu neuen Formen von Ganztagsschulen kann der Bautyp Pavillonschule und somit der vorliegende Band Impulse geben.

1 Herausgegeben von Klaus Gereon Beuckers, Martina Ide, Jens-Oliver Kempf und Nils Meyer, [= Kieler kunsthistorische Schriften N. F., Band 21], Kiel: Verlag Ludwig 2022.
2 Ebd., S. 36.
3 Ebd., S. 55.
4 Ebd., S. 135.
5 Ebd., S. 143.
6 Ebd., S. 194.
7 Ebd., S. 164.
8 Ebd., S. 346.
9 Ebd., S. 260.
10 Ebd., S. 263.
11 Ebd., S. 288.
12 Ebd., S. 314.
13 Ebd., S. 366.
14 Ebd., S. 391.
15 Ebd., S. 478.

Martin Papenbrock

Der Holzkufenstuhl. Zur Modernisierung des Schulmobiliars nach 1945

Einführung

Die nach dem Ende des Zweiten Weltkriegs von den Siegermächten forcierte Modernisierung des Schulwesens stellte die deutsche Nachkriegsgesellschaft vor große Herausforderungen – in baulicher, erzieherischer und politischer Hinsicht.[1] Der Wiederaufbau der kriegszerstörten Schulen, die Neuorganisation des Schulraums und die Reform der schulischen Ausbildung, die nach dem Krieg unter denkbar schwierigen materiellen und ideologischen Voraussetzungen starteten, standen unter dem Zeichen der politischen Umerziehung der deutschen Bevölkerung zu einer entmilitarisierten, demokratischen Gesellschaft. Was die Notwendigkeit und die politische Bedeutung der Aufgabe betraf, so bestand ein breiter gesellschaftlicher Konsens, über die Umsetzung dagegen wurde in den ersten Jahren nach 1945 intensiv und kontrovers diskutiert. Die Diskussionen über Schulbauten und ihre Ausstattung, die in den Westzonen und in der jungen Bundesrepublik geführt wurden, sind auffällige Signifikanten für die Erneuerungs- und Modernisierungsprozesse der frühen Nachkriegszeit. Am Beispiel des Holzkufenstuhls (Abb. 1), der 1950 von dem Architekten und Möbeldesigner Karl Nothhelfer (1900–1980) entworfen wurde, soll im Folgenden gezeigt werden, nach welchen Mustern diese Prozesse verliefen, an welche Reformkonzepte sie anknüpften und auf welche gesellschaftlichen und politischen Diskurse sie referierten.

Der Holzkufenstuhl, den Nothhelfer 1951 in der von ihm mitherausgegebenen Zeitschrift *Bauen und Wohnen* als »Wangenstuhl mit freitragendem Sitz« vorstellte,[2] wurde 1952 patentiert, von den Vereinigten Schulmöbelfabriken (später: Vereinigte Spezialmöbelfabriken) produziert und bis in die 1970er Jahre etwa 6,5 Millionen Mal verkauft.[3] Generationen von Schülerinnen und Schülern haben auf diesen Stühlen gesessen, die nach dem Krieg die klassische Schulbank (Abb. 2) ablösten.[4]

Karl Nothhelfer – Architekt und Möbelbauer

Nothhelfer stammte aus einer alten Schreinerdynastie am Bodensee.[5] Er hatte im väterlichen Betrieb das Schreinerhandwerk gelernt und war dann nach Karlsruhe gezogen, wo er an der Badischen Landeskunstschule, der Vorläuferin der heutigen Staatlichen Akademie der Bildenden Künste, Architektur studierte. Die Klasse für Architektur wurde in dieser Zeit von Fritz Spannagel geleitet, der wie Nothhelfer gelernter Schreiner war und in seiner Zeit als einer der bekanntesten Möbelbauexperten galt.[6] Als Spannagel 1928 als Leiter an die Höhere Fachschule für Möbelbau und Innenarchitektur der

Abb. 1: *Holzkufenstuhl, 1950, Entwurf: Karl Nothhelfer*

Abb. 2: *Rettig-Schulbank, 1893, Entwurf: Wilhelm Rettig*

Stadt Berlin berufen wurde, nahm er Nothhelfer mit, der dort 1931 zum Professor ernannt wurde. Spannagel geriet 1933 in Konflikt mit dem NS-Regime und musste sein Amt aufgeben. Nothhelfer dagegen konnte weiterarbeiten und wurde zu einem Protagonisten des nationalsozialistischen (Holz-)Möbelbaus.

Für das Amt »Schönheit der Arbeit«, das zur NS-Gemeinschaft »Kraft durch Freude« gehörte und Musterentwürfe für Betriebe und öffentliche Einrichtungen anfertigte,[7] gab Nothhelfer 1937 zusammen mit Hans Stolper *Das Möbelbuch. Schönheit der Arbeit* heraus.[8] Im selben Jahr wurde er auf der Pariser Weltausstellung für seine im deutschen Pavillon ausgestellten Arbeiten mit einer Goldmedaille ausgezeichnet.[9] 1942 veröffentlichte er sein Buch *Das Sitzmöbel*, ein Klassiker in seinem Feld, das auch nach 1945 in vielen weiteren Auflagen erschien.[10] Nach Kriegsende kehrte Nothhelfer an den Bodensee zurück und ließ sich als freier Architekt und Entwerfer nieder. Nicht zuletzt aufgrund seines Erfolgs mit dem Holzkufenstuhl gilt er einigen bis heute als der »große Reformer der Schulraumeinrichtung«[11].

Der Stuhl

Die ›Architektur‹ des Holzkufenstuhls – mit Rückenlehne und Sitzschale aus geformtem Buchensperrholz und zwei massiven Beinen und Kufen – ist durchaus ungewöhnlich. Auffällig für ein Sitzmöbel ist die vor allem im Profil sichtbare diagonale Linie der Beine, die eine leichte Anmutung von Dynamik und Modernität vermittelt. Man findet sie zur selben Zeit auch in Klappstühlen wie Egon Eiermanns *SE 18*, der nur ein Jahr später entstand und vom Material her ähnlich beschaffen war, das heißt mit Sitz und Lehne aus verformtem Sperrholz und massiven Füßen und Zargen.[12] Die Zargen des Holzkufenstuhls waren angeschrägt, so dass er von den Schülerinnen und Schülern nach

Abb. 3: Wangentisch, 1950, Entwurf: Karl Nothhelfer

Abb. 4: Wangentisch und Holzkufenstuhl, 1950, Entwurf: Karl Nothhelfer

dem Unterricht auf den Tisch geschoben werden konnte, um dem Reinigungspersonal das Bodenwischen zu erleichtern. Nebenbei – aber wohl keineswegs unbeabsichtigt – ergab sich dadurch auch ein einheitliches, geordnetes und aufgeräumtes Gesamtbild im Klassenraum. Der Stuhl wurde in fünf verschiedenen Sitzhöhen angeboten, konnte also mit den Kindern ›wachsen‹.

Die ›Erfindung‹ des Holzkufenstuhls, von den Voraussetzungen des Entwurfs bis zur endgültigen Formfindung, lässt sich anhand von zwei Beiträgen über Schulmöbel, die Nothhelfer in den Jahren 1950 und 1951 in *Bauen und Wohnen* veröffentlichte, relativ schlüssig rekonstruieren.[13] Die alte Schulbank hatte nach dem Krieg keine Zukunft mehr. »Von pädagogischer Seite werden in Deutschland in zunehmendem Maße statt Schulbänke, [!] frei im Raum bewegliche Tische und Stühle verlangt«, stellte Nothhelfer einleitend in seinem ersten Beitrag fest.[14] Bevor er auf die Idee des Kufenstuhls kam, entstand 1950 zunächst der »kniefreie Wangentisch« (Abb. 3), der den Schülerinnen und Schülern unter den beengten schulräumlichen Bedingungen der frühen Nachkriegszeit ein »ungehindertes Platznehmen und Aufstehen« ermöglichen sollte.[15] Den Wangentisch hatte Nothhelfer nach Vorbildern aus der Schweiz und aus den USA entworfen,[16] die bei der Erneuerung des Schulwesens, des Schulbaus und der Möblierung der Schulen in der Nachkriegszeit in Westdeutschland als Maßstab galten. Für die Stühle zu den Wangentischen sah Nothhelfer zunächst noch eine traditionelle, vierbeinige Konstruktion vor.

Den Wangentisch entwarf er sowohl als Einzel- wie auch als Zweiertisch. In Anlehnung an Einzelplätze mit Tisch und Stuhl, wie sie in den USA verbreitet waren und die, wie Nothhelfer schrieb, »modernen Pädagogen als Ideal vorschwebt[en]«,[17] entwickelte er außerdem ein »einsitziges Gestühl mit Mittelsäulen und drehbarem Sitz«,[18] das den

Schülerinnen und Schülern trotz der starren Verbindung zwischen Tisch und Stuhl mehr Bewegungsfreiheit bot als eine frühere Variante,[19] die Nothhelfer selbst als »Übergangslösung, der man die Herkunft von Tisch und Stuhl ansieht«[20] (gemeint war die Orientierung an der Schulbank), bezeichnete.

Der Holzkufenstuhl (Abb. 4), mit dem Nothhelfer seinen zweiten Artikel von 1951 aufmachte,[21] erscheint im Vergleich zu den vorausgehenden Entwürfen als eine moderne Lösung – zumindest auf den ersten Blick. Er wirkt wie ein natürliches Pendant zum Wangentisch. Die Vereinzelung der Schulmöbel, das heißt die Loslösung bzw. Befreiung des Stuhls aus dem starren Verbund der Bank erinnert an Paul Klees *Revolution des Viadukts* (Abb. 5) von 1937, die oft als Utopie des Widerstands gegen den Nationalsozialismus interpretiert wurde.[22] Nothhelfer hatte beim Entwurf seines Kufenstuhls sicher nicht das Bild von Klee oder gar eine politische Symbolik im Blick, die Analogie unterstreicht aber doch die konzeptionelle Nähe des Entwurfs zu modernen Semantiken wie Individualisierung und Emanzipation, mit denen Nothhelfer die Reformer erreicht haben dürfte.

Abb. 5: Paul Klee: Revolution des Viadukts, 1937

Auf den zweiten Blick werden allerdings die Verbindungen des Kufenstuhls zur alten Schulbank erkennbar, deren Sitz- und Rückenbereich ja ebenfalls eine Wangenkonstruktion ist. Das zweibeinige Konzept scheint tatsächlich wie die vorausgehenden Entwürfe aus dem älteren, vormodernen Schulmobiliar heraus entwickelt worden zu sein – und nicht etwa aus dem Schulmobiliar moderner Architekten wie Marcel Breuer vom Bauhaus, Walter Schütte vom Neuen Frankfurt oder den Franzosen Jean-Baptiste Mathon, Johannes Chollet und René Chaussat, das in den späten 1920er und frühen 1930er Jahren – überwiegend in Stahlrohr-Konstruktionen – entstanden war.[23]

Wangenkonstruktionen kannte man bis dahin – abgesehen von den Schulbänken – vor allem aus den Bestuhlungen von Lichtspielhäusern und Hörsälen,[24] das heißt aus verbundenem Sitzmobiliar. Für die Sitzreihen der Kinos und Hörsäle wurde in der Regel ebenfalls Sperrholz verwendet, und man erkennt – wie in Nothhelfers Stuhl – die leicht diagonale Rücken- beziehungsweise Standlinie und sogar die Andeutung von Kufen, wenn man genau hinsieht.

Kufen findet man im Mobiliar ansonsten bei der Wiege und beim Schaukelstuhl. Im Gegensatz zu diesen Möbeln schränken die begradigten Kufen in Nothhelfers Entwurf die Freiheit, sich mit dem Sitzmöbel zu bewegen, stark ein. Die Bewegungsfreiheit ist zwar größer als bei der komplett versteiften und korsetthaften alten Schulbank, aber deutlich geringer als etwa bei Bürostühlen, insbesondere den Drehstühlen. Ob die relativ langen Kufen das Kippeln verhindern, also das ›Stillsitzen‹ erzwingen und damit disziplinierend wirken sollten, wie gelegentlich vermutet wurde, scheint aber zweifelhaft. Zum Zeitpunkt des Entwurfs standen die Tische und Stühle aus Platzgründen so nah beieinander (vgl. Abb. 3), dass allein schon aus diesem Grund kein Kippeln möglich war.[25] Als sich im Laufe der 1960er Jahre die Raumsituation entspannte und die Abstände zwischen den Plätzen größer wurden, dürfte sich das geändert haben, auch wenn die Konstruktion des Stuhls die Bewegung zu einem Risiko machte. Ob es Verletzungsstatistiken zu diesem Stuhl gibt, ist nicht bekannt, aber gesundheitsfördernd war eine Konstruktion, die den natürlichen und auch medizinisch sinnvollen Drang, sich beim Sitzen zu bewegen, zu unterbinden versucht, wohl auf keinen Fall.

Die Fredeburger Richtlinien

Die Reformdiskussionen um das »neue Schulhaus« verdichteten sich in den Nachkriegsjahren in einer Reihe von Schulbau-Tagungen.[26] Die für Architekten relevanten baulichen Aspekte der Debatten fasste Rudolf Pfister 1950 knapp zusammen:

> »Die zur Diskussion stehenden Begriffe sind u. a. kurz folgende: Großschulhäuser oder Dezentralisation, Stockwerksbau oder Flachbau, einbündige oder zweibündige Anlage, Größe des Klaßzimmers und das Maß der Auflösung der Fensterwand, zusätzliche Belichtung und Belüftung über die normale Fensterwand hinaus, unmittelbare Verbindung der Klaßzimmer mit dem Freien, festes oder loses Gestühl, Reihenanordnung oder lockere Aufstellung, Zentralkleiderablage oder klassenweise Garderobe, Verselbständigung der Klassengemeinschaften, Schulweglängen und Entfernung der Schulhäuser aus der Stadtmitte und vieles mehr.«[27]

Von den Schulbau-Tagungen der Nachkriegszeit erwies sich vor allem die Konferenz in Fredeburg als einflussreich.[28] Hier wurden die sogenannten »Fredeburger Richtlinien« entwickelt, die in vielen der späteren Tagungen aufgegriffen, modifiziert und ergänzt wurden. Darin ging es unter anderem – wie von Pfister angedeutet – um die städtebauliche Einbindung der Schulen, ihre Platzierung im Grünen, um eine Verkleinerung der baulichen Einheiten bei einer gleichzeitigen Ausdehnung des Außengeländes sowie um Gemeinschaftsräume und -flächen. Zur Gestaltung des Klassenraums hieß es:

> »Unterricht, Charakterbildung und Pflege des Zusammenlebens fordern eine den verschiedenen Altersstufen und Schularten angepaßte Gestaltung der Schulstube und ihrer Einrichtung. Nur loses Gestühl sichert die Erfüllung der vielseitigen unterrichtlichen und erzieherischen Aufgaben. Für die Beschaffung solchen Gestühls kommen nur wenige bewährte und amtlich begutachtete Standardtypen in Frage. Die Größe und Form einer Schulstube kann je nach den Erfordernissen innerhalb des gleichen Gebäudes verschieden sein. Sie soll in der Regel 60 qm bei einer Mindesttiefe von 6,50 m nicht überschreiten. Für die Anordnung der Klassen ist Nordlage ausgeschlossen, Südostlage zu empfehlen. Erwünscht ist eine zweiseitige Belichtung mit Querlüftung.«[29]

»Das neue Schulhaus«, Düsseldorf 1950

Wie die Ergebnisse der frühen Schulbautagungen in die Praxis übertragen werden konnten, zeigte die große Düsseldorfer Ausstellung »Das neue Schulhaus«, die im Oktober und November 1950 im Ausstellungspalast und den Neuen Ausstellungshallen stattfand

Abb. 6: Quadratischer Tisch mit Drehstühlen aus Buchenholz, 1950, Entwurf: K. Nothhelfer

und vom Kultus-, Sozial- und Wiederaufbauministerium des Landes Nordrhein-Westfalen sowie der Stadt Düsseldorf unter Mitwirkung der Gesellschaft für Christliche Kultur organisiert und veranstaltet wurde.[30] Die Ausstellung, die sich programmatisch auf die Fredeburger Richtlinien bezog,[31] zeigte nicht nur Schulbauprojekte aus Nordrhein-Westfalen, »naturgroße« moderne Klassenräume aus Städten wie Bremen, Hamburg und Leverkusen sowie Einzelbeiträge aus verschiedenen westdeutschen Bundesländern, aus Belgien, England, Frankreich, Holland, der Schweiz und den USA, sondern in einer eigenen Halle auch eine Wirtschaftsschau zu Schulmöbeln.[32].

Für die Gestaltung des Klassenraums hatten sich seit der Fredeburger Tagung einige Grundsätze herauskristallisiert, die Ministerialrat Erich Kühn in seinem Katalogbeitrag zusammenfasste:

> »Aus der Folgerung der Verwendung lockeren Stuhlgestühls, die sich wohl überall und ohne Widerspruch durchgesetzt hat, ergibt sich zwangsläufig eine zweiseitige Belüftung. Abgesehen von dem Umstand, daß bei einer Tiefe der Klassen von 6,50 m und darüber das einseitige Fensterband nicht ausreicht, fordert auch die bunte Sitzanordnung eine zweite Lichtquelle. Eine begrüßenswerte Nebenwirkung dieser doppelten Belichtung ist die ausgezeichnete Querlüftung, auf die im Interesse der Gesundheit und der Aufmerksamkeit des Kindes nicht verzichtetet werden kann. [...] Die Klasse löst sich von der rechteckigen Form und nähert sich dem Quadrat. Sie haftet aber nicht einseitig an dieser neuen Form, sondern nutzt die Möglichkeiten des freien Unterrichts zu einer mannigfachen Folge von Raumformen und Raumgrößen. Das starre Klassenschema der alten Schule ist abgelöst durch eine lebensnahe Gliederung der Räume.«[33]

Abb. 7: »Mustergültiges Schulgestühl«. Werbung der Schulmöbelfabrik Carl Sasse, 1950

Abb. 8: »die neue Schulwohnstube!«. Werbung der Vereinigten Schulmöbelfabriken für Wangentische (Entwurf: Karl Nothhelfer), 1950

Unter einer »bunten Sitzordnung« verstand die Reformdiskussion der frühen Nachkriegszeit eine Kombination aus Vierertischen, die locker, meist rautenförmig zum Grundriss, im Raum verteilt waren und an denen sich die Schüler jeweils gegenübersaßen, und Zweiertischen, die an den Seiten platziert wurden. Das Vierermodell, das den Klassenverband in Kleingruppen aufteilte, stammte aus den USA. Es wurde als »lebensnah« begriffen, weil es sich an familiären Wohnformen orientierte. Das Ideal der Reformer war die »Schulwohnstube« mit eher quadratischem Grundriss, die das alte rechteckige Klassenzimmer ablösen sollte.

Sitzordnungen

Dass es beim Schulmobiliar nicht in erster Linie um die Konstruktion von Tischen und Stühlen, um starre oder lockere Systeme ging, sondern vor allem um ihre Anordnung im Raum, war allen Diskutierenden bewusst. Der Hamburger Schulrat Wilhelm Dressel, einer der Reformer, schrieb in seinem Beitrag zur Schulbau-Konferenz 1951 in Jugenheim:

> »Es ist deshalb nicht damit getan, in gleicher Weise wie bisher statt der unförmlichen festen Bänke Tische und Stühle in dem gleichbemessenen Raum aufgereiht zu einem Lehrerpult aufzustellen – damit hätte sich, pädagogisch gesehen, garnichts geändert – sondern es kommt darauf an, aus der neuen erzieherischen Grundhaltung auch das äußere Gesicht des Raumes neu zu formen. Unsere Jungen und Mädchen sitzen nicht mehr in einer Front, ausgerichtet auf den Lehrer, sondern locker in Gruppen beieinander, wie es die Arbeitslage erfordert. Die Verwendung von Drehstühlen gestattet es, sich ohne Schwierigkeiten und ohne Geräusch zu dem Sprechenden zu wenden oder vom Tisch aufzustehen. Bei einer Änderung der Gruppen-

zusammensetzung oder einem Wechsel des Arbeitsgegenstandes oder der Arbeitsform gehört es zum selbstverständlichen Leben, daß auch die Aufstellung des Gestühls sich ändern kann, auch ändern muß. Darin liegt gerade der Vorteil des ›beweglichen‹ Gestühls, daß es in seiner Gruppierung jeder Unterrichtssituation angepaßt werden kann und damit das Bild des Raumes nie starr werden läßt.«[34]

Nothhelfer, der eher wirtschaftlich als ideologisch dachte, hatte speziell für diese Forderungen einen Entwurf parat, einen »quadratischen Tisch mit Drehstühlen aus Buchenholz, wie er heute von Schulreformern gefordert wird« (Abb. 6).[35] Dass aber auch mit dem Drehstuhl, der den Reformern in der Stuhlfrage als »Ei des Kolumbus« erschien,[36] das alte, militaristische Denken nicht verschwunden war, zeigt eine Werbeanzeige der Carl-Sasse-Schulmöbelfabrik (Abb. 7) im Katalog der Düsseldorfer Ausstellung.[37] Dasselbe Denken offenbarte sich in einer Werbung der Vereinigten Schulmöbelfabriken (Abb. 8),[38] die die von Nothhelfer entworfenen modernen Wangentische (noch ohne Kufenstühle) in der alten Schulbank-Ordnung präsentierte, in der Tische und Stühle in Zweierreihen wie Kolonnen auf das Pult und die Tafel ausgerichtet sind, also in derselben ›militärischen‹ Formation, wie es in den Schulen vor dem Krieg üblich war. Dass dies auch die Ordnung war, die Nothhelfer für sein Mobiliar vorschwebte, deutete sich in einer Besprechung der Düsseldorfer Ausstellung in *Bauen und Wohnen* an, in der der Architekt Walther Schmidt – quasi an Nothhelfers Stelle – die Argumente für die alte Ordnung lieferte, bemerkenswerterweise mit dem Hinweis auf das seelische Wohl des Kindes:

»Ich habe schon darauf hingewiesen, daß das Schulzimmer der alten Art das Prinzip der Autorität des Lehrers und dementsprechend der Unterordnung des Schülers verkörpert. Aber es verdeutlicht auch die Richtung des Schülers auf den Lehrer, die Konzentration des Schülers auf den Unterrichtsstoff und seinen Träger. Es kann keinem Zweifel unterliegen, daß ein Kind, das in der Schule lange Jahre hindurch in körperlicher Haltung und Blickrichtung immer auf ein bestimmtes Ziel konzentriert gehalten wird, auch in seiner Konzentrationsfähigkeit Förderung erfährt. [...] Demgegenüber wird ein Kind, das in seiner Raumsituation überwiegend zusammen mit anderen rund um einen Tisch gehalten wird, nicht in einer bestimmten Richtung konzentriert. Was hier gefördert wird, ist Wendigkeit, Findigkeit, Fixigkeit, Fähigkeit zu allseitiger Verflechtung. [...] Eltern und Lehrer klagen einhellig über die mangelnde Konzentrationsfähigkeit vieler unserer Kinder; die Unrast des modernen Lebens, Verkehr, Radio, Kino geben Ablenkung über Ablenkung. Ist es dann richtig, durch die räumliche Anordnung der Konzentration noch weiter entgegenzuarbeiten? Auch wird niemand behaupten wollen, daß im allgemeinen unsere Jugend allzu autoritätshörig sei. Ist es dann richtig, den Lehrer, nach seiner räumlichen Stellung im Schulzimmer, ganz zur quantité négligeable zu machen? Beruht nicht unsere abendländische Kultur in ganz besonderem Maße auf der Fähigkeit ihrer Menschen, sich auf Ziele zu konzentrieren?«[39]

Nothhelfers Anordnung der Stühle und Tische im Raum, aber auch der Kufenstuhl selbst, der durch die Diagonale seiner Beine eine Richtung vorgibt, der nahe an beziehungsweise unter den Tisch geschoben werden will, fordern zu einem konzentrierten Arbeiten auf, zur Ausrichtung auf die Tafel oder zur Lehrperson hin und dazu, die Füße unter dem Tisch zu halten. Im Willen zur Ordnung und Regie des Klassenzimmers, der sich darin artikuliert, werden die politischen und pädagogischen Aspekte und Implikationen des Gestühls erkennbar, disziplinierende Effekte, die bei allen Reform- und Modernisierungsbemühungen als Belege von Kontinuität in der Schulraumeinrichtung vor und nach 1945 und als Ausdruck einer eher restaurativen Position in der Reformdiskussion der Nachkriegszeit interpretiert werden können.

Schulbau und -überbau

Über die pädagogischen Aspekte hinaus hatte die Diskussion auch eine politische Dimension. Die Schule als Ort zu begreifen, von dem das »Schicksal unserer Kultur« abhängt, wie Schönbeck in seinem Beitrag zur Düsseldorfer Ausstellung betont hatte, auf der »unsere abendländische Kultur« beruhe, wie Schmidt in *Bauen und Wohnen* herausstellte, war in der Nachkriegszeit Bestandteil eines politischen Diskurses, in dem es um systempolitische Fragen, um die Gegensätzlichkeit zwischen Kapitalismus und Kommunismus und die politische Abgrenzung zu Osteuropa ging. Deutlicher als Schönbeck und Schmidt formulierte dies der Bremer Schulrat Wilhelm Berger in seinem Schlusswort zur Schulbau-Konferenz in Jugenheim. Zum Bau der Schulen schrieb er:

> »Nur so können wir der großen Aufgabe unserer Zeit dienen, die ihre letzte und größte Verwirklichung findet in der Rettung des Abendlandes. Dieses Abendland aber ist in seinem Bestand nie ärger bedroht gewesen als in diesem Augenblick, da die autoritären Staatssysteme des Ostens aus der einheitlich konzipierten Idee des politischen Marxismus Stalinistischer [!] Prägung die buntschillernde Vielfältigkeit abendländischer Ideen besorgniserregend beschatten.«[40]

In den Katalogbeiträgen der Düsseldorfer Ausstellung manifestiert sich die enorme kulturelle und politische Bedeutung, die dem Schulbau in den Nachkriegsjahren beigemessen wurde: »Die Schule ist dazu aufgerufen, an der schöpferischen Lösung der neuen gesellschaftlichen, wirtschaftlichen und kulturellen Probleme, von denen das Schicksal unserer Kultur abhängt, mitzuwirken«, zitierte Oberschulrat Schönbeck das Gutachten zur Schulreform der Landesschulkonferenz von Nordrhein-Westfalen vom Juli 1949.[41] Die Schule solle »den von ihr erwarteten Beitrag zur Gesundung unseres Volkes« leisten.[42] Das Schulhaus gleiche dabei »dem Körper, der den Geist trägt und ihn gesund erhält«.[43] Dass Obermedizinalrat Josten in seinem Beitrag die Gesundheit der Jugend als »das einzige Deutschland verbliebene Kapital« bezeichnete, das es in der Schule zu bewahren gälte, passte ins Bild. Die Gesundheits- bzw. Gesundungs-Thematik, die in den Schulbaudebatten der frühen Nachkriegszeit auffällig präsent ist, beschränkte sich nicht auf medizinische Bedeutungen, sondern war auch als politische und gesellschaftliche Metapher zu verstehen. Dass in diesem Zusammenhang auch die gesundheitlichen Aspekte des Schulmobiliars nicht unter dem Begriff der Ergonomie, sondern dem der Hygiene gefasst wurden,[44] kam nicht von ungefähr. Die biologistische Akzentuierung der Schulbaudiskussionen der Nachkriegszeit ist ein weiterer Beleg für die Perpetuierung alten Denkens und problematischer politischer Semantiken in der westdeutschen Gesellschaft nach 1945.

Die zitierten Stimmen machen deutlich, wie politisch überfrachtet die Diskussionen um die Schulbauten und ihre Einrichtung in der frühen Nachkriegszeit in Westdeutschland waren. Die von den Besatzungsmächten zunächst forcierte Modernisierung des Schulwesens im Sinne reformpädagogischer Ansätze, die auf die Entnazifizierung und Entmilitarisierung der Bevölkerung zielten, schien schon bald mit den Notwendigkeiten

Abb. 9: »neue Schule, neuer Geist ..., neue Stühle ...«. Prospektentwurf der Vereinigten Schulmöbelfabriken, 1950er Jahre

des gesellschaftlichen Neu- bzw. Wiederaufbaus, der wirtschaftlichen Konsolidierung und der »Rettung des Abendlandes« (Berger), für die offenbar Konzentration und Zielstrebigkeit gefragt waren, zu konfligieren. Die als labil empfundene Situation zwischen dem Ende des Zweiten Weltkriegs und einem drohenden neuen Krieg zwischen Ost und West war der politische Hintergrund für den in der frühen Nachkriegszeit in Westdeutschland verbreiteten, eher ambivalenten Erneuerungswillen.

Fazit

Nothhelfers Holzkufenstuhl war Ausdruck dieser Ambivalenz. Das Konzept von Modernität, das er repräsentiert, ist die funktionale Modernität des Nationalsozialismus, wie man sie aus dem Amt »Schönheit der Arbeit« kannte, die auf »Zweckmäßigkeit« und »Hygiene« ausgerichtet war. Es folgte nicht der Modernität des Bauhauses oder der Modernität des westlichen Auslands, insbesondere Frankreichs und der USA, die eine eher marginale Rolle spielte. Die Skepsis gegenüber der internationalen Moderne drückte sich bei Nothhelfer nicht zuletzt auch im Festhalten am Material Holz und den Vorbehalten gegenüber den modernen Stahlrohrkonstruktionen aus, aber natürlich auch in der deutlichen Bezugnahme auf die Tradition der alten Schulbank. Die Verbindungen zu den alten Strukturen waren – auch im übertragenen Sinne – gelockert, aber nicht gelöst worden. Ob sich im Kufenstuhl ein »neuer Geist« ausdrückte, wie in einem Prospektentwurf (Abb. 9)[45] der Vereinigten Schulmöbelfabriken aus den 1950er Jahren proklamiert, kann daher zumindest nicht ohne Einschränkungen bestätigt werden.

Die Entwicklung von der Schulbank zum freien Gestühl setzte in Deutschland schon in den späten 1920er Jahren ein. Sie war keine Erfindung der Nachkriegszeit. Für die Bewertung der gesellschaftlichen Bedeutung einer Idee oder einer Entwicklung ist aber oft nicht der Zeitpunkt entscheidend, zu dem sie entsteht oder sich erstmals artikuliert, sondern der Zeitpunkt, ab dem sie sich auf breiter Ebene durchsetzt. Voraussetzungen für die groß angelegte Modernisierung der Schulen und des Schulmobiliars waren – so zynisch es zunächst klingen mag – die Zerstörung eines Großteils der alten Schulen im Zweiten Weltkrieg, vor allem aber auch die von den Besatzungsmächten geforderte und geförderte Demokratisierung der Gesellschaft.

Dass sich bei den Stühlen der Holzkufenstuhl durchsetzen konnte, hat seinen Grund vermutlich darin, dass die größte Akzeptanz bei den Käufern in der Regel nicht die radikalen Neuerungen finden, sondern die behutsamen Modernisierungen der tradierten Formen. Das erklärt am Ende – bei aller politischen und symbolischen Ambivalenz – den enormen wirtschaftlichen Erfolg des Stuhls, der bis in die 1970er Jahre anhielt. Dass er seine Modernität über Jahrzehnte bewahren konnte, ist andererseits natürlich auch ein Beleg für die politische Flexibilität von Konzepten wie »Reform« und »Modernisierung«, die gerade in Zeiten des politischen Übergangs und des Wandels offen zutage tritt.

---

1 Zur Schulgeschichte der frühen Nachkriegszeit vgl. Hans-Georg Herrlitz, Wulf Hopf, Hartmut Titze: *Deutsche Schulgeschichte von 1800 bis zur Gegenwart. Eine Einführung*. Weinheim/München ³2001, insbesondere das Kapitel »Die Restauration des Schulwesens in der Bundesrepublik 1945–1965«, S. 159–172. Zum Thema des Schulbaus in den 1950er Jahren vgl. Kerstin Renz: *Testfall der Moderne. Diskurs und Transfer im Schulbau der 1950er Jahre.* Tübingen/Berlin 2016.
2 Vgl. Karl Nothhelfer: »Schulmöbel« In: *Bauen und Wohnen*, 6. Jg. 1951, H. 3, S. 140–144, hier S. 140.
3 Zur Firmen- und Produktgeschichte der Vereinigten Schulmöbelfabriken vgl. Tanja Poppelreuter nach Unterlagen von Josef Boll und Werner Köstler: »Chronik der Firma VS« In: Thomas Müller, Romana Schneider (Hgg.): *Das Klassenzimmer. Schulmöbel im 20. Jahrhundert.* München/New York 1998, S. 189–198.
4 Zur Geschichte der Schulmöbel vgl. Karl-Hans Berquet: *Schulmöbel. Geschichte, Auswahl, Anpassung.* Bonn 1971; Müller, Schneider 1998 (wie Anm. 3). Zur Geschichte der Schulbank vgl. Sonja Hnilica: *Disziplinierte Körper. Die Schulbank als Erziehungsapparat.* Wien 2003; Sonja Hnilica: »Schulbank und Klassenzimmer – eine Anordnung zum Stillsitzen« In: *Das erste Schuljahr – von Schultüten zum »Ernst des Lebens«? Begleitbuch zur gleichnamigen Wanderausstellung des LWL-Museumsamtes für Westfalen, Münster.* Münster 2015, S. 102–117.
5 Zur beruflichen Biografie Nothhelfers vgl. Herbert Berner: »Prof. Karl Nothelfer [!] 75« In: *Hegau. Zeitschrift für Geschichte, Volkskunde und Naturgeschichte des Gebietes zwischen Rhein, Donau und Bodensee*, 20. Jg. 1975/76, S. 245–247, online: https://www.hegau-geschichtsverein.de/wp-content/uploads/hegau_3233_197576_berner_karl_nothelfer.pdf [Aufruf 15.02.2024].
6 Zu Spannagel vgl. Brigitte Baumstark: »Fritz Spannagel« In: Manfred Koch (Hg.): *Blick in die Geschichte. Karlsruher stadthistorische Beiträge*, Bd. 4, 2003–2008, Karlsruhe 2009, S. 256 f.
7 Zum Amt »Schönheit der Arbeit« vgl. Chup Friemert: *Produktionsästhetik im Faschismus. Das Amt »Schönheit der Arbeit« von 1933 bis 1939.* München 1980.
8 Karl Nothhelfer, Hans Stolper: *Das Möbelbuch. Schönheit der Arbeit.* Berlin 1937 ff.
9 Vgl. Berner 1975/76 (wie Anm. 5), S. 245. Zu seinen Arbeiten während der NS-Zeit vgl. außerdem Fritz Hellwag: »Zu den Möbeln von Professor Karl Nothhelfer« In: *Die Kunst*, 1943, S. 190–195.
10 Vgl. Karl Nothhelfer: *Das Sitzmöbel. Ein Fachbuch für Polsterer, Stuhlbauer, Entwerfende und Schulen.* Ravensburg 1942 ff.
11 Berner 1975/76 (wie Anm. 5), S. 245.
12 Vgl. *Egon Eiermann. Die Möbel.* Ausst.-Kat. Badisches Landesmuseum Karlsruhe. Karlsruhe 1999, S. 101–109, hier S. 150. Zur Materialfrage im (Holz-)Möbelbau der frühen Nachkriegs-

zeit vgl. Karl Nothhelfer: *Massivholz – Sperrholz – Gussholz. Das Gebrauchsmöbel der Zukunft. Grundsätzliche Erwägungen für Wirtschaftler und Gestalter.* Ravensburg 1946.
13 Karl Nothhelfer: »Schulmöbel« In: *Bauen und Wohnen*, 5. Jg. 1950, H. 2, S. 93–99; Nothhelfer 1951 (wie Anm. 2).
14 Nothhelfer 1950 (wie Anm. 13), S. 93. Er bezog sich damit vor allem auf die Fredeburger Schulbautagung »Das neue Schulhaus« von 1949 (s. u.).
15 Ebd.
16 Vgl. ebd., S. 94.
17 Ebd., S. 97.
18 Ebd.
19 Ebd., S. 98.
20 Ebd.
21 Vgl. Nothhelfer 1951 (wie Anm. 2), S. 140. Die Abbildung erschien im selben Jahr mit dem Gütesiegel »den heutigen Forderungen entsprechend«. In: Erika Brödner, Immanuel Kroeker: *Moderne Schulen*. München 1951, S. 56. Brödner und Kroeker hatten kurz zuvor das Institut für modernen Schulbau an der TU München gegründet. Zu den Autor:innen und ihrer Publikation vgl. Renz 2016 (wie Anm. 1), S. 162–165.
22 Vgl. Otto Karl Werckmeister: »Von der Revolution zum Exil« In: *Paul Klee. Leben und Werk.* Ausst.-Kat. Kunstmuseum Bern. Stuttgart 1987, S. 48–51; Hans-Ernst Mittig: »Paul Klee: Revolution des Viaductes (1937)« In: Gabriele Saure, Gisela Schirmer (Hgg.): *Kunst gegen Krieg und Faschismus. 37 Werkmonografien*. Weimar 1999, S. 119–124 (= Schriften der Guernica-Gesellschaft, Bd. 11).
23 Vgl. Müller, Schneider 1998 (wie Anm. 3), S. 87–93.
24 Zum Hörsaalgestühl vgl. Nothhelfers eigenen Entwurf in: Karl Nothhelfer: *Das Sitzmöbel. Ein Fachbuch für Polsterer, Stuhlbauer, Entwerfende und Schulen.* Ravensburg 1942, S. 301.
25 Dass die Einschränkung des Kippmoments aber durchaus ein Kriterium bei der Konstruktion der Stühle war, belegt eine entsprechende Bildunterschrift zu Stahlrohr-Kufenstühlen in Nothhelfers zweitem Schulmöbel-Artikel von 1951: Vgl. Nothhelfer 1951 (wie Anm. 2), S. 141.
26 Zu den Schulbaukonferenzen der Nachkriegszeit vgl. Renz 2016 (wie Anm. 1), S. 104–113. Vgl. auch die zeitgenössischen Zusammenfassungen der drei frühen Tagungen in Wiesbaden (1948), Fredeburg (1949) und Hannover (1949): »Drei deutsche Schulbautagungen« In: *Baumeister*, 47. Jg. 1950, H. 3, S. 170–173.
27 Rudolf Pfister: »Wo steht der Schulhausbau« In: *Baumeister*, 47. Jg. 1950, H. 3, S. 121, S. 169, hier S. 121.
28 Vgl. die Publikation zu dieser Tagung: Otto Koch (Hg.): *Das neue Schulhaus*. Ratingen 1950.
29 Vgl. »Leitsätze« In: ebd., S. 108–109. Auch in: »Drei deutsche Schulbautagungen« (wie Anm. 26), S. 171. Zur Diskussion um die Bestuhlung auf der Fredeburger Tagung vgl. den Beitrag von W. Zobel: »Die neuzeitliche Schulstube« In: Koch 1950 (wie Anm. 28), S. 43–51, insbesondere S. 45 ff.
30 Vgl. *Das Neue Schulhaus. Ausstellung des Kultus-, Sozial- und Wiederaufbauministerium des Landes Nordrhein-Westfalen und der Stadt Düsseldorf unter Mitwirkung der Gesellschaft für Christliche Kultur*, hg. von der Nordwestdeutschen Ausstellungsgesellschaft m.b.H., Düsseldorf. Ausst.-Kat. Ausstellungspalast und Neue Ausstellungshallen Düsseldorf. Düsseldorf 1950.
31 »Auf großen Tafeln sind die Fredeburger Richtlinien als die 12 Gebote des neuen Schulhauses« dargestellt.« A. Möhring: »Rundgang durch die Ausstellung«, ebd., S. 15–18, hier S. 15. Im Wortlaut in Renz 2016 (wie Anm. 1), S. 107–108.

32 Zum Programm der Ausstellung vgl. Ausst.-Kat. Düsseldorf 1950 (wie Anm. 30), S. 11.
33 Erich Kühn: »Die baulichen Grundlagen des neuen Schulhauses« In: Ausst.-Kat. Düsseldorf 1950 (wie Anm. 30), S. 23–27, hier S. 24–25.
34 Wilhelm Dressel: »Schulmöbel und Schuleinrichtung« In: Wilhelm Berger (Hg.): *Schulbau Konferenz Jugenheim 1951. Vorträge und Ergebnisse*. Bremen 1952, S. 19–23, hier S. 20.
35 Nothhelfer 1951 (wie Anm. 2), S. 141. Abgebildet auch in Brödner, Kroeker 1951 (wie Anm. 21), S. 208.
36 Zobel 1950 (wie Anm. 29), S. 50.
37 Ausst.-Kat. Düsseldorf 1950 (wie Anm. 30), S. 12.
38 Ebd., S. 13. Das Foto aus der Werbeanzeige stammt aus Nothhelfers erstem Schulmöbel-Beitrag. Vgl. Nothhelfer 1950 (wie Anm. 7), S. 95 (Bild 7).
39 Walther Schmidt: »Seelische Beziehungen des Kindes zu Schulzimmer und Schulhaus« In: *Bauen und Wohnen*, 6. Jg. 1951, H. 1, S. 3–9, hier S. 5.
40 Wilhelm Berger: »Schlußwort« In: Berger 1952 (wie Anm. 34), S. 62–64, hier S. 62–63.
41 Schönbeck: »Die geistigen Grundlangen des Schulbauens« In: Ausst.-Kat. Düsseldorf 1950 (wie Anm. 30), S. 19–21, hier S. 19.
42 Ebd., S. 21.
43 Ebd.
44 So etwa in Werbungen über Schulgestühl der Schulmöbelfabrik »Porta Westfalica« (»pädagogisch sinnvoll, hygienisch einwandfrei, technisch vollkommen, form- und farbschön, preiswert und vielfach bewährt«) oder der Folkwang-Schulmöbel (»formschön und stabil, zweckmäßig und hygienisch«), in: Ausst.-Kat. Düsseldorf 1950 (wie Anm. 30), S. 40–41.
45 Abb. aus: Müller, Schneider (wie Anm. 3), S. 111.

Oliver Sukrow

Schulbau in der DDR als politische Aufgabe*

Methodische Anmerkungen und Stand der Forschung

Winfried Nerdinger wies schon vor über 20 Jahren anlässlich des Umzugs der Bundesregierung von Bonn nach Berlin und der Diskussion um »Architektur und Demokratie« darauf hin, dass es zu einfach gedacht sei, einer Architektur »projektiv-assoziativ« Macht- und Ideologieinhalte zuzuschreiben; vielmehr müsse man unterscheiden zwischen dem, was die Akteur:innen in der Politik tun und dem, was die Architektur an Funktionen bereit halte.[1] »Politische Architektur« sei, so Nerdinger, ein von Unschärfe geprägter Begriff, zwischen beiden Polen bestehe in der Regel »nur ein ganz allgemeiner Zusammenhang«. Eine Zuschreibung von politischem System und Ideologie zu einer bestimmten architektonischen Haltung oder gar einem Stil sei deswegen nicht aufrecht zu erhalten, sei es in demokratischen oder totalitären Systemen. Architektur könne Räume und Funktionen für politische Machtausübung bereitstellen und Botschaften (über Gestaltungsmittel) verbreiten, aber jenseits einer engen sprachlichen Verbindung sei es problematisch, so Nerdinger, von einer »politischen Architektur« zu sprechen: So könne »genausowenig die Architektur einer Schule erzieherisch« sein, wie das »Funktionsgehäuse für Politik« politisch.[2]

Nerdingers Skepsis gegenüber der Annahme einer »politischen Architektur« – die in den letzten Jahren vor allem unter dem Vorzeichen eines verstärkt im Kulturbereich auftretenden Neokonservativismus und den Debatten um die Rekonstruktion von kriegszerstörten Innenstädten (Frankfurt am Main, Dresden), um »rechte Räume«, das teilrekonstruierte Berliner Schloss oder um das »Bauen am nationalen Haus« publizistisch einseitig an Fahrt aufgenommen hat[3] – soll hier zum Anlass genommen werden, um in historischer Perspektive nach der Rolle des Schulbaus im sozialistischen (Bildungs)System der Deutschen Demokratischen Republik (DDR) zu fragen. Auch wenn hier ebenso keine direkte Verbindung von Form (Schularchitektur) und Inhalt (sozialistische Bildung) angenommen wird, so soll dennoch nach den Botschaften und ›Bildern‹ gefragt werden, welche dem Bildungssystem und speziell der Schularchitektur der DDR unterlegt waren. Im Systemwettstreit zwischen Ost und West, aber auch in der historischen, inneren Entwicklung des DDR-Schulbaus selbst, lässt sich der Einfluss von Ideologie und Politik auf Architektur und Raum ebenso erkennen wie die Versuche, den sich (stetig wandelnden) pädagogischen Konzepten adäquate Räume und Funktionen zur Verfügung zu stellen. Diese Wechselwirkungen, die auch vom Einfluss von Architekt:innen und Planer:innen auf die politische Ebene zeugen, sollen im Folgenden im Mittelpunkt der Betrachtung stehen.

Auch wenn gerade das Thema der Bildungsarchitekturen in der zweiten Hälfte des 20. Jahrhunderts zuletzt viel Aufmerksamkeit in der Forschung erhielt,[4] so ist dennoch bemerkenswert wenig über die Geschichte des Schulbaus in der DDR bekannt ist. Die wichtigsten Texte bislang dazu entstanden bereits um die Jahrtausendwende: Andreas Butter (1998), Ute Jochinke (2001) und auch Mark Escherich (2002) konzentrierten sich in ihren Aufsätzen auf den frühen Schulbau in der Sowjetischen Besatzungszone (SBZ) und in der DDR der 1950er Jahre.[5] Die zeitgeschichtlichen Zäsuren der Staatsgründung 1949 und den sich verschärfenden Stalinismus in der frühen DDR werden als Wendepunkte im Schulbau bewertet, der sich nicht nur politisch, sondern gewissermaßen auch architekturgeschichtlich in der Abkehr und Kritik von der funktionalen Moderne zum Neohistorismus der Stalinallee zeigte. Der weitere Fortgang des Schulbaus über die ›zweite‹ Moderne der 1960er Jahre und die Honecker-Ära ab 1971 mit ihrem Massenwohnungsbauprogramm werden jedoch nicht berührt. Kerstin Renz hat sowohl in ihrer grundlegenden Studie zum (westdeutschen) Schulbau der 1950er Jahre als auch in Aufsätzen die Entwicklungen in der DDR kurz in den größeren Kontext der Wiederaneignung der Moderne und des Transfers von Schulbautypen sowie pädagogischen Konzepten aus dem Vereinigten Königreich, Skandinavien, besonders aber aus den USA und der Schweiz, eingeordnet.[6] Sie unterstrich zudem die diskursive Dimension des Schulbaus nach 1945, die sich in einem Expert:innenfeld von Architekt:innen, Pädagog:innen und Politiker:innen aufspannte und die zu einer »Auratisierung« der Bauaufgabe als Grundlage für die junge Demokratie in der Bundesrepublik führte. Neben Publikationen und Architekt:innenreisen spielten Schulbautagungen für den westdeutschen Diskurs eine wichtige Rolle. Auf diesen, von den westlichen Besatzungsmächten geförderten Konferenzen, wurden internationale Entwicklungen diskutiert, Beispiele aus der Praxis erläutert und Forderungspakete formuliert. Auf der vierten Tagung, die 1951 im südhessischen Seeheim-Jugenheim stattfand, wurde in den »Jugenheimer Entschließungen« unter anderem die Bedeutung des Schulbaus als kulturelle Mitte des Wohngebiets unterstrichen und gefordert, dass ein zentrales Schulbauinstitut zu gründen sei.[7] Dank der Studie von Renz sind wir über die Kontexte der Schulbautagungen in Fredeburg (1949), Hannover (1949), Stuttgart (1950) und Jugenheim und deren Folgen gut unterrichtet. Eine ähnliche inhaltliche Richtung wie Renz verfolgte Regine Hess in ihrem Aufsatz zu Schulbau und Re-Education (2019), der aber ebenfalls ›nur‹ die westlichen Besatzungszonen betrachtete.[8] Zuletzt kam es im Rahmen einer Tagung und eines Sammelbandes zum Schulbau nach 1945 in der britischen Besatzungszone zu einer Auseinandersetzung mit den verschiedenen Reformimpulsen in der Schularchitektur.[9] Eine sehr wichtige Rolle nahmen insbesondere die Schulbauten in Kiel ein, die schon Ende der 1940er Jahre als mustergültig für die gesamte Westzone galten. Über die Relevanz der Sowjetunion auf den Schulbau in der DDR, aber auch über die Wechselwirkungen mit Ländern des globalen Südens, mit den blockfreien Staaten und mit den mittelosteuropäischen Nachbarländern sind wir hingegen nur unzureichend informiert, sieht man einmal von jüngeren Arbeiten zum »Architekturexport« der DDR ab.[10] Es fehlt also weiterhin eine komplementäre Ergänzung zu Renz' Arbeit, die sich tiefergehend mit den Diskursen und Praktiken des Schulbaus in der DDR zwischen 1949–1989 auseinandersetzt. Diese Lücke kann hier nicht geschlossen, aber um einen Aspekt ergänzt werden.

Die 1950er Jahre: Kontinuitäten und Neupositionierungen im Schulbau

Gerade in den ersten Jahren nach dem Zweiten Weltkrieg und in der frühen DDR gab es eine rege intellektuelle Debatte um die neue, die ›sozialistische Schule‹. So äußerte sich zum Beispiel Wilhelm Schütte (1900–1968) im August 1950 aus Wien mit einem programmatischen Text zum *Bau von Schulen in der Deutschen Demokratischen Republik*.[11] Schütte war durch seine reformorientierten Schulbauten mit Freiluftklassen in der Zwischenkriegszeit, zum Beispiel für das Neue Frankfurt, bekannt und gemeinsam mit seiner Frau, der Architektin Margarete Schütte-Lihotzky (1879–2000) für eine neue Schularchitektur in der frühen DDR engagiert. In seiner Programmschrift von 1950 geht er detailliert auf Raumprogramme, Funktionen und Typisierungen ein, wendet sich aber gegen einen bestimmten Baustil für die Schulen:

> »Der frische und fröhliche Geist, der in der Schule herrschen soll, braucht keine Stilzutaten, um in der äußeren und inneren Gestaltung des Schulgebäudes seinen baulichen Ausdruck zu finden. Die sichtbare Verwendung zweckmäßiger moderner Konstruktionen, gut überleger architektonischer Komposition, sorgfältige Auswahl schöner und haltbarer natürlicher Baustoffe, entsprechende Betonung und gute Durcharbeitung der Eingänge, frische aber unaufdringliche Farbgebung und der natürliche Schmuck geschickt angelegter Anpflanzungen – das werden die Elemente sein, die das freundliche, einladende, dabei würdige Äußere der neuen Schulen gestalten sollen.«[12]

Schüttes Versuch, an die avantgardistischen Traditionen der Zwischenkriegszeit anzuknüpfen, war zunächst nicht von Erfolg gekrönt. Doch wurden die Positionen von Schütte-Lihotzky und Schütte von der jüngeren Generation von Architekt:innen ab den 1960er Jahren aufgegriffen und an die Gegebenheiten in der DDR angepasst, auch wenn zum Beispiel dem Freiluftunterricht – immerhin eine zentrale Errungenschaft der Reformpädagogik der Zwischenkriegszeit – eine klare (auch architektonische) Absage erteilt wurde. In Abgrenzung zur ›kapitalistischen‹ Schule wollte man in der DDR jedoch nicht nur auf die Freiluftklassen verzichten, sondern sich auch vom Konzept der »Klasseneinheit« distanzieren. Dieses, maßgeblich vom Schweizer Architekten Alfred Roth entwickelte und in der Nachkriegszeit von vielen als vorbildlich angesehene Raumprogramm sah vor, dass die Schüler:innen nicht von Klassenzimmer zu Klassenzimmer wechseln, sondern in einem Raum bleiben, der noch Nebenzimmer für Garderobe, Toiletten und Freiluftunterricht hat.[13] Für Roth war damit das Klassenzimmer das Herz einer jeden Schule. Gegenüber dieser, ab Ende der 1940er Jahre auch international sehr erfolgreichen Idee, wandten sich einige Pädagog:innen, Politiker:innen und Architekt:innen in der DDR. Dort sollte mit Einführung der Polytechnischen Oberschule (POS) das Fachzimmer beziehungsweise das Fachkabinett den Nukleus der Schule bilden: »Für unseren künftigen Schulbau ergibt sich daraus die Schlußfolgerung, daß nicht mehr die Klassenräume, sondern die Fachunterrichtsräume und Kabinette die eigentlichen Lebenszellen des Schulhauses sind.«[14]

Neben diesen architektonischen Debatten um die neue sozialistische Schule fällt auf, dass sowohl in den Gesetzestexten und Verordnungen,[15] als auch in den meisten pädagogischen Abhandlungen die architektonische Gestaltung des Schulgebäudes und der Klassenzimmer weitgehend ausgeblendet wird. Es werden ausführliche Darlegungen von Bildungsinhalten, Unterrichtsformen und politischen Erziehungsmaßnahmen ge-

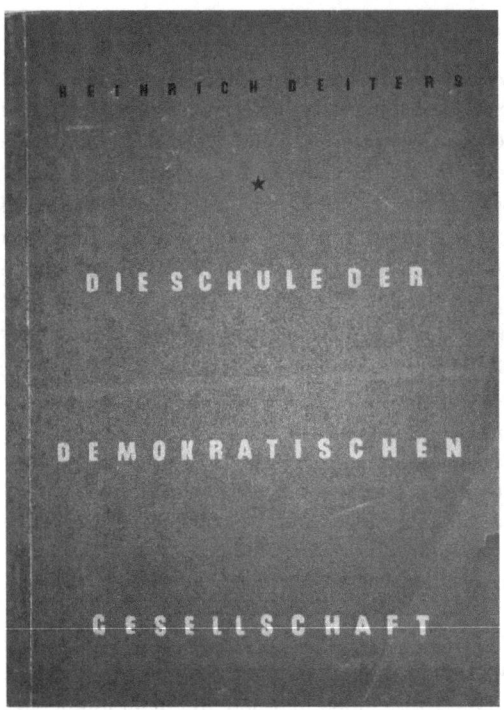

Abb. 1: Heinrich Deiters, Die Schule der demokratischen Gesellschaft. Berlin 1948

macht und obwohl darunter auch neue Formen wie der polytechnische Fachunterricht fallen (der speziell ausgestattete Fachkabinette benötigte), wird über die architektonischen Belange in der Regel nicht referiert. Dieselbe Situation herrschte auch in der Pädagogik vor. So referierte Paul Wandel (1905–1995), Präsident der Deutschen Zentralverwaltung für Volksbildung, der Vorgängerinstitution des DDR-Volksbildungsministeriums, auf dem Pädagogischen Kongress in Berlin 1946 über die *Demokratisierung der Schule*. Mit dem Einschwenken auf die sowjetische Linie in Pädagogik und Schulwesen sollte das Erbe des Nationalsozialismus aus der Schule vertrieben und neue Lehrinhalte und Vermittlungsformen etabliert werden. Wandel sprach nicht über Neubauten und architektonische Ziele, sondern in Anbetracht der Umstände eher davon, wie »unseren Kindern in diesem Winter in warmen Schulstuben mit guter Schulspeisung ein geordneter Unterricht zu erteilen« sein könnte.[16] Zwei Jahre nach Wandel widmete sich der Pädagoge und Professor an der Humboldt-Universität zu Berlin, Heinrich Deiters (1887–1966), in seiner 1948 erschienenen *Schule der demokratischen Gesell*schaft ausführlich der Herleitung der neuen sozialistischen Schule aus der Geschichte (Antike und Renaissance) und aus der Abgrenzung zur bürgerlichen Schule, doch erwähnte er das Gehäuse der Bildung mit keinem Wort (Abb. 1). Auch wenn Deiters in marxistischer Diktion davon ausging, dass die Schule »die gesellschaftlichen Zustände widerspiegelt, aus denen sie entstanden ist«,[17] so wird darüber hinaus bei ihm keine architektonische Frage nach der baulichen Repräsentation der veränderten gesellschaftlichen Zustände entwickelt.

Die architektonische Form der neuen sozialistischen Schule

Über die Gründe lässt sich zu diesem Zeitpunkt nur spekulieren. Eine Ursache könnte der Umstand sein, dass in den ersten Nachkriegsjahrzehnten in SBZ und DDR kaum neue Schulbauten entstanden, sondern vielmehr Bestandsgebäude genutzt wurden. Insofern spielten eher die Bildungsinhalte und didaktische Konzepte eine Rolle als eine auch architektonisch neu gedachte, sozialistische Schule. Dies sollte sich erst Ende der 1960er und Anfang der 1970er Jahre mit der Einführung des industriellen Massenwohnungsbaus ändern, weil in den neuen Stadtteilen und ihren Wohnkomplexzentren auch schulische Einrichtungen vorgesehen waren. Zuvor wurden mit dem 1965 erlassenen

Gesetz über das einheitliche sozialistische Bildungssystem die Grund- und Mittelschulen zugunsten der (schon 1959 eingeführten) zehnklassigen allgemeinbildenden POS aufgegeben. Diese Schulform benötigte spezielle Räumlichkeiten und sollte sich auch architektonisch-gestalterisch von den Schulbauten des Kaiserreichs, der Weimarer Republik und des Nationalsozialismus abgrenzen. Dafür entwickelte das Institut für Typung an der Deutschen Bauakademie und eine interdisziplinäre Schulbaukommission seit den späten 1950er Jahren Typenbauten für ein- oder zweizügige Oberschulen, die auch zur Anwendung kamen. Sie waren durch zwei- beziehungsweise dreigeschossige Klassentrakte und durch L-förmige Verbindungsgebäude geprägt. Aufgrund von ökonomischen Zwängen sollten diese Typenbauten mit einem verringerten Raumprogramm auskommen und kleinere Unterrichtsräume haben, um Kosten zu reduzieren und mehr bauen zu können.[18]

Die im Bundesarchiv Berlin überlieferten Vorschläge für Allgemeinbildende POS, die Anfang der 1960er Jahre am Institut für Hochbau der Deutschen Bauakademie entwickelt worden sind, zeigen einige architektonische Strategien, wie man den neuen Anforderungen des polytechnischen Fachunterrichts und den Vorstellungen der neuen sozialistischen Schule begegnen wollte.[19] Ein Entwurf des Instituts für Hochbau der Deutschen Bauakademie für eine dreigeschossige Schule mit 21 Unterrichtsräumen sah die Erschließung der Klassenräume über je eine Pausenhalle, die sich spiegelbildlich an einen Mittelbau mit beidseitig angeordneten Treppenhäusern anschließt, vor. Bei diesem Gangtyp sind die Klassenzimmer nur von einer Seite belichtet, auf eine räumliche Einheit mit Garderobe, Vorbereitungszimmer, etc. wird verzichtet. Durch die Unterbringung der Fachräume für Biologie, Physik und Chemie im Mitteltrakt – der sich auch am Außenbau durch einen risalitartigen Vorsprung aus der Gebäudeflucht auszeichnet – wurde die besondere Bedeutung der Fachräume als geistiger und fachlicher Mittelpunkt der neuen Schule unterstrichen. Einzig das Zimmer für die Freie Deutsche Jugend (FDJ), der staatlichen Jugendorganisation, fand im Mitteltrakt neben den Fach- und Vorbereitungsräumen noch einen Platz. Ein weiterer Vorschlag des Instituts für Hochbau der Deutschen Bauakademie sah die Erschließung durch drei innenliegende Treppenhäuser vor, die in Garderobenräumen müden. Von dort aus sollten jeweils zwei Klassenzimmer und die Fachräume mitsamt den Vorbereitungszimmern erschlossen werden. Auf große Gangflächen für Pausenhallen oder ähnliches verzichtete dieser Entwurf völlig. Lediglich im Erdgeschoss war ein die komplette Gebäudebreite erschließender, schmaler Flur vorgesehen, der die ebenfalls nur einseitig belichteten Klassenzimmer und die anderen Räume erschließen sollte. Ein Entwurf vom Ministerium für Volksbildung für eine Oberschule mit 22 Unterrichtsräumen schlug die Erschließung von je zwei Klassenräumen pro Geschoss durch eine mittig angeordnete Treppe als Schustertyp vor; auch hier sollten die Fachunterrichtsräume in einem auskragenden Mitteltrakt untergebracht werden. Schließlich schlug Helmut Trauzettel von der Technischen Hochschule Dresden für eine Oberschule mit 24 Unterrichtsräumen eine Neuanordnung der Baukörper vor: um insgesamt vier Innenhöfe (Atrien) gruppierte sich der dreigeschossige Bau. Entlang von drei langen Fluren, welche die Klassenzimmer (im Erdgeschoss) und die Fachunterrichtsräume (im ersten und zweiten Obergeschoss) verbinden sollten, war Trauzettels Vorschlag von 1963 organisiert. An den Atrien lagen auch die Treppenhäuser. Durch die Anordnung der Unterrichtsräume um die Innenhöfe war eine beidseitige Belichtung möglich und die Zimmer konnten quergelüftet werden.

Damit war auch schulhygienischen Anforderungen, die bereits in den 1920er Jahren formuliert und nach 1945 durch Vordenker wie Alfred Roth wieder aufs Tableau gebracht worden waren, Genüge getan. Zudem erreichte Trauzettels Konzept eine Reduzierung der Wegstrecken für Lehrer:innen und Schüler:innen, weil auch die Turnhalle als Teil des Schulbaus gedacht wurde und nicht, wie bei den anderen Vorschlägen, als getrennter Gebäudetrakt auf dem Schulgelände errichtet werden sollte. Trauzettels funktional durchdachtes Konzept verzichtete gestalterisch und im Raumprogramm auf repräsentative Gesten wie Risalite, Pausenhallen oder große Treppenhäuser. Damit stellte er sich in die Tradition des Reformschulbaus der 1920er und 1930er Jahre und versuchte, diese Ideen mit den Konzepten der neuen sozialistischen Schule zu verbinden. Obwohl durch vier Atrien die Möglichkeit für Freiluftunterricht gegeben gewesen wäre, zeigen die erhaltenen Entwürfe nicht eindeutig, ob Trauzettel dies intendiert hätte. Dagegen spricht, dass sich die Atrien nicht zu den Klassenzimmern orientieren, sondern von den Fluren umfasst werden. Während kurz zuvor Hans Schwippert (1899–1973) im Rahmen der Darmstädter Meisterbauten mit der Georg-Büchner-Schule in Darmstadt (1956–1960) die Idee des »Klassenteppichs« realisieren konnte – bei dem »ein System von miteinander verbundenen Pavillons und Freiflächen« dafür sorgt, dass »zwischen den Klassen [...] Freiluftklassen und Gärten, die zum jeweiligen Klassenraum gehören«,[20] liegen –, war dies bei Trauzettel bei aller Nähe zum Reformschulbau der Zwischenkriegszeit nicht beabsichtigt. Aber seinen Entwurf von 1963 arbeitete Trauzettel an der TU Dresden weiter aus und noch im gleichen Jahr wurde die erste »Trauzettel-Schule« in Bitterfeld errichtet.[21]

Die 1960er Jahre: Möglichkeiten und Grenzen des Typenbaus

Wie oben erwähnt, erhielt die neue POS als Institution durch den Massenwohnungsbau ab den späten 1960er Jahren vermehrt Aufmerksamkeit von Architekt:innen und Planer:innen. Zwar war schon in den *16 Grundsätzen des Städtebaus* (1952) – welche die Grundlage für Architektur und Städtebau in der DDR nach sowjetischem Vorbild bis in die 1950er Jahre hinein bildeten – festgelegt worden, dass Schulen und Betreuungseinrichtungen im Wohnkomplex vorhanden sein sollen, doch sah die bauliche Realität anders aus, weil der überwiegende Anteil an Schulgebäuden vor 1945 errichtet worden war. Erst mit der Umstellung auf das industrielle Bauen wurden Schulen nicht nur geplant, sondern tatsächlich massenhaft als Typenbauten neu errichtet. Insbesondere wurde ab Ende der 1960er Jahre die städtebauliche Einordnung in die sogenannten Wohnkomplexzentren diskutiert, welche Nahversorgung und Dienstleistungen garantieren sollten und als die kleinste Planungseinheit des sozialistischen Städtebaus galten. Vorschuleinrichtungen und POS bzw. Erweiterte Oberschulen (EOS) wurden als »wichtige Teilsysteme der Stadt« deklariert und entsprechend geplant.[22] Sie sollten nicht nur dem Unterricht dienen, sondern darüber hinaus auch Funktionen für kooperierende Einrichtungen übernehmen und für die Öffentlichkeit da sein. Für den architektonischen Entwurf bedeutete dies, so die 1970 von der Deutschen Bauakademie vorgelegten *Empfehlungen für die städtebauliche Einordnung von Vorschuleinrichtungen und Schulen in Stadtzentren, Wohngebieten mit hoher Einwohnerdichte und städtischen Umgestaltungsgebieten*, dass möglichst mehrere »Bildungseinrichtungen ein geschlossenes, abwechslungsreiches städtebauliches Ensemble bilden« sollen, die sogenannten »Schulkomplexe«.23 Innerhalb der Schulbauten sei darauf zu achten, so die Empfehlungen, dass für die Unterstufe »Normalunterrichtsräume« und für die Oberstufe »Fachunterrichtsräume« geplant werden müssten.24 Daneben galt es Vorgaben wie die Gebäudehöhe (Drei- oder Viergeschosser), Ausrichtung der Hauptunterrichtsräume nach Süden oder die Planung von Freiflächen für »Unterrichtsfunktionen« zu beachten.25 Bei den Empfehlungen für die Anlage für Pausenhöfe scheint die politische Funktion prägnant durch, da diese nicht nur der Bewegung der Kinder, sondern auch als Appell- und Kundgebungsplatz dienen sollten.26

Trotz der Bemühungen um Rationalisierung und Typisierung, mit der die Bauakademie und das Ministerium für Bauwesen dem Mangel an adäquaten Schulräumen entgegentreten wollte, fanden nicht alle Vorschläge die Zustimmung auf schulpolitischer Ebene. So kritisierten etwa die Bezirksschulräte und die Leiter:innen der Bezirksplankommissionen 1965 gegenüber Gerhard Schürer (1921–2010) in seiner Rolle als Vorsitzender der Staatlichen Plankommission, dass nicht nur die Typenprojekte zu spät vor Ort umgesetzt werden und zu unflexibel für die örtlichen Anforderungen der Schulen seien, sondern auch, dass es gerade in den ländlichen Regionen immer noch zu viele »unzulängliche Behelfsbauten, wie z. B. Baracken und ausgebaute Ställe als Schulräume genutzt werden«.27 Die Kritik an den Typenprojekten ging sogar so weit, wie aus einem anderen Aktenvermerk ersichtlich wird, dass »Projektierungsbüros die Ausarbeitung [...] auf Grundlage der neuen Typenprojekte ablehnen, weil die Bezirksämter die Anwendung der neuen Typenprojekte [...] noch nicht für möglich halten«.28 Bereits diese zwei Quellen deuten an, welche Konflikte es politischer – und architektonischer – Natur zwischen den zentralen Stellen für Planung und Typisierung und den bezirklichen und lokalen Schulbehörden und Architekt:innen gab. Offenbar glaubten einige Vertreter:innen der mittleren und unteren Ebenen der Bildungsbürokratie in der DDR nicht, dass die ausgearbeiteten Typenprojekte für Schulbauten den realen Anforderungen vor Ort genügen würden.

Innerhalb der Verwaltungsebenen wurden teilweise die Missstände im Schulbau und die sich daraus ergebenden »außerordentlichen schulpolitischen und schulorganisatorischen Schwierigkeiten« offen angesprochen.29 Dies betraf in erster Linie die mangelnden Investitionen in den Schulneubau, vor allem in ländlichen Regionen, als auch den oftmals sehr kritischen Zustand der sogenannten »Behelfsräume«, also Zimmer in »Gutshäusern, Wirtschaftsgebäuden, Lehrerwohnungen [...], Holzbaracken aus der Zeit vor 1945, auch Ställe und Räume in Gasthäusern«, wie der *Informationsbericht über die Situation im Schulbau* von 1965 schildert.30 Man schätzte die Gesamtzahl der Behelfsräume auf ca. 12.000 Stück in der gesamten DDR ein, was ungefähr 15% aller Schulräume entsprach. Allein im Bezirk Schwerin gab es zu Beginn der 1960er Jahre noch über 2.000 Behelfsräume, die sich auf Unterrichtsräume in Schlössern, Baracken, Ställen, Scheunen, Wirtschaftsgebäuden, Gasthäusern und Kirchen verteilten. Obwohl viele davon »bereits baupolizeilich gesperrt« seien, mussten sie noch weiter genutzt werden. Die schlechten hygienischen und sanitären Zustände führten dazu, dass die Schule sogar zum »unmittelbaren Ausgangspunkt für Seuchen« avancierte und Kinder mit Augenproblemen aufgrund der permanenten Kunstlichtbestrahlung zu kämpfen hätten.31 Kritik wurde nicht nur am Zustand der Bestandsgebäude geübt, sondern vor allem daran, dass sich in diesen der angestrebte sozialistische, das heißt polytechnische Fachunterricht nicht durchführen ließe und damit auch die pädagogischen und schulpolitischen

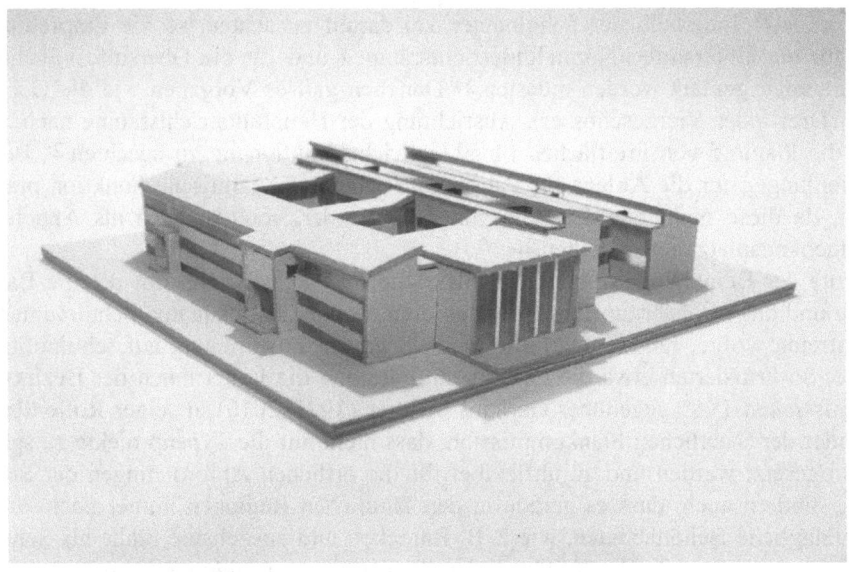

*Abb. 2: Typen-Schulbau der DDR, Typ Trauzettelschule, Modell, 2020
(Modell: Dina Dorothea Falbe, Bild: Christopher Falbe)*

Neuerungen überhaupt nicht umgesetzt werden könnten: »Das bedeutet, daß die mit der demokratischen Schulreform erreichten Fortschritte in der Periode des umfassenden Aufbaus des Sozialismus bzw. der sozialistischen Schule örtlich rückgängig oder zumindest zeitweilig rückgängig gemacht würden«.[32] Die Konsequenzen zeigten sich, so der Bericht, erst recht auf lokaler Ebene, denn dort könne man »nicht verstehen, dass die schulische Situation trotz jahrelanger Hinweise noch nicht geändert worden ist«.[33] Es käme bereits jetzt zu vielen »Anfragen und Auseinandersetzungen zu schulischen Angelegenheiten, die aus der unbefriedigenden Schulraumsituation resultieren«.[34] Das Gelingen des Konzepts der neuen sozialistischen Schule wurde hier unmittelbar an das Erreichen der baupolitischen und architektonischen Ziele geknüpft. Trotz aller Bemühungen um Rationalisierung und Typisierung im Schulbau war die Gesamtsituation in der Fläche gesehen noch Ende der 1960er Jahre ungenügend. In dieser Gemengelage entstanden konkrete Lösungsansätze, um die Schwierigkeiten im Schulneubau auf bezirklicher und lokaler Ebene zu lösen. Einen davon repräsentiert die sogenannte »Trauzettel-Schule«, die ab Ende der 1960er Jahre konzipiert und in einigen Städten auch eingesetzt wurde (Abb. 2).

Helmut Trauzettels Schulbautyp als Synthese

Dieses für die DDR neuartige Schulbaukonzept legte der Dresdner Architekt und Hochschulprofessor Helmut Trauzettel (1927–2003) vor. Sein strikt vom industriellen Bauen gedachtes System bestand aus drei länglichen Klassentrakten, die von rechtwinklig angelegten Verbindungsgängen begleitet werden. In den dadurch entstehenden Innenhöfen wurden Schulgärten und Pausenflächen angelegt. Trauzettels kompakter Atriumtyp unterschied sich stark vom linear angeordneten Schulbau der Deutschen Bauakademie.

Abb. 3: *Halle-Neustadt, 1. Polytechnische Oberschule, Architekt: Helmut Trauzettel, Grundsteinlegung 1964, Postkarte 1974*

Er kam jedoch nur in den Bezirken Halle und Magdeburg zum Einsatz. Doch weil Trauzettel als Repräsentant der DDR auch Mitglied in der Schulbaukommission der Union Internationale des Architectes (UIA) war, hatte er einen engen Draht zu den internationalen Tendenzen im Schulbau und war über die Systemgrenzen hinweg informiert.[35] Zu seinen bekanntesten Bauten zählt die frühere 1. Polytechnische Oberschule in Halle-Neustadt (1964) mit einem Wandbild von Willi Neubert (*Lebensbaum*). In Halle-Neustadt bildete Trauzettels Schule den Nukleus des ersten Wohnkomplexzentrums (Abb. 3). Mit seiner differenzierten, städtebaulich ausgerichteten Fassadengestaltung, der abwechslungsreichen Gruppierung der Baukörper und den großen Fensterfronten für Ein- und Ausblicke wurde Trauzettels Schule zum Symbol für die Aufbruchsstimmung, die mit dem Bau von Halle-Neustadt anfänglich verbunden war (Abb. 4). Um insgesamt vier Atriumhöfe ist der Schulbau gruppiert, der auch die Aula und Turnhalle einbezieht. Der Klassentrakt ist mit dem Fachunterrichtstrakt über mehrere Flure auf allen drei Geschossen verbunden.

In seinen Vorlesungen zum Schulbau an der Technischen Universität Dresden legte Trauzettel seine Positionen dar, immer unter Bezugnahme auf historische Entwicklungen und internationale Diskurse, wie sie unter anderem in der UIA-Schulbaukommission geführt worden sind. So beschäftigte er sich mit den verschiedenen Formen des Unterrichtsraumes vom Klassenzimmer über die Klassenraumeinheit zu differenzierten Großräumen. Der Unterrichtsraum sollte, wie auch die gesamte Schule, die »neuen Bildungskonzeptionen« widerspiegeln und der »veränderten gesellschaftlichen Funktion« der Schule Rechnung tragen.[36] Trauzettel betont, dass dies keine singu-

Abb. 4: Halle-Neustadt, 1. Polytechnische Oberschule, Architekt: Helmut Trauzettel, Grundsteinlegung 1964, Fotografie Mitte 1960er Jahre, Blick vom Kindergarten auf die 1. POS

läre Entwicklung in der DDR sei, sondern sich weltweit Wandlungsprozesse abspielten. Die UIA hatte 1960 eine Schulbau-Charta veröffentlicht und gefordert, dass in den Unterrichtsräumen der vorgesehenen Unterrichtsweise maximale Wirksamkeit gegeben wird. Trauzettel rekurriert auf die UIA-Charta zum Schulbau und verweist auf die Erfolge in der DDR, wo die Unterrichtsräume mehr »Bewegungsfreiheit und bessere Ausstattungsmöglichkeiten« hätten und zudem mehr Fläche pro Kopf böten.[37] Zum einen würden neue Unterrichtsformen das alte Klassenzimmer obsolet machen und den überkommenen »preußischen Klassenraum« ablösen (»pädagogischer Prozeß«). Zum zweiten würden »hygienische Forderungen« nach besserer Beleuchtung, Belüftung und Hörsamkeit den Blick auf das Wohlbefinden der Schüler:innen und Lehrer:innen lenken. Und drittens müssten »konstruktive Einflüsse« berücksichtigt werden, die zu neuen Tragsystemen oder Spannweiten führten.[38] Jedoch blieb Trauzettel bei allen internationalen Referenzen und Vergleichen bei seinen eigenen Schulbauten traditionellen Vorstellungen vom Klassenverband und spezifischen Fachunterrichtsräumen verbunden. Er wandte sich bei den Projekten in der DDR gegen die »Schulraumlandschaft« mit open plan-Grundrissen und kritisierte die – auch von der UIA unterstützten – Großraumschulen.[39] Dies kann durchaus als politische Position gesehen werden, war doch gerade die Frage nach der Gemeinschaftsform von Schüler:innen und Lehrer:innen und den benutzten Räumen eine, die progressive Pädagogen ebenso umtrieb wie konservative. Daneben vermittelte Trauzettel – vom Städtebau gedacht – in seiner Vorlesung von 1980 die Funktionsbeziehungen von Schule und Wohnkomplex. Bei der »Trauzettel-Schule« sollten Mehrzwecksäle, Kantinen und die Freiflächen um die Schule als zentrale Funktionsbereiche nicht nur der Unter-, Mittel- und Oberstufe dienen, sondern auch »unmittelbare Kopplungsmöglichkeiten« zum Wohnviertel und seinen Bewohner:innen darstellen.[40] Die Schule trage, so Trauzettel, im Idealfall »selbst zur Bereicherung der Funktionsverflechtungen im Zentrum bei«.[41]

Zusammenfassung

Der Schulbau wurde in der DDR als bildungs- und sozialpolitische Aufgabe gesehen. Einerseits sollten die – nicht nur baulichen – Überreste des Nationalsozialismus und der älteren bürgerlichen Schule überwunden und stattdessen ein neuartiges Konzept von Schule etabliert werden. Dabei berief man sich zum Teil auf die Reformschulbewegung der Zwischenkriegszeit, lehnte aber sowohl den Freiluftunterricht als auch die unter anderem von Alfred Roth propagierte »Klasseneinheit« ab. Andererseits verband man mit dem Schulbau neben rein funktionalen auch ideologische Zwecke, denn man ging davon aus, dass die Lernumgebung die gesellschaftlichen Zustände spiegelt und die individuelle Wahrnehmung der Schüler:innen prägt. Vor diesem Hintergrund sind auch die kritischen Äußerungen aus den 1960er Jahren über den allgemeinen Zustand der Schulbauten aus der Kultusbürokratie zu sehen, befürchtete man doch, die hochgesteckten Ziele des sozialistischen Bildungsprogramms auch aufgrund der mangelhaften räumlichen Zustände in der Fläche zu verfehlen. Gleichzeitig verknüpfte man mit dem Bau der sozialistischen Großwohnsiedlungen und ihrer Schulen die Hoffnung, dass sich unter diesen radikal veränderten architektonisch-räumlichen Bedingungen auch neue soziale Beziehungen entwickeln würden. Deswegen waren Schulen als Teil der Wohnkomplexzentren ein essenzieller Bestandteil einer jeden Zentrumsbebauung, welche Modernität, Rationalität und Effizienz unterstreichen sollte. Wie die Beispiele zeigen sollten, bildeten Schulbau, bildungspolitische Vorstellungen und die Eigenlogiken der Architektur in der DDR ein komplexes Beziehungsgefüge, das auf die engen formalen wie ideellen Zusammenhänge von architektonischer Gestaltung und politischer Programmatik schließen lässt.

---

* Dieser Artikel basiert auf Recherchen, die im Rahmen des Projekts »Transnationaler Schulbau« durchgeführt und vom Austrian Science Fund (FWF), Projektnummer P 33248-G, zwischen 2020–2023 finanziert worden sind.
1 Hier und im Folgenden Winfried Nerdinger: »Politische Architektur. Betrachtungen zu einem problematischen Begriff« In: Ingeborg Flagge, Wolfgang Jean Stock (Hgg.): *Architektur und Demokratie. Bauen für die Politik von der amerikanischen Revolution bis zur Gegenwart.* Stuttgart 1992, S. 10–31, hier S. 13.
2 Ebd.
3 Vgl. u. a. *Rechte Räume – Bericht einer Europareise, arch+,* Nr. 235, 05/2019; Stephan Trüby: *Rechte Räume. Politische Essays und Gespräche,* [= Bauwelt Fundamente Bd. 169], Basel 2020; Philipp Oswalt: *Bauen am nationalen Haus. Architektur als Identitätspolitik.* Berlin 2024.
4 Vgl. u. a. Universität für angewandte Kunst Wien (Hg.): *Radikale Universität. Universitäten in Zeiten globaler Umbrüche. Die Angewandte und Rektor Gerald Bast.* Berlin / Boston 2023;

Beatriz Colomina, Ignacio G. Galán, Evangelos Kotsioris, Anna-Maria Meister (Hgg.): *Radical pedagogies*. Cambridge, Mass. / London 2022; Tom Holert (Hg.): *Bildungsschock. Lernen, Politik und Architektur in den 1960er und 1970er Jahren*. Berlin / Boston 2020.

5 Vgl. Andreas Butter: »Waldidyll und Fensterband. Die Moderne im Schulbau der SBZ/DDR von 1945–1951« In: Holger Barth (Hg.): *Projekt Sozialistische Stadt. Beiträge zur Bau- und Planungsgeschichte der DDR*. Berlin 1998, S. 183–191; Ute Jochinke: »Zum Verhältnis von Architektur und Pädagogik im DDR-Schulbau der 50er Jahre« In: Holger Barth (Hg.): *Grammatik sozialistischer Architekturen. Lesarten historischer Städtebauforschung zur DDR*. Berlin 2001, S. 149–157; Mark Escherich: »Schulbaukonzepte in der SBZ und frühen DDR« In: Bernfried Lichtnau (Hg.): *Architektur und Städtebau im südlichen Ostseeraum zwischen 1936 und 1980*. Berlin 2002, S. 249–267.

6 Vgl. Kerstin Renz: *Testfall der Moderne. Diskurs und Transfer im Schulbau der 1950er Jahre*. Tübingen / Berlin 2016; dies.: »Die Schule der Gesellschaft. Zur Auratisierung der Schularchitektur nach 1945« In: *Kritische Berichte*, 44, 2016, 2, S. 185–196.

7 Vgl. Wilhelm Berger: *Schulbau Konferenz Jugenheim 1951. Vorträge und Ergebnisse*. Bremen 1952, S. 9–10.

8 Vgl. Regine Hess: »Nationaler Traditionsbau oder Freiluftpavillons? Schulen der Nachkriegszeit – auf Demokratie gebaut« In: *Kunstchronik*, 72. Jg., Heft 9/10, 2019, S. 508–513.

9 Vgl. Klaus Gereon Beuckers, Jens-Oliver Kempf, Nils Meyer, Martina Ide (Hgg.): *Licht, Luft und eine neue Pädagogik. Die Kieler Pavillonschulen und der Schulbau der 1920er bis 1950er Jahre*. Kiel 2022 [= Kieler Kunsthistorische Studien N.F., Band 21]. Siehe auch die Besprechung von Alexandra Axtmann in diesem Heft.

10 Vgl. Andreas Butter, Thomas Flierl (Hgg.): *Der Architekturexport der DDR. Zwischen Sansibar und Halensee*. Berlin 2022 [= Gegenstand und Raum, N. F., Band 3].

11 Bundesarchiv (BArch), DH/2/20040, Wilhelm Schütte: *Bau von Schulen in der Deutschen Demokratischen Republik*. Wien, August 1950.

12 Ebd., S. 9.

13 Vgl. Alfred Roth: *The new school – Das neue Schulhaus – La nouvelle école*. Zürich 1950.

14 BArch, DH/2/20040, n. n.: *Probleme des modernen Schulbaus*. o. D. (ca. 1964), S. 5.

15 Vgl. Ministerium für Volksbildung (Hg.): *Sozialistische Schule. Eine Zusammenstellung der wichtigsten gesetzlichen Bestimmungen und Dokumente*. Berlin 1963.

16 Paul Wandel: *Demokratisierung der Schule. Rede, gehalten auf dem Pädagogischen Kongress in Berlin am 15. August 1946*. Berlin / Leipzig 1946, S. 24.

17 Heinrich Deiters: *Die Schule der demokratischen Gesellschaft*. Berlin 1948, S. 62.

18 Vgl. BArch, DH/2/20040, Ministerium für Aufbau, Institut für Städtebau und Hochbau, Abt. Hochbau, Aktenvermerk von Otto Englberger, Berlin, 16.1.1951, Verteiler: Dr. Liebknecht, Prof. Hopp, S. 1. Englberger zitiert eine Untersuchung von Hermann Henselmann, der sich mit dem Raumprogramm sowjetischer, englischer, deutscher und schweizerischer Schulen beschäftigt habe. Henselmann fordere eine Reduzierung des Raumprogramms in den Schulbaurichtlinien, eine geringere Tischbreite und schmalere Räume, um so mehr Baukapazitäten frei zu haben. Vgl. die Raummaße im Schulbau in der Vorlesung von Helmut Trauzettel (s. u.).

19 Vgl. die Typenentwürfe in der Plansammlung des Bundesarchivs: BArch, DH/2/Plan/2380.

20 Landesamt für Denkmalpflege Hessen: *Kulturdenkmäler in Hessen – Georg-Büchner-Schule, Darmstadt*, http://denkxweb.denkmalpflege-hessen.de/9041 [abgerufen am 01.10.2024].

21 Vgl. Dina Dorothea Falbe: »Schulkollektiv und Polytechnik« In: *moderne regional*. 21/4: *Moderne bildet*, https://www.moderne-regional.de/fachbeitrag-ddr-schulbau/ [abgerufen am 01.10.2024], dort auch weitere Literaturhinweise.

22 Deutsche Bauakademie zu Berlin, Institut für Städtebau und Architektur, Abteilung Gesellschaftliche Bauten: *Empfehlungen für die städtebauliche Einordnung von Vorschuleinrichtungen und Schulen in Stadtzentren, Wohngebieten mit hoher Einwohnerdichte und städtischen Umgestaltungsgebieten*. Berlin 1970, S. 1.
23 Ebd., S. 13.
24 Ebd., S. 17.
25 Ebd., S. 18.
26 Ebd., S. 20.
27 BArch, DR2/11316, Protokoll über die Arbeitsberatung des Genossen Schürer mit den Leitern der Bezirksplankommissionen und den Bezirksschulräten über die Fragen des Schulbauprogramms bis 1970 am 24.2.1965, Abschrift, S. 1.
28 BArch, DR2/11316, Aktenvermerk, 1.2.1965.
29 BArch, DR2/11316, Informationsbericht über die Situation im Schulbau, S. 13.
30 Ebd., S. 13–14.
31 Ebd., S. 3.
32 Ebd., S. 16.
33 Ebd., S. 18.
34 Ebd.
35 Zur Rolle Trauzettels in der UIA-Schulbaukommission ist ein Aufsatz des Verfassers in Vorbereitung (10/2024).
36 Hier und im Folgenden TU Dresden, Universitätsarchiv, Nachlass Helmut Trauzettel, Vorlesung Schulbau Jahrgang 78, Manuskript 1. Vorlesung, 29.9.80, S. 4.
37 Ebd., S. 6.
38 Ebd.
39 Ebd., S. 10.
40 TU Dresden, Universitätsarchiv, Nachlass Helmut Trauzettel, Vorlesungsunterlagen TU Dresden, Sektion Architektur, 1980, Wohn- und Gesellschaftsbau: Bildung und Erziehung, Blatt 06.80 12.2a.
41 Ebd., Blatt 06.80 12.2b.

Anna-Sophie Kruscha

Polytechnische Bildung. Überlegungen zur Geschichte des Bildungsbegriffs in der DDR

Die hier vorgestellte Dissertation *Polytechnische Bildung. Zur Geschichte des Bildungsbegriffs in der DDR* entwirft eine begriffs- und wissensgeschichtliche Studie zur Bedeutung polytechnischer Bildung und den Formen ihrer Institutionalisierung. Ausgangspunkt dieser Überlegungen ist neben der kritischen Auseinandersetzung mit der Forschungsliteratur eine Quellenvorstudie zur DDR-weiten Einführung polytechnischer Bildung durch das *Gesetz über die sozialistische Entwicklung des Schulwesens in der Deutschen Demokratischen Republik*[1] vom 2. Dezember 1959. Beides wird im Folgenden kurz dargelegt, um das Konzept des Dissertationsvorhabens zu präzisieren.

Nach 1945 wurden Reformen in der Sowjetischen Besatzungszone (SBZ) und in der Deutschen Demokratischen Republik (DDR) umgesetzt, die zu grundlegenden Transformationen des ostdeutschen Bildungswesens führten.[2] In den Bereichen Kindergarten, Schule, Berufsausbildung und Hochschule/Universität waren diese besonders umfassend.[3] Bildungspolitisch und -geschichtlich wurde ein spezifisches Verständnis von Bildung aufgegriffen und weiterentwickelt: polytechnische Bildung wurde in der DDR zu einem wesentlichen Gegenstand der interdisziplinären Auseinandersetzungen[4] und »nach 1950 zum zentralen Ziel der sozialistischen Transformation des Bildungssystems«.[5] Für die nationalen Entwicklungen der Schule war sie von tragender Bedeutung und stieß international auf bildungspolitisches Interesse.[6]

In der Forschungsliteratur zur Bildungsgeschichte in der DDR sind zwei Perspektiven charakteristisch, die im engen Zusammenhang zueinander stehen. Zum einen wird die Polytechnisierung des Schulwesens rekonstruiert.[7] Im Kontext der Beschlüsse der Sozialistischen Einheitspartei Deutschlands (SED) und pädagogischer Beiträge zur Schulreform wird der polytechnischen Bildung an allgemeinbildenden Schulen die Funktion der Berufsorientierung und Arbeitskräftebildung im ökonomischen und ideologischen Aufbau des Sozialismus zugewiesen.[8] Zum anderen wird die politische Geschichte von Bildung und ihrer Institutionalisierung im Zusammenhang mit der Entwicklung des Staates zur Diktatur formuliert, wodurch das widersprüchliche Verhältnis von Bildung und Herrschaft[9] zur Seite der Instrumentalisierung und Ideologisierung aufgelöst wird.[10] Bildung wird mit der Konsolidierung und Durchsetzung der Herrschaft der SED zusammengebracht und in ihrem Scheitern analysiert, indem das Politische und der Staat bzw. die Partei gleichgesetzt werden. Durch diese »Monopolisierung des Politischen durch den Staat«[11] wird der Gegenstand der Kritik reproduziert und andere Felder und Ebenen des Politischen nicht erschlossen, die das Verhältnis von Bildung, Staat und Gesellschaft kategorial und begrifflich erfassen.[12]

Eine andere Perspektive der Institutionalisierung polytechnischer Bildung, die diese nicht auf Schule beschränkt, wird in wissenschaftlichen Beiträgen und politischen Dokumenten erkennbar. Exemplarisch ist in dem Zusammenhang das Grundsatzpapier *Sozialistische Erziehung und polytechnische Bildung. Grundsätze für die Ausbildung von Mittelschullehrern*[13], das von Mitarbeitenden des Ministeriums für Volksbildung und des Staatssekretariats für das Hoch- und Fachschulwesen 1958 ausgearbeitet wurde, als politisches Dokument hervorzuheben. In diesem wird die polytechnische Bildung der Lehramtsstudierenden an Universitäten und Pädagogischen Hochschulen respektive Instituten explizit zur Diskussion gestellt, indem ein Konzept des Lehramtsstudiums erarbeitet wird, das sich vorwiegend auf die polytechnische Bildung der Studierenden des Mittelschullehramts fokussiert und sich von schulischer polytechnischer Bildung unterscheidet.[14] Die Grundsätze und die vorangegangene Diskussion in der Zeitschrift *Das Hochschulwesen* (1956–1958), ergänzt um die Erweiterte allgemeinbildende polytechnische Oberschule (EOS), flossen ein Jahr später in das *Gesetz über die sozialistische Entwicklung des Schulwesens in der Deutschen Demokratischen Republik* von 1959 ein.[15] Über das rechtlich bestimmte institutionelle Verhältnis von allgemeinbildender Schule und Universität sowie über die Reform des Lehramtsstudiums wurde polytechnische Bildung in die Universität eingeführt. In anschließenden politisch-administrativen Dokumenten und wissenschaftlichen Beiträgen wurde die Diskussion um polytechnische Bildung in der Lehrkräftebildung und als grundlegendes Prinzip des Studiums fortgesetzt.[16] In der Studie wird daher die Frage bearbeitet, inwiefern diese Entwicklung bildungstheoretisch und gesellschaftsanalytisch zu verstehen ist.

Doch wurde in der Grundsatzdiskussion nicht nur das institutionelle Verhältnis von Schule und Universität im Medium polytechnischer Bildung vermittelt. Das Grundsatzpapier von 1958 ermöglicht einen ersten Zugang zur begrifflichen Konstellation polytechnischer Bildung und ihrer politischen Relevanz für die Organisation der Gesellschaft nach 1945:

> »Hauptmittel der Erziehung in der sozialistischen Hochschule sind dabei die Lehrveranstaltungen, verbunden mit der ständigen produktiven Arbeit der Studenten beim Aufbau des Sozialismus in der Deutschen Demokratischen Republik. Die produktive Arbeit ist so zu organisieren, dass die polytechnische Bildung der Studenten dadurch bereichert wird. [...] Da gegenwärtig die polytechnischen Kenntnisse aller Studierenden noch völlig unzureichend sind, ist es notwendig, diese zu erweitern und darüber hinaus Möglichkeiten der Verbindung zwischen Studium und produktiver Arbeit in allen Fachrichtungen zu schaffen. [...] Er [›der Lehrerstudent‹] erhält durch seine Tätigkeit in verschiedenen Abteilungen eines Industrie- und eines Landwirtschaftsbetriebes einen Überblick über den Produktionsablauf und über den Produktionszweig, dem dieser Betrieb angehört, und erweitert seinen polytechnischen Gesichtskreis. Die Lehrveranstaltungen in der Politischen Ökonomie werden z. B. auf Kenntnisse des Studenten von der Organisation der Produktion zurückgreifen können und durch die enge Verbindung mit den Erfahrungen der Studenten fruchtbarer werden.«[17]

Hier wird ersichtlich, dass Bildung, Arbeit und Wissenschaft durch polytechnische Bildung in ein spezifisches begriffliches Verhältnis zueinander gebracht werden. Charakteristisch ist dabei zweierlei: zum einen ist das Kriterium der Fachlichkeit, maßgeblich für die Verbindung von Bildung und Arbeit, und zum anderen sind die Elemente

›produktive Arbeit‹ und ›sozialistische Produktion‹ von besonderer Relevanz für die begriffliche Konstellation polytechnischer Bildung im Studium. Inwiefern sich diese Aspekte in der politisch-sozialen Sprache der 1950er Jahre weiterverfolgen lassen und inwieweit im Kontext des sozialgeschichtlichen Ereignisses des Sputnik-Schocks und der wissensgeschichtlich bedeutsamen Entwicklung der Wissenschaft zur Produktivkraft sich die Bedeutung polytechnischer Bildung in der DDR veränderte, ist in der Dissertation zu erarbeiten.

Die Arbeit widmet sich daher den begrifflichen und den gesellschaftlichen Dimensionen polytechnischer Bildung. Mit Reinhart Koselleck wird methodologisch davon ausgegangen, dass »sich die Mannigfaltigkeit geschichtlicher Erfahrung vergangener oder gegenwärtiger Zeiten in Begriffen der verschiedenen Sprachen und ihren Übersetzungen«[18] niederschlagen. Gesellschaftliche Transformationen finden sich demnach in den semantischen und epistemologischen Verschiebungen wieder. Diese werden wiederum zum »Faktor geschichtlicher Diskontinuitäten«[19] und haben Konsequenzen für die politische und soziale Geschichte. Für den Gegenstand bedeutet dies, die Frage nach der polytechnischen Bildung um ihre staats-, gesellschafts- und bildungstheoretischen Voraussetzungen sowie ihr gesellschaftsanalytisches Potential zu analysieren und zu erörtern. Die begriffliche Bedeutung polytechnischer Bildung, aber auch wie und warum sich diese im Kontext der gesellschaftlichen Transformationen nach 1945 veränderte, wird herausgearbeitet. In dem Zusammenhang wird analysiert, inwiefern das Begriffsverständnis die bildungspolitische, institutionelle und curriculare Ebene von Bildung in SBZ und DDR bedingte.

Entsprechend der methodologischen Annahmen wird darüber hinaus untersucht, inwiefern der begriffliche Wandel polytechnischer Bildung von politischer Relevanz für die gesellschaftlichen Transformationen nach 1945 war, um einen bildungsgeschichtlichen und -philosophischen Beitrag zu ihrer politischen und sozialen Geschichte zu leisten. Demnach geht es nicht darum, empirisch die Evidenz der Wirksamkeit polytechnischer Bildung zu behaupten, noch ihre funktionale Instrumentalisierung zu untersuchen, sondern das komplizierte Spannungsverhältnis von Begriff und Sache in seinem gesellschaftlichen und demnach widersprüchlichen Zusammenhang zu erschließen.[20]

---

1 Vgl. »Gesetz über die sozialistische Entwicklung des Schulwesens in der Deutschen Demokratischen Republik. Vom 02. Dezember 1959« In: *Dokumente zur Geschichte des Schulwesens in der Deutschen Demokratischen Republik.* Teil 2: 1956–1967/68, 1. Halbband. ausgewählt von Karl-Heinz Günther, unter Mitarb v. Christine Lost. [= Monumenta Paedagogica, Reihe C, Bd. VII/1] Berlin 1969. S. 315–323; hier §7, Abs. 2.

2 Vgl. Oskar Anweiler: *Schulpolitik und Schulsystem in der DDR.* Opladen 1988; Dietmar Waterkamp: *Handbuch zum Bildungswesen der DDR.* Berlin 1987.

3 Vgl. Anweiler 1988 (wie Anm. 2); Waterkamp 1987 (wie Anm. 2); Ralph Jessen: *Akademische Elite und kommunistische Diktatur: die ostdeutsche Hochschullehrerschaft in der Ulbricht-Ära.* Göttingen 1999.

4 Vgl. Anweiler 1988 (wie Anm. 2); Andreas Tietze: *Die theoretische Aneignung der Produktionsmittel. Gegenstand, Struktur und gesellschaftstheoretische Begründung der polytechnischen Bildung in der DDR.* Frankfurt a. M. [u. a.] 2012.
5 Heinz-Elmar Tenorth, Ulrich Wiegmann: *Pädagogische Wissenschaft in der DDR. Ideologieproduktion, Systemreflexion und Erziehungsforschung. Studien zu einem vernachlässigten Thema der Disziplingeschichte deutscher Pädagogik.* Bad Heilbrunn 2022, S. 50 f.
6 Vgl. Anweiler 1988 (wie Anm. 2); Tietze 2012 (wie Anm. 4); Waterkamp 1987 (wie Anm. 2); Jane Weiß: »30 Jahre Freundschaft, Partnerschaft und Austausch: Die verflochtene Mythologisierung der Bildungskooperationen von Finnland und DDR.« In: Sabine Reh, Meike Sophia Baader, Marcelo Caruso: *(Post-)Sozialistische Bildung – Narrative, Bilder, Mythen.* 1. Auflage. Weinheim [u. a.] 2023, S. 127–144.
7 Vgl. Anweiler 1988 (wie Anm. 2); Siegfried Baske: »Allgemeinbildende Schulen.« In: Christoph Führ/Christa Berg/Notker Hammerstein: *Handbuch der deutschen Bildungsgeschichte, 6. 1945 bis zur Gegenwart, Teilbd. 2. Deutsche Demokratische Republik und neue Bundesländer.* München: Beck. 1998. S. 159–200; Gert Geißler: *Schulgeschichte in Deutschland, Teilband 2. Von 1939 bis 2021.* 3., erneut aktualisierte und erweiterte Auflage. Lausanne [u. a.] 2023.
8 Vgl. Baske 1998 (wie Anm. 7), hier S. 174–184; Tietze 2012 (wie Anm. 4), hier S. 125 f., S. 165 ff.; Waterkamp 1987 (wie Anm. 2).
9 Vgl. Heinz-Joachim Heydorn: *Über den Widerspruch von Bildung und Herrschaft.* Frankfurt a. M. 1970.
10 Vgl. Jakob Benecke: *Erziehungs- und Bildungsverhältnisse in der DDR.* Bad Heilbrunn 2022; Petra Weber: *Getrennt und doch vereint: deutsch-deutsche Geschichte 1945–1989/90.* 2. Auflage. Berlin 2020; Heinz-Elmar Tenorth, Sonja Kudella, Andreas Paetz: *Politisierung im Schulalltag der DDR. Durchsetzung und Scheitern einer Erziehungsambition.* Weinheim 1996; kritisch dazu Tenorth, Wiegmann 2022 (wie Anm. 5).
11 Ute Frevert, Heinz-Gerhard Haupt: *Neue Politikgeschichte. Perspektiven einer historischen Politikforschung.* Frankfurt a. M. [u. a.] 2005, S. 23.
12 In der Geschichtswissenschaft wird eine differenzierte Betrachtung des Verhältnisses von Staat und Gesellschaft seit den späten 1990ern gefordert und konzeptualisiert, ohne die Gewalt und Repressionen durch die SED zu leugnen. Vgl. Dietrich, Gerd: *Kulturgeschichte der DDR.* Göttingen 2018; Mary Fulbrook: *Ein ganz normales Leben: Alltag und Gesellschaft in der DDR.* Darmstadt 2008; Jessen (wie Anm. 3).
13 Ministerium für Volksbildung, Staatssekretariat für das Hoch- und Fachschulwesen: »Sozialistische Erziehung und polytechnische Bildung. Grundsätze für die Ausbildung von Mittelschullehrern« In: *Das Hochschulwesen. Kulturpolitische Monatsschrift.* hrsg. v. Staatssekretariat für Hochschulwesen. Jg. 6, 1958, Heft 7, S. 337–342.
14 Vgl. Ministerium für Volksbildung, Staatssekretariat für das Hoch- und Fachschulwesen 1958 (wie Anm. 13), hier S. 338 ff.
15 Wurde die EOS im Grundsatzpapier von Ministerium und Staatssekretariat zur formalen Einigung noch ausgeklammert, wird sie im Schulgesetz von 1959 explizit mit polytechnischer Bildung beauftragt. In dem Zusammenhang werden nachfolgend auch die Universitäten, die das Lehramtsstudium für Lehrkräfte der EOS verantworten, zusätzlich zu den Pädagogischen Hochschulen und Instituten für Lehrerbildung in die Debatte um polytechnische Bildung im Studium mit aufgenommen (siehe dazu Anm. 16). Für einen Überblick über die Entwicklung des allgemeinbildenden Bildungswesens im Kontext der Schul- und Bildungsreformen empfiehlt sich unter anderem Hans Mieskes: *Die Pädagogik der DDR in Theorie, Forschung und*

Praxis, 2. Das pädagogische Gesicht der Erziehungs- und Bildungswirklichkeit in der DDR: Entwicklung und Entwicklungsstand. Oberursel/Taunus 1971.

16 Vgl. »Entwurf. Plan zur sozialistischen Entwicklung der Lehrerbildung (Grundkonzeption Lehrerausbildung). Vom 14. April 1960 (Auszüge)« In: Günther, Lost 1969 (wie Anm. 1), S. 334–338; »Verbesserung und weitere Entwicklung des polytechnischen Unterrichts an den Oberschulen. Beschluss des Politbüros des ZK. Vom 17. Mai 1960 (Auszug)« In: Günther, Lost 1969 (wie Anm. 1), S. 339–344; Paul Mahlhus: »Die Polytechnische Bildung und Erziehung im Universitätsstudium« In: Willi Göber (Hg.): *Forschen und Wirken. Festschrift zur 150-Jahr-Feier der Humboldt-Universität zu Berlin 1810–1960,* Bd. III., Berlin 1960, S. 619–644.

17 Ministerium für Volksbildung, Staatssekretariat für das Hoch- und Fachschulwesen 1958 (wie Anm. 13), hier S. 340 f.

18 Reinhart Koselleck: »Einleitung« In: Otto Brunner, Werner Conze, Reinhart Koselleck (Hgg.): *Geschichtliche Grundbegriffe. Historisches Lexikon zur politisch-sozialen Sprache in Deutschland.* 1972, XIII–XXVII, hier S. XIII.

19 Rita Casale, Gabriele Molzberger: »Studium Generale in der BRD nach 1945. Zu Konstitution und Wandel universitärer Bildungsformate« In: *Erziehungswissenschaft.* Jg. 29, 2018, Heft 56, S. 121–132, hier S. 125.

20 Vgl. Theodor W. Adorno: *Negative Dialektik.* 8. Auflage. Frankfurt a. M. 2018; Rita Casale: *Einführung in die Erziehungs- und Bildungsphilosophie.* Paderborn 2022; Heydorn 1970 (wie Anm. 9); Koselleck (wie Anm. 18).

Sonja Hnilica

Wie der Staat für seine Lehrer:innen baut.
Von den Lehrerseminaren der Kaiserzeit zu den Pädagogischen Hochschulen in der BRD

Ein Staat, der es sich zu seiner Aufgabe macht, seine Bevölkerung schulisch zu bilden, benötigt dafür Lehrer:innen, die die Schule und ihre Werte gewissermaßen verkörpern. In Deutschland war die Ausbildung der Lehrer:innen im Verlauf des 20. Jahrhunderts Gegenstand diverser Reformen und Gegenreformen. Die in der Kaiserzeit eingerichteten Lehrerseminare (und auch einige wenige für Lehrerinnen) wurden in der Weimarer Republik von Pädagogischen Akademien abgelöst, die – nach einem Intermezzo in der Zeit des Nationalsozialismus – in der jungen BRD in Pädagogische Hochschulen umgewandelt wurden. In den 1970er Jahren dann wurde die Lehrer:innenbildung im Rahmen von Strukturreformen in die Universitäten verlagert. Generell ist die Entwicklung also von einer zunehmenden Akademisierung geprägt. Zu beobachten sind außerdem Bemühungen zu einer fortschreitenden Zentralisierung und Standardisierung, dem in Deutschland aber eine politische Tradition als föderativer Staatenbund entgegensteht, die sich bis heute in der Kulturhoheit der Länder fortsetzt. Die Landschaft der Lehrer:innenbildung ist daher insgesamt unübersichtlich, da immer wieder länderspezifische Sonderwege zu beobachten sind. In diesem komplexen Feld unterschiedlicher Bildungsideale ist andererseits eine große Konstante zu konstatieren, die das deutsche Schulsystem bis heute prägt: das übergeordnete politische Ziel, die breite Masse der Bevölkerung nach festgelegten Standards in öffentlichen Schulen mit einer gleichwertigen Grundbildung zu versorgen. Dafür benötigte man ein große Zahl möglichst gleichartig ausgebildeter Lehrer:innen. Seit dem 19. Jahrhundert erreichte das öffentliche Primarschulwesen in Deutschland nahezu die gesamte Bevölkerung. Diese Errungenschaft sollte man bei aller Kritik nie aus den Augen verlieren.

In dieser Konstellation fiel den staatlichen Hochbauverwaltungen die Aufgabe zu, den Raum für die wechselnden Institutionen der Lehrer:innenbildung bereitzustellen. Mehrere Generationen von Architekten arbeiteten sich an den bildungspolitischen Anforderungen ab und interpretierten die sich wandelnden Raumprogramme im Kontext der jeweiligen Architekturdiskurse ihrer Zeit, vom Historismus über die Reformarchitektur und die Neue Sachlichkeit bis hin zum industriellen Bauen. Die Grundprobleme blieben dabei ähnlich: es ging um die Koordination eines komplexen Raumprogramms, um Hierarchien und Gemeinschaft, sowie um Fragen der Zentralisierung und der Standardisierung. Die Geschichte des Bauens für die Lehrer:innenbildung changierte dabei zwischen Kontinuität und Brüchen, wie im Folgenden gezeigt werden soll.

Etablierung eines staatlichen Schulwesens in Preußen

Im 19. Jahrhundert wurde in Deutschland die eigentlich schon länger existierende Schulpflicht tatsächlich durchgesetzt, wobei Preußen eine Vorreiterrolle einnahm. Im Ergebnis besuchte um 1900 nahezu die gesamte Bevölkerung achtklassige und staatlich geführte Volksschulen, um dort Lesen, Schreiben und Rechnen zu lernen. Zentrale Bildungsziele waren außerdem die National- und die Religionserziehung, denn das Volksschulwesen war traditionell stark konfessionell geprägt. Höhere Schulen, die auf ein Universitätsstudium vorbereiteten, blieben einer kleinen Elite vorbehalten. Dem zweigeteilten Schulsystem entsprechend wurde eine zweigeteilte Lehrer:innenbildung etabliert: Künftige Volksschullehrer (und in deutlich kleinerer Zahl auch Lehrerinnen) erhielten eine sechsjährige Ausbildung an einem Lehrer- bzw. Lehrerinnenseminar, das sie nach Abschluss der Volksschule besuchten. Sie besaßen also formal keine höhere Bildung, während Gymnasiallehrer das Abitur machten, um danach an der Universität zu studieren.

In Umsetzung der schulpolitischen Ziele wurden in Preußen bekanntlich in allen Teilen des Landes Schulbauten nach einheitlichen Regularien errichtet.[1] Parallel dazu wurden in allen Teilen des Landes Lehrerseminare gegründet. Die staatliche Hochbauverwaltung setzte binnen kurzer Zeit ein umfangreiches Bauprogramm in Gang, dessen Geschichte allerdings erst noch geschrieben werden muss. Wieviele Lehrerseminare in diesen Jahrzehnten wo genau errichtet wurden, konnte im Zuge der Arbeit an diesem Artikel nicht eruiert werden, da die Literaturlage äußerst dürftig ist. Was man sagen kann ist, dass die Planungen offenbar in hohem Maße zentral gesteuert wurden. Die Bestände im Architekturmuseum der Technischen Universität Berlin zeigen beispielsweise, dass der Berliner Architekt Gustav Knoblauch (1833–1916), der einer angesehenen Familie jüdischer Privatarchitekten entstammte, zwischen 1860 und 1900 Entwürfe für insgesamt dreizehn Lehrerseminare verfasste.[2] Die Ausführung lag dann bei Mitarbeitern der Staatlichen Hochbauverwaltung vor Ort.

Die von Knoblauch entworfenen Bauten waren in der Regel dreigeschossig und im Grundriss symmetrisch organisiert, mit vielachsigen repräsentativen Fassaden zur Straße. Mancherorts wurde auch eine Art Ehrenhof ausgebildet. Die Fassaden waren in Sichtziegel ausgeführt und im Geist der späten Schinkelschule dezent ornamentiert. Knoblauch schöpfte dabei als routinierter Entwerfer das stilistische Repertoire von Neoromanik bis Neorenaissance aus. Die Entwürfe lassen sich anhand der überlieferten Planzeichnungen im Detail nachvollziehen (Abb. 1). Es zeigt sich, dass sich hinter den historistischen Fassaden ein komplexes Raumprogramm verbarg. Die Grundrisse waren ähnlich wie universitäre Kollegiengebäude oder Schulen organisiert, aber deutlich komplexer.[3] Von einem Treppenhaus in der Mittelachse ausgehend reihten sich entlang von Korridoren die Unterrichtsräume auf. Größere Sonderräume wie Aula, Bibliothek, Zeichensaal und Turnhalle wurden wie die obligatorischen Lehrerwohnungen in Mittelrisaliten oder Seitenflügeln angeordnet. Ein Spezifikum waren sogenannte Übungsschulklassen, in denen die angehenden Lehrer echte Volksschulklassen unterrichteten, während ihre Kommilitonen zusahen. Diese Übungsschulklassen enthielten die üblichen zur Tafel gerichteten Bankreihen für die Kinder und zusätzliche Bänke für die Seminaristen entlang einer Seitenwand. In die Lehrerseminare wurden zu diesem Zwecke komplette einzügige Volksschulen integriert, die von Kindern aus der näheren Umgebung

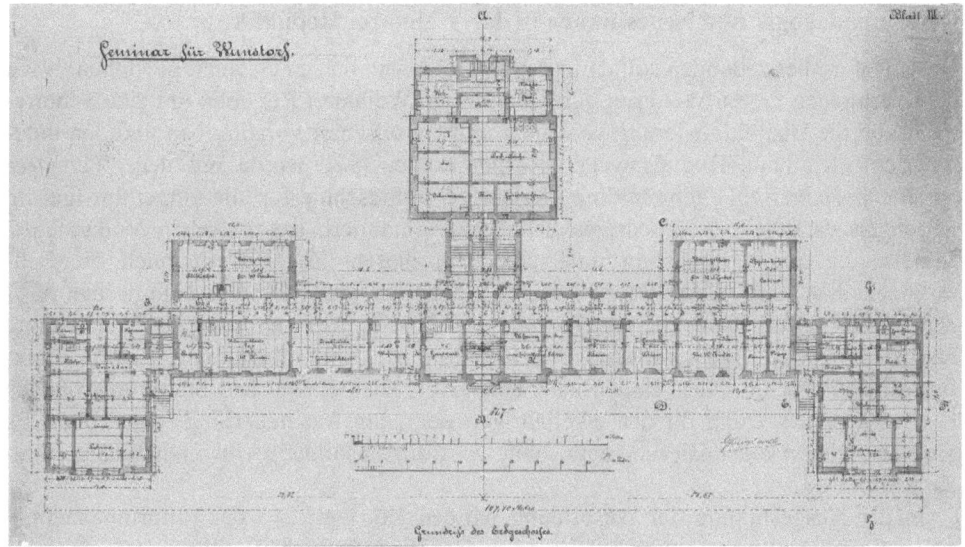

Abb. 1: *Lehrerseminar Wunsdorf, 2. Entwurf Grundriss Erdgeschoss (mit Seminar- und Übungsklassen), Gustav Knoblauch, 1874–1876*

besucht wurden. Erweitert wurde das Raumprogramm um Mensa und Hauswirtschaftsräume, die in einem eigenen Gebäudetrakt an der Hofseite untergebracht wurden, vermutlich wegen der Geruchsbildung. Wenn die Seminare als Internate geführt wurden, was häufig der Fall war, finden sich in den Grundrissen außerdem als »Wohnzimmer« bezeichnete Aufenthaltsräume sowie große Schlafsäle und Waschräume im Dachgeschoss.

Einem 1912 von Rudolf Uber im *Zentralblatt der Bauverwaltung* publizierten Überblicksartikel ist zu entnehmen, dass im Jahr 1911 insgesamt 200 Lehrerseminare in Preußen existierten. Auch für Lehrerinnen wurden einige Seminare gegründet (wobei 182 Seminaren für Lehrern lediglich 18 für Lehrerinnen gegenüberstanden).[4] Davon waren allein 70 Gebäude zwischen 1900 und 1912 entstanden, und diese diskutierte Uber in seinem Artikel genauer. Das Raumprogramm dieser Einrichtungen, die in der Regel für 90 »Zöglinge« ausgelegt waren, wurde von Uber bis hin zu Möblierung, Haustechnik und Kostenplanung detailliert beschrieben. Es ähnelte im Wesentlichen dem oben umrissenen aus der zweiten Hälfte des 19. Jahrhunderts. Uber betonte ausdrücklich die Komplexität der Bauaufgabe, die aus der Komplexität der Lehrpläne resultiere, »deren Ziele mit der Zeit recht weit und hoch gesteckt worden sind. Sie kommen in den Raumverzeichnissen zum Ausdruck.«[5] Dem Zeitgeschmack entsprechend wurden nach 1900 die strenge Symmetrie und die historische Fassadengestaltung zunehmend aufgegeben und eine malerische Gesamtkomposition angestrebt. Die Gebäudevolumen wurden stärker gegliedert und in verschieden hohe Gebäudeflügel aufgeteilt, die mit markanten Dächern im Sinne der Reformarchitektur gestaltet wurden. Hinzu traten Freisportanlagen und gärtnerisch gestaltete Außenbereiche.

Reformpädagogik und Neues Bauen in der Weimarer Republik

Diese Reformbestrebungen sollten in den Folgejahren noch an Gewicht gewinnen. Nach dem verlorenen Ersten Weltkrieg rang man in der Weimarer Republik um eine Schulreform, die die Demokratisierung von Staat und Gesellschaft vorantreiben und den unteren Schichten neue Bildungswege eröffnen sollte. 1920 wurde mit dem *Weimarer Schulkompromiss* eine gemeinsame vierjährige Grundschule für alle eingeführt und im Anschluss daran ein dreigliedriges Schulsystem etabliert, das zwischen Volksschule, Mittelschule und Gymnasium unterschied. In diesem Zuge wurde auch die Lehrer:innenausbildung reformiert. In Preußen wurde ein Netz von 15 Pädagogischen Akademien (PAs) aufgebaut, die jeweils rund 250 Studienplätze anbieten sollten. Institute wurden in Altona, Beuthen, Bonn, Breslau, Cottbus, Dortmund, Elbing, Erfurt, Frankfurt/Main, Frankfurt/Oder, Halle/Saale, Hannover, Kiel, Kassel und Stettin gegründet.[6] Eingangsvoraussetzung für den zweijährigen Lehrgang war neuerdings das Abitur. Es fand also eine Akademisierung statt, ohne dass die Ausbildung Universitätsrang erhalten hätte.[7]

In der Ausgestaltung der Ausbildung wurden Konzepte aus der Reformpädagogik aufgegriffen. Kultusminister Carl Heinrich Becker (1876–1933) führte 1926 in einer Denkschrift aus, das Bildungswesen des 19. Jahrhunderts habe sich zu stark auf den Intellekt konzentriert. Es gelte in der Volksschulbildung, alle Kinder in ihren jeweiligen Fähigkeiten zu erkennen und zu fördern. Das erfordere einen »aufs Ganze gerichteten Sinn, der Geist, Seele und Körper in ihrer unlösbaren Zusammengehörigkeit und Wechselbeziehung nicht nur erkannt, sondern erlebt und damit zu lehren und noch besser vorzuleben gelernt hat.«[8] Die neuen Lehrkräfte sollten diese ganzheitliche Bildung an den Akademien am eigenen Leib erfahren, um sie dann authentisch weitergeben zu können. Beckers Überlegungen gipfeln in der Feststellung: »Um Vollmenschen zu erziehen, muss man zunächst selbst ein Vollmensch sein.«[9] Der Begriff »Vollmensch« ist offenbar von dem Anthroposophen Rudolf Steiner entlehnt, der ihn in seinen Schriften zur Waldorfpädagogik häufig verwendete, um für Ganzheitlichkeit und gegen Spezialistentum in der Lehrerbildung zu werben.[10] Zu wissenschaftlichen Vorlesungen traten musische Fächer und eine praktische Ausbildung in Hauswirtschaft und Sport. An den neuen PAs sollte es auch keinen kasernenartigen Drill mehr geben. Besonders den Berliner Schulbauten war ja häufig zugeschrieben worden, »kasernenhaft« zu sein, was sich gleichermaßen auf die Bauten wie den Unterricht bezog. Galt dies in den 1870ern noch als Kompliment, wurde es schon bald zu einem Kritikpunkt, der gleichermaßen die preußischen Lehrerseminare traf.[11] Die neuen PAs sollten dagegen Raum für Soziales und künstlerische Betätigung, für Sport und gemeinschaftliches Erleben schaffen.

Das pädagogische Konzept sollte sich in der Architektur spiegeln. Dem ambitionierten bildungspolitischen Programm folgte ab 1929 eine nicht weniger ambitionierte Bautätigkeit. Das Raumprogramm wurde vom Preußischen Bildungsministerium erstellt und bestand aus Hörsälen und Seminarräumen für den geistes- und naturwissenschaftlichen Unterricht, Zeichensälen, Bibliothek, Lesesälen, Lehrküchen, Musikzimmer, Turnsälen, einer Aula mit Bühne sowie Gemeinschaftsräumen. Hinzu kamen Büros, Dienstwohnungen, Wohnheime und Gartenanlagen. Bei genauerer Betrachtung unterschied sich dieses Programm von dem der früheren Lehrerseminare allerdings nicht ganz so stark, wie es die Schriften der Schulreformer suggerieren. Es scheint – aller Rhetorik

Abb. 2: Pädagogische Akademie Bonn, Martin Witte, 1930–1933

zum Trotz – angebracht, eher von einer Weiterentwicklung der Lehrerseminare zu sprechen als von einem völlig neuartigen Konzept.12

Die verschiedenen Funktionen sollten gruppiert und nach den Himmelsrichtungen ausgerichtet werden. Planung, Entwurf und Ausführung übernahm wie bisher die Bauverwaltung, als deren Leiter 1928 Martin Kießling berufen wurde. Kießling, der an der Technischen Hochschule Charlottenburg studiert hatte, war ein engagierter Vertreter des Neuen Bauens. Er ließ die Architektur nicht zentral in Berlin konzipieren, sondern übertrug die Entwurfsverantwortung den lokalen Mitarbeitern der Hochbauverwaltung, mit großen Freiheiten bei der architektonischen Umsetzung.13 Die Bauaufgabe eröffnete jungen Architekten Möglichkeiten, beispielhafte Entwürfe nach den Konzepten der neuen Sachlichkeit zu realisieren. Für die Neubauten in Kassel und Essen wurden Ideenwettbewerbe veranstaltet, zu denen unter anderen Otto Bartning, Bruno Taut, Walter Schwagenscheidt und Wilhelm Riphahn Entwürfe einreichten. Die Staatshochbauverwaltung wiederum demonstrierte mit diesen Prestigeobjekten, von denen sie gleich mehrere auf der Deutschen Bauausstellung 1931 präsentierte, ihre fortschrittliche Architekturauffassung.14

Auf diese Weise entstanden bemerkenswerte Architekturen im Geist des Neuen Bauens. Besonders hervorzuheben sind die Pädagogischen Akademien in Bonn (Martin Witte, 1930–1933) (Abb. 2), Dortmund (Paul Fehmer, 1929–1930), Frankfurt/Oder (Hans Petersen, 1930–1935) und Hannover (Franz-Erich Kassbaum und Willi Pala-

Abb. 3: Pädagogische Hochschule Aachen, Friedrich Bertram, Elmar Lang, Hans-Günther Bierwirth, Luftbild, 1950–1957

schewski, 1929–1935). Die unterschiedlichen Funktionsbereiche wurden in asymmetrische Kompositionen aus kubischen Baukörpern gegliedert, die mitunter durch dynamische Rundungen betont wurden. Treppenhäuser wurden zu großzügigen Foyers aufgeweitet, Verglasungen öffneten den Blick in die Landschaft. Die ornamentlosen Fassaden wurden entweder weiß verputzt (Bonn und Frankfurt/Oder) oder verklinkert (Dortmund und Hannover).

Paul Fehmer organisierte die PA in Dortmund als Dreiflügelanlage, die auf die hervorgehobene städtebauliche Situation am Rheinlanddamm gegenüber dem Volkspark mit einem prägnanten Kopfbau reagierte.[15] Franz-Erich Kassbaum krönte die PA in Hannover mit einem zehngeschossigen Turm. In den Klassenzimmern, die sich halbrund aus der Fassade vorwölbten, fanden sich die Dozenten buchstäblich im Kreise ihrer Studierenden wieder, statt wie ehedem frontal vom Katheder zu dozieren.[16] In der PA in Frankfurt/Oder arrangierte Hans Petersen Foyer, Aula und Tagesräume zu einem großzügigen Zentralbereich, dem sich ein langgestreckter Seitentrakt mit Musik- und Proberäumen angliederte. Gegenüber lag ein Verwaltungstrakt, und in die dritte Richtung schloss sich eine Reihe von Unterrichtsräumen an, an deren Ende wiederum die Sportstätten angeordnet waren. Es entstand eine betont horizontal komponierte Anlage mit Flachdächern und Bandfenstern.[17]

Die PA in Bonn nach einem Entwurf von Martin Witte, der noch während der Bauzeit verstarb, wurde zu einem der prominentesten Aushängeschilder des Neuen Bauens, das nach dem Zweiten Weltkrieg auf dem Territorium der Bundesrepublik verblieb. Der Solitär in prominenter Lage am Rheinufer erschien offensichtlich einer breiten Öffentlichkeit als eine gelungene Verkörperung der demokratischen Ideale der Weimarer Republik. (Wäre das nicht der Fall gewesen, hätte das Bauwerk wohl kaum eine derart prominente Umnutzung erfahren. Es wurde 1948–1949 unter Leitung von Hans Schwippert zum neuen Parlamentsgebäude der jungen Bunderepublik umgebaut.)

Das Zeitfenster zur baulichen Umsetzung, die sich schon bald durch die Weltwirtschaftskrise 1931 verzögerte, erwies sich als kurz. Bereits 1933 kam es mit der Machtübernahme der Nationalsozialisten zum Bruch und die Entwürfe für die PAs in Cottbus, Erfurt, Essen, Halle/Saale und Kassel wurden nicht mehr verwirklicht.[18] Die Schulverwaltung, die zuvor in der Verantwortung der einzelnen Gliedstaaten gelegen hatte, wurde im Reichsministerium für Wissenschaft, Erziehung und Volksbildung zentralisiert. Damit wurden die Voraussetzungen geschaffen, um das Führerprinzip in den Schulen durchzusetzen und die Lehrpläne nach völkischen Kriterien umzuschreiben. Der Umbau des Schulwesens ging mit einem großflächigen Austausch des Lehrpersonals einher. Die Lehrer:innenausbildung wurde zu einem einheitlichen, autoritären System umgestaltet, wobei die Reformen der Weimarer Zeit für die Zielsetzung der NS-Schulpolitik als kontraproduktiv erschienen. Die Ansätze einer Akademisierung wurden zurückgenommen und Ausbildungsstätten nach Möglichkeit aufs Land verlegt. In den Lehrerbildungsanstalten (LBAs) wurde ein straffer Internatsbetrieb eingeführt, um der »Verstädterung« der Lehrer:innenausbildung entgegenzuwirken und aufrührerische Tendenzen zu unterbinden.

Demokratiebildung nach dem Zweiten Weltkrieg

Nach dem Kriegsende knüpfte man in der Schulpolitik der BRD wieder an die Konzepte der Weimarer Zeit an. Obwohl die alliierten Besatzungsmächte im Rahmen der Re-Education für die Einführung einer Einheitsschule warben, wurde das dreigliedrige Schulsystem wieder eingeführt.[19] Auch in der Lehrer:innenausbildung griff man auf die Konzepte der Weimarer Zeit zurück. Da auf dem Gebiet der neuen Bundesrepublik nur sechs der ehemals 15 Pädagogischen Akademien verblieben waren, kam es zu einer Welle von Neugründungen, die nun »Pädagogische Hochschulen« genannt wurden, wohl um die Re-Akademisierung der Ausbildung im Gegensatz zu den LBAs der NS-Zeit noch stärker zu betonen.

Auch die Bautätigkeit setzte schnell wieder ein. In einer 1960 erschienenen Monografie *Bauten der Pädagogischen Hochschulen in der Bundesrepublik* sind 43 Neubauten dokumentiert, die im Verlauf der 1950er Jahre errichtet wurden.[20] Als beispielhaftes frühes Projekt sei hier die PH Aachen herausgegriffen (Friedrich Bertram, Elmar Lang, Hans-Günther Bierwirth, 1950–1957).[21] Ein langgestreckter Gebäuderiegel mit drei Geschossen und einem Staffelgeschoss nahm in der Tradition der Kollegiengebäude die Seminarräume und Büros auf (Abb. 3). An das Hauptgebäude schloss ein Flachbau an, in dem sich großzügige Foyers und eine Mensa um einen atriumartigen Innenhof lagerten. Hinzu kamen eine Aula sowie ein Sporttrakt mit Gymnastikhalle und Lehrschwimmbecken. Das in Stahlbetonskelettbauweise errichtete, stark gegliederte Ensemble knüpfte architektonisch offensichtlich an die Vorbilder aus der Zwischenkriegszeit an. Diesen Anspruch unterstrich auch der Pädagoge August Klein in der Einleitung des genannten Bandes. Klein betonte die kommunikativen Qualitäten der Eingangshalle, die die Gemeinschaftsbildung fördern sollte: »Hier ist in wohl besonders glücklicher Weise auch für die Vorlesungspausen ein natürlicher Mittelpunkt geschaffen, der Begegnung und Aussprache in kleinem und großem Kreis ermöglicht und gleichzeitig einladet (sic!) zum gemeinsamen Singen und Spielen.«[22] Lichtdurchflutete aufgeweitete Foyers, die als Kommunikations- und Aufenthaltsbereiche gestaltet waren, kennzeichneten auch die

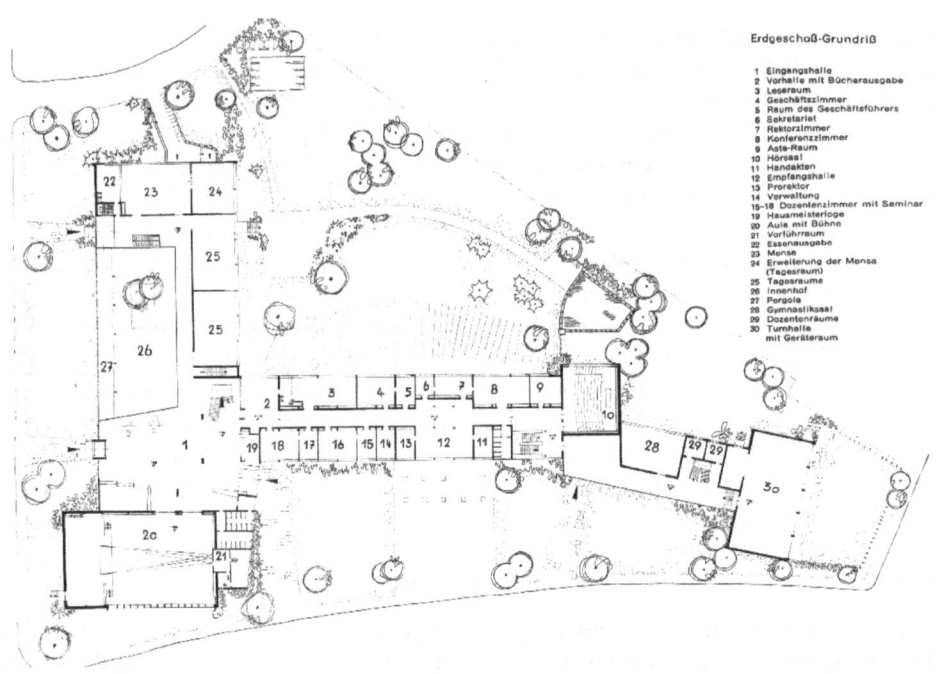

Abb. 4: Pädagogische Hochschule Aachen, Friedrich Bertram, Elmar Lang, Hans-Günther Bierwirth, Grundriss mit eingetragenen Funktionen, 1950–1957

PH Münster (Bruno Lambart, Günter Behnisch, 1954–1958).[23] Das fünfgeschossiges Gebäude mit vorgelagerter Aula und niedrigen Nebengebäuden bot Ausblick auf den angrenzenden Aasee. Die PH zu Köln (Hans Schumacher, 1954–1957) wurde mit einer Berufsbildungsstätte und einem Wohnheim kombiniert und mit diesen durch überdachte Laufgänge verbunden.[24]

Die genannten drei Ensembles ähneln sich dahingehend, dass das Raumprogramm in kubische Baukörper aufgegliedert und in großzügige Grünanlagen komponiert wurde. Mehrgeschossige Kollegiengebäude ergänzte man durch großzügige Aufenthalts- und Kommunikationszonen und Sonderbauteile wie Aula, Turnhalle oder Wohnheime (Abb. 4). Die Architektur war, wie es die Mangeljahre nach dem Krieg verlangten, bescheiden im Einsatz der Mittel und vergleichsweise klein im Volumen. Durch die sorgfältige Komposition, die großzügige Öffnung der Fassade und sorgfältige Detaillierung – etwa eine subtile Oberflächengestaltung, zierliche Treppenläufe und Kunst am Bau – entstanden angenehme Räume, die auf monumentale Gesten ostentativ verzichteten und in ihrer Luftigkeit auf die angehenden Lehrkräfte befreiend gewirkt haben mussten.

Mancherorts wurde auch eine konventionellere Formensprache gewählt, und Ensembles mit Satteldächern in die Landschaft eingefügt (beispielsweise in Wuppertal, Flensburg, Worms und Paderborn). Das Raumprogramm blieb das Gleiche: zu Seminarräumen traten Musikräume, Kunstateliers, Werkstätten, Handarbeitsräume und Lehrküchen, naturwissenschaftliche Hörsäle und Labore, Turnhallen, Schwimmbäder und

Freisportanlagen, eine Aula mit Bühne und Orgel, Kinosaal, Bibliothek, Mensa und Aufenthaltsräume sowie Wohnheime. Die PHs der 1950er Jahre unterschieden sich eigentlich nur hinsichtlich der Aufenthaltsräume von den PAs der 1920er. Man wollte erreichen, dass die Studierenden auch nach Unterrichtsschluss vor Ort blieben, um sich in Arbeitsgruppen zu engagieren, gemeinsam zu musizieren, Sport zu betreiben oder sich im Freien aufzuhalten. Mittels Architektur sollte das Gemeinschaftsgefühl gestärkt und ein kollegiales Verhältnis zwischen Lehrenden und Lernenden gefördert werden.

In Baden-Württemberg begann die Bautätigkeit etwas zeitversetzt, da die sieben Lehrinstitute des Landes erst mit dem Lehrerbildungsgesetz 1961 in PHs umgewandelt wurden. In Reutlingen gründete man eine achte PH und baute auch neu. Für die Umsetzung wählte man eine Systembauweise mit Fertigteilen aus Stahlbeton.[25] Damit kündigte sich eine Entwicklung an, die im Verlauf der 1960er Jahre das gesamte Bauwesen – und mithin auch die Pädagogischen Hochschulen – erfassen sollte. Mittels industrieller Bauweisen wollte man der immer schneller wachsenden Zahl an Studierenden begegnen. In einem Artikel in der *Bauwelt* 1965 wird extrem pragmatisch vorgerechnet, dass durch ein optimiertes Raumprogramm und geschickte Stundenplaneinteilung auch in eigentlich überfüllten Bauten »noch erträgliche Unterrichtsverhältnisse« gewährleistet werden könnten.[26]

Die PH Ludwigsburg, für die Erwin Heinle und Helmut Wiedmann 1963–1966 eine campusartige Anlage im Grünen entwarfen, wurde bereits weitgehend aus Fertigteilen errichtet. Formal war das um ein zentrales Forum angeordnete Ensemble offensichtlich von dem IIT-Masterplan für Chicago/Illinois inspiriert, den Ludwig Mies van der Rohe 1942–1946 realisiert hatte. Für die Konstruktion wurde eine neuartige Technologie mit Hubdecken erprobt, die vor Ort in einer Feldfabrik gefertigt wurden.[27] Die Architekten versuchten, der dynamischen Entwicklung im Bildungssektor Rechnung zu tragen. Erwin Heinle beschrieb seine Intention, »ein Bausystem zu finden, das elastisch genug für die zukünftige Entwicklung, aber auch heute schon vielfach nutzbar« sei.[28] Dennoch wurde keine neutrale Massenware hergestellt. Die ebenfalls aus Stahlbeton-Fertigteilen hergestellten Fassaden beispielsweise wurden für jeden Bauteil spezifisch variiert.[29] Die PH Ludwigsburg fand international Beifall und wurde vielfach publiziert. Jürgen Joedicke urteilte in *Bauen + Wohnen* anerkennend: »Außerordentliche Sorgfalt wurde auf die Herstellung der Gebäude und die Detailgestaltung verwendet. Was hier in Zusammenarbeit mit Fachleuten anderer Disziplinen geleistet wurde, ist vorbildlich. Der Bau stellt für unseren Bereich einen wesentlichen Fortschritt im Hinblick auf eine Industrialisierung der Baumethoden dar.«[30]

Lehrer:innenbildung als Massenprogramm

Doch das war nur der Anfang. Im Verlauf der 1960er Jahre setzte sich allgemein die Überzeugung durch, dass eine große Bildungsoffensive nötig sei, um höhere Bildung für alle zugänglich zu machen. Dahinter standen einerseits volkswirtschaftliche Überlegungen im Sinne der Mobilisierung von »Bildungsreserven« für das deutsche Wirtschaftswunder, und auf der anderen Seite demokratische Überzeugungen. Ralf Dahrendorf forderte 1965 »Bildung als Bürgerrecht« ein. Die Bundesregierung reagierte unter anderem mit dem Hochschulbauförderungsgesetz von 1969. Dies war insofern bemerkenswert, als die Hochschulpolitik (wie bereits erwähnt) ja in den Hoheitsbereich der Länder fällt. Riesige Investitionen flossen in den Ausbau der Schulen und der Hochschulen.[31] Dieser allgemeinen Entwicklung folgend vervielfachten sich auch die Studierendenzahlen an den Pädagogischen Hochschulen: von rund 10.000 im Jahr 1950, auf fast 80.000 Jahr 1975.[32]

Anfang 1970 starteten Bund und Länder ein *Schnellbauprogramm für die Hochschulen* als eine Art Übergangslösung für die sprunghaft anwachsenden Studierendenzahlen. Binnen 15 Monaten wollte man an zahlreichen Standorten schlüsselfertige Hochschulbauten errichten, ein schier atemberaubendes Tempo – trotz der fortgeschrittenen Industrialisierung des Bauwesens. Im Zuge des Schnellbauprogramms wurden in Baden-Württemberg binnen kürzester Zeit sechs PH-Neubauten für insgesamt 6.500 Studierende errichtet, wobei die neue Typenbauweise mit einer so noch selten erprobten Konsequenz angewendet wurde.[33] Die Raumprogramme wurden anhand von Flächenrichtwerten entwickelt, aufbauend auf den Arbeiten der »Planungsgruppe für Institutsbau« am Universitätsbauamt der TH Karlsruhe, das sich unter Leitung von Heinrich Gremmelspacher für Standardisierung und Normierung engagierte.[34] Alle Bauvorhaben wurden in der Leitbaudienststelle Karlsruhe zentral geplant. Sogar die Ausschreibung der Gewerke erfolgte zentral, anschließend wurde jede Baustelle um einige Wochen zeitversetzt begonnen und alle Baustellen binnen 9 Monaten mit Generalunternehmern abgewickelt. Die Planungen begannen 1970, Baubeginn war 1971, und schon 1971/72 konnten die Bauten bezogen werden. Das Gesamtauftragsvolumen betrug rund 80 Millionen DM.[35]

Auf diese Weise entstanden nahezu identische Bauten in Freiburg, Heidelberg, Karlsruhe, Ludwigsburg, Reutlingen und Schwäbisch Gmünd. Als Standorte wurden bewusst kleinere und mittelgroße Städte gewählt, um »dem heutigen Drang zur Stadt« entgegenzuwirken und die Gemeinschaftsbildung zu fördern – und natürlich um Kosten zu sparen, denn große zusammenhängende Grundstücke mit Erweiterungsflächen wären in Zentrumslagen ungleich schwieriger zu beschaffen gewesen.[36] Viergeschossige Baukörper wurden paarweise versetzt nebeneinander angeordnet und durch Teppen- und Aufzugstürme verbunden. Jeweils zwei oder drei der so entstandenen Geschossbauten wurden je nach Zuschnitt der Grundstücke an den jeweiligen Standorten zu größeren Ensembles kombiniert. Konstruiert wurden sie als Skelettbauten auf einem Raster von 8,40 x 8,40 Meter. Die Stahlbeton-Fertigteile lieferte die Imbau Spannbeton GmbH aus Leverkusen, das Bausystem wurde UNIPLAN genannt. Frei positionierbare Zwischenwände in einem Ausbauraster von 1,20 x 1,20 Metern ermöglichte eine Vielzahl von Funktionen von Seminarräumen und Büros über Labore bis hin zu mittelgroßen Hörsälen und Bibliotheken.[37] Das UNIPLAN-System brachte also eine sehr weitgehende Flexibilität in der Grundrissgestaltung und erfüllte somit die (neben der Ökonomie) wohl wichtigste Grundforderung im Hochschulbau der 1970er Jahre.

Das Ergebnis war eine extreme Vereinheitlichung. Bis heute sehen sich die Bauten auf Fotos zum Verwechseln ähnlich. Die Fassade lief vor den leicht nach innen versetzten Stützen durch, wobei vor allem die Fluchtbalkone mit ihren Betonfertigteilbrüstungen die Fassadenansichten prägten. Inspiriert war diese Komposition offensichtlich von Kenzo Tanges 1955–1958 errichtetem Verwaltungsgebäude der Kagawa-Präfektur in Takamatsu, dessen Fluchtbalkone ebenfalls vorgefertigte Betonbrüstungen hatten. In gestalterischer Hinsicht blieben die Baden-Württemberg PH-Bauten des Sonderbauprogramms leider hinter dem japanischen Vorbild zurück.

Abb. 5: UNIPLAN-Systembauweise. Pädagogische Hochschule Dortmund, Bruno Lambart, 1970–1972

Standardisierung und Zentralisierung erreichten damit ein Maximum. Die Firma IMBAU war ein Tochterunternehmen des global tätigen Baukonzern Philip Holzmann (der neben Hochtief nach dem Zweiten Weltkrieg zum größten deutschen Bauunternehmen aufgestiegen war) und konnte mit diesem Großauftrag eine quasi-Monopolstellung erringen. Die Entwicklung beschränkte sich nicht auf ein einzelnes Bundesland. Auch für die Dortmunder PH wurde ein Neubau im UNIPLAN-System errichtet (Abb. 5).[38]

Insgesamt ist die Errichtung so großer Volumen in so kurzer Zeit und mit so knappem Budget durchaus eine bewundernswerte Leistung, vor allem in technischer und logistischer Hinsicht. Doch ist auch zu konstatieren, dass in architektonischer Hinsicht das standardisierte Verfahren dazu geführt hat, dass die Hochschulbauten vielerorts austauschbar und belanglos wurden. Dieser architektonische Mangel wurde auch durch ein kurz darauf angestoßenes weiteres Sonderbauprogramm nicht behoben, mit dem die standardisierten PHs in Baden-Württemberg um Mensagebäude und Turnhallen ergänzt wurden.[39]

Als Ausnahme ist in diesem Zusammenhang die 1969–1974 errichtete PH Esslingen zu nennen. Sie sieht zwar auf den ersten Blick mit ihren durchlaufenden Betonbrüstungen fast genauso aus wie eben geschilderten Bauten, ist aber als Ortbetonskelett mit Fertigteilen konstruiert und folgt nicht dem Standardgrundriss. Das Ehepaar Sibin Djorjevic und Milena Stancovic Djordjevic, das nach einem Studium in Belgrad im Hochbauamt Stuttgart tätig war, arbeitete den Entwurf sorgfältig durch – von dem effektvoll auf einer Hügelkuppe platzierten Gesamtbaukörper bis hin zu einer skulpturalen Wendeltreppe im Foyer, die den Ort schon beim ersten Eintreten unverwechselbar machte.[40] Doch Esslingen blieb ein Einzelfall. Die Logik der Massenuniversitäten hatte die PHs ergriffen. Der Zeitgeist zielte auf Masse, wie eine Rede des Bundesministers für Bildung und Wissenschaft Klaus von Dohnanyi (SPD) 1972 illustrieren kann: »hier werden mit riesigen Steuerbeträgen die Gehäuse geschaffen, in denen unsere Kinder sich zu freien und kundigen Bürgern entwickeln sollen. [...] Wir brauchen diese Gehäuse schnell und genug davon zu einem möglichst niedrigen Preis.«[41] Die Ökonomisierung des Hochschulbaus war das Ergebnis einer Bildungspolitik, die offensichtlich ebenso auf Breite zielte wie hundert Jahre zuvor die Bildungspolitik im Kaiserreich.

Der architektonische Qualitätsverlust wurde in Kauf genommen. Der oberste Baubeamte von Nordrhein-Westfalen, Fridolin Hallauer, stellte 1970 in einem Aufsatz unter dem Titel »Bildungspolitik« fest:

> »Die Universität und jede Hochschule wird in erster Linie als ›Betrieb‹ empfunden werden müssen. Sie hat vom Staat einen fest umrissenen Auftrag, nämlich zu forschen, zu lehren, auszubilden und zu bilden. Die fortdauernden Kosten dieser hochkomplizierten Bildungseinrichtungen sind so astronomisch hoch, dass [...] die Frage nach der Optimierung der Betriebskosten gestellt sein darf...«[42]

Hochschulbauten wurden buchstäblich zur Massenware. Kritische Stimmen wurden auch bereits unter den Zeitgenossen laut. Wilhelm Kücker urteilte 1976 in *Der Architekt*:

> »Schnell und billig mag manches gelaufen sein in diesen jüngst vergangenen Jahren, aber die ›Menschlichkeit‹ ist auf der Strecke geblieben. Gewiss ist nie zuvor in der deutschen Universitätsgeschichte so viel Geld für dem Bau von Hochschulen zur Verfügung gewesen wie seit Beginn dieses Jahrzehnts; aber nie zuvor ist auch das architektonische Ergebnis – um es zunächst zurückhaltend zu sagen – so unbefriedigend gewesen wie gerade in dieser Zeit.«[43]

Kücker bezog sich mit seiner Kritik ausdrücklich auf das PH-Schnellbauprogramm in Baden-Württemberg (sowie gleichermaßen auf das auf Initiative von Fridolin Hallauer entwickelte nordrhein-westfälische Hochschulbausystem für Gesamthochschulen).[44] Bei seinen Worten fühlt man sich unwillkürlich an die Forderung nach einer Bildung für »Vollmenschen« von Kultusminister Becker aus der Zwischenkriegszeit erinnert.

Nur wenige Jahre später war das Ende der PHs in fast allen Bundesländern (Baden-Württemberg ausgenommen) besiegelt. Die zersplitterte Hochschullandschaft sollte im Rahmen von Strukturreformen in ein einheitliches System zusammengeführt werden. Die PHs wurden in größere Universitäten oder Fachhochschulen eingegliedert. In diesem Zuge wurden viele der hier diskutierten Bauten in die neuen, beziehungsweise erweiterten Hochschulstandorte einbezogen. Die Akademisierung der Lehrer:innenbildung, die in der Weimarer Republik ihren Anfang genommen hatte, war damit abgeschlossen. AnwärterInnen auf das Lehramt lernen seither unter den gleichen räumlichen Bedingungen, wie die anderen Studierenden an Massenuniversitäten auch.

1 Vgl. Ministerium der geistlichen, Unterrichts- u. Medizinal-Angelegenheiten: *Bau und Einrichtung ländlicher Volksschulhäuser in Preußen*. Berlin 1895. Dazu auch Sonja Hnilica: *Disziplinierte Körper. Die Schulbank als Erziehungsapparat*. Wien 2003.
2 Die Entwürfe waren für Aurich, Berlin-Kreuzberg, Cammin, Hilchenbach, Köslin, Kyritz, Marienburg, Montabaur, Osnabrück, Preußisch-Holland, Uetersen, Usingen und Wunsdorf vorgesehen. Die Entwürfe von Knoblauch sind im Architekturmuseum der TU Berlin überliefert und über die Website online auffindbar. Knoblauch entwarf für die Hochbauverwaltung übrigens auch diverse weitere öffentliche Bauten wie Krankenhäuser, Amtsgebäude oder Schulen. Vgl. Hans-Dieter Nägelke, Christian Welzbacher (Hg.): *Staatsaffäre Architektur. Von der preußischen Hochbauverwaltung zur Reichsbauverwaltung 1770–1933*. Aachen 2023, S. 180 ff.; zu Knoblauchs Oeuvre vgl. Märkisches Museum Berlin (Hg.): *Drei Architekten in Berlin. Eduard Knoblauch 1801–1865, Gustav Knoblauch 1833–1916, Arnold Knoblauch 1879–1963*. Berlin 1993, S. 24–37.
3 Vgl. Hans-Dieter Nägelke: *Hochschulbau im Kaiserreich, Historistische Architektur im Prozess bürgerlicher Konsensbildung*. Kiel 2000. Die Ähnlichkeit ermöglichte Umnutzungen. Das Lehrerseminar in Wunsdorf beispielsweise wird heute als Gymnasium genutzt.
4 Vgl. [Rudolf] Uber: »Die staatlichen Seminarbauten in Preußen« In: *Zentralblatt der Bauverwaltung*. 1912, H. 79, S. 508–512, H. 80, S. 513–516, H. 82, S. 525–532.
5 Ebd., S. 509.
6 Vgl. Julia Berger: *Die Pädagogische Akademie. Eine Bauaufgabe der Weimarer Republik*. Aachen 1999 (Univ.-Diss. Bonn).
7 Vgl. Hans-Georg Herrlitz, et al.: *Deutsche Schulgeschichte von 1800 bis zur Gegenwart. Eine Einführung*. Weinheim-München 2005, S. 121 ff.
8 Carl Heinrich Becker: *Die Pädagogische Akademie im Aufbau unseres nationalen Bildungswesens*. Leipzig 1926, S. 42.
9 Ebd., S. 62.
10 Vgl. Rudolf Steiner: »Neunter Vortrag. Die großen Aufgaben von heute im Geistesleben, Rechtsleben und Wirtschaftsleben. Eine dritte Gegenwartsrede« (1920) In: *Rudolf Steiner Gesamtausgabe*, Bd. 335: Schriften und Vorträge. Basel 2005, S. 253–255.
11 Zu dieser Umwertung der Berliner »Schulkasernen« vgl. Markus Jager: »Chef-Architekt oder oberster Dirigent? Zum Wandel eines Berufsbildes am Beispiel der Berliner Stadtbauräte vor und nach 1900« In: *Großstadt gestalten. Stadtbaumeister in Deutschland*, hg. von Markus Jager, Wolfgang Sonne. Berlin 2015, S. 24–57, hier S. 19 ff.
12 Vgl. Becker 1926 (wie Anm. 8), S. 45–61; Berger 1999 (wie Anm. 6), S. 45 ff. Berger hat Bauaufgabe und Raumprogramm als völlig neuartig bewertet (S. 62 ff.), doch ein Vergleich mit Uber 1912 lässt diese Einschätzung fragwürdig erscheinen.
13 Vgl. Berger 1999 (wie Anm. 6).
14 Vgl. Christian Welzbacher: »Modernisierungsprozesse zwischen Rivalität und Dialog. Der Deutsche Werkbund, der Bund Deutscher Architekten und die staatlichen Bauverwaltungen in der Weimarer Republik« In: Nägelke, Welzbacher 2023 (wie Anm. 2), S. 148–160, hier S. 154 ff.
15 Oliver Karnau: »Die ehemalige Pädagogische Akademie Dortmund. Zeugnis von Lehrerbildung und Stadtbaukunst« In: *Denkmalpflege in Westfalen-Lippe*. 1995, H. 2, S. 65–72.
16 Schmid, Hans-Dieter (2003): »Eine Pädagogische Akademie, die nie eine Pädagogische Akademie war. Bismarckstraße 2« In: *Die Universität Hannover. Ihre Bauten, ihre Gärten, ihre Planungsgeschichte*, hg. von Sid Auffarth et al. Petersberg 2003, S. 317–323.

17 Christoph Baier, Julia Berger: »Frankfurt an der Oder. Das Musikheim von Otto Bartning und die Pädagogische Akademie von Hans Petersen. Zwei architektonische Zeugnisse der Bildungsreform der Weimarer Republik« In: *Brandenburgische Denkmalpflege*. 2004, H. 1, S. 17–35.
18 Vgl. Berger 1999 (wie Anm. 6), S. 2–17.
19 Vgl. Herrlitz et al. 2005 (wie Anm. 7), S. 159 ff.
20 N.N.: *Bauten der Pädagogischen Hochschulen in der Bundesrepublik* [= *Monographien des Bauwesens*, Nr. 21]. Stuttgart 1960.
21 Vgl. ebd., S. 56 ff.
22 August Klein: »Pädagogische Grundsätze für den Bau neuer Pädagogischer Hochschulen« In: *Bauten der Pädagogischen Hochschulen in der Bundesrepublik* 1960 (wie Anm. 20), S. 5–8, hier S. 6.
23 Vgl. Alexandra Apfelbaum: *Bruno Lambart. Architektur im Wandel der Bonner Republik*. Dortmund 2017 (Univ.-Diss. TU Dortmund), S. 176–181.
24 N.N. (1958): »Pädagogische Akademie und Berufspädagogisches Institut in Köln« In: *Baukunst und Werkform*. H. 11, S. 371–374.
25 Vgl. Landesamt für Denkmalpflege im Regierungspräsidium Stuttgart (Hg.): *Junge Unis in Baden-Württemberg. Hochschulbauten der Nachkriegs- und Postmoderne*. Ostfildern 2022, S. 133 ff.
26 N.N.: »Zur Planung Pädagogischer Hochschulen« In: *Bauwelt*. 1965, H. 6, S. 155–163, hier S. 156.
27 Vgl. Erwin Heinle, Helmut Wiedmann: »Pädagogische Hochschule Ludwigsburg« In: *Bauwelt*. 1965, H. 6, S. 164–168.
28 N.N. »Zur Planung Pädagogischer Hochschulen« 1965 (wie Anm. 26), S. 162.
29 Vgl. N.N.: »Pädagogische Hochschule und Staatliche Sportschule Ludwigsburg«, in: *Bauen + Wohnen*. 1966, H. 11, S. 412–426.
30 Jürgen Joedicke: »Architekturkritik. Pädagogische Hochschule und Staatliche Sportschule Ludwigsburg« In: *Bauen + Wohnen*. H. 11, S. 427.
31 Vgl. Sonja Hnilica: »Experiments with Megastructures and Building Systems. University Building in the Federal Republic of Germany in the 1960s and 1970s« In: *Architectural Histories*. 2022, H. 1, S. 1–34. DOI: https://doi.org/10.16995/ah.8309.
32 Vgl. Peter Lundgreen: *Berufliche Schulen und Hochschulen in der Bundesrepublik Deutschland 1949–2001* [= *Datenhandbuch zur deutschen Bildungsgeschichte*, Bd. 8]. Göttingen 2008, S. 263. Damit war der Zenit erreicht, die Zahlen sanken danach wieder ab, da – außer in Baden-Württemberg – die PHs im Verlauf der 1970er Jahre als eigenständige Institutionen aufgegeben und in Universitäten eingegliedert wurden.
33 Vgl. Wilhelm Kücker et al.: »Hochschulbau als Sofortmaßnahme. Ein Bericht über das Schnellbauprogramm 1970/71 des Bundes und der Länder« In: *db Deutsche Bauzeitung*. 1971, H. 7, S. 737–765; Heidemarie Parpart: »Bestandsaufnahme des Hochschulschnellbauprogramms« In: *Bauwelt*. 1971, H. 18, S. 746–753.
34 Vgl. Clemens Kieser: »Masse mit Klasse. Planungsstrategien im Hochschulbau Baden-Württembergs in der Nachkriegszeit« In: Landesamt für Denkmalpflege im Regierungspräsidium Stuttgart 2022 (wie Anm. 25), S. 29–44. Gremmelspacher war übrigens ein Studienfreund von Horst Linde, dem Leiter der Staatlichen Hochbauverwaltung Baden-Württembergs, der außerdem an der TH Stuttgart lehrte und das Zentralarchiv für Hochschulbau leitete.
35 Vgl. Helmut Schroeder: »Sonderbauprogramm 1970 für Pädagogische Hochschulen« In: *Die Bauverwaltung*. 1971, H. 3, S. 154–159; Emil Heid: »Typenplanung im Hochschulbereich Ba-

den-Württemberg. Universität Karlsruhe« In: *Festschrift für Horst Linde*, hg. von einem Freundeskreis zum 65. Geburtstag. Tübingen 1977, S. 86–102, hier S. 95 f.; Finanzministerium Stuttgart (Hg.): *30 Jahre Staatlicher Hochbau in Baden-Württemberg*. Stuttgart 1982, S. 67 ff.

36 N.N. »Zur Planung Pädagogischer Hochschulen« 1965 (wie Anm. 26), S. 155.
37 N.N.: »Karlsruhe, Pädagogische Hochschule (PH), Seminargebäude (PH Sonderprogramm)« In: *Die Bauverwaltung*. 1986, H. 5, S. 209 f.; N.N.: »Mannheim, Univ. Geisteswissenschaftl. Institut (PH Sonderprogramm)« In: *Die Bauverwaltung*. 1986, H. 5, S. 211 f.
38 Diese Entscheidung ging direkt auf den NRW-Finanzminister Hans Wertz zurück und machte die Ergebnisse eines fünf Jahre zuvor durchgeführten Architekturwettbewerbs obsolet. Der Wettbewerbssieger Bruno Lambart, der 15 Jahre zuvor schon die PH in Münster geplant hatte, wurde nachträglich auf das System der Firma IMBAU verpflichtet. Er musste den Bau ganz anders ausführen als geplant und wollte später mit diesem Werk nicht mehr in Verbindung gebracht werden. Vgl. Alexandra Apfelbaum: »Baustein mit System. Die Pädagogische Hochschule in Dortmund von Bruno Lambart« In: *Bildung @StadtBautenRuhr*, hg. von Hans-Jürgen Lechtreck et. al. Dortmund 2022, S. 214–231.
39 Vgl. beispielsweise N.N.: »Pädagogische Hochschule Schwäbisch-Gmünd« In: *DBZ Deutsche Bauzeitschrift*. 1980, H. 28, S. 482–485.
40 N.N.: »Pädagogische Hochschule Esslingen« In: *DBZ Deutsche Bauzeitschrift*. 1976, H. 6, S. 701–704.
41 Klaus von Dohnanyi: »Eine Konzeption für den Universitätsbau I« In: *Bauwelt*. 1972, H. 5, S. 182–184.
42 Fridolin Hallauer: »Bildungspolitik« In: *Nordrhein-Westfalen auf dem Weg in das Jahr 2000*, hg. von E. Schmacke. Düsseldorf 1970, S. 43–65, hier S. 56.
43 Wilhelm Kücker: »Hochschulbau ohne Alternativen. Eine kritische Bilanz der Jahre 1970 bis 1975« In: *Der Architekt*. 1976, H. 7/8, S. 266–271.
44 Vgl. dazu Sonja Hnilica: »Auf der Suche nach der Standardlösung. Das Hochschulbausystem ›NRW 75‹« In: Lechtreck et al. 2022 (wie Anm. 38), S. 154–169.

Nora Benterbusch

Wo wir lernen – Bildungsbauten als Gegenstand der universitären Lehre. Ein Praxisbeispiel

Wie nicht zuletzt die Beiträge dieses Jahrbuches zeigen, hat auch die Gestaltung von funktionalen Bildungsbauten entscheidenden Einfluss auf unterschiedliche Aspekte des universitären Lebens – sei es das soziale Gefüge der Einrichtungen, die Praktiken der Vermittlung und des Lernens oder das Selbstverständnis der dort arbeitenden und lernenden Gemeinschaft. Aufgrund der dominant wahrgenommenen Funktionalität solcher Handlungsräume entziehen sich jene sozialen, politischen und kulturellen Implikationen jedoch meist dem Bereich der bewussten Erfahrung und kritischen Reflexion. Einen Raum, den man täglich betritt, um möglichst effizient, kostengünstig und im besten Fall gesellig das Mittagessen zu sich zu nehmen, befragt man beispielsweise in der Regel nicht auf seine sozialen Strukturvorgaben. Die kritische Distanz geht der Alltagserfahrung – oder »Alltagsanschauung«,[1] wie es Christian Nille bezeichnet – von Räumen meist ab; und dies gilt in besonderem Maße für Funktionsbauten, wie Hörsaalgebäude oder Mensen an Hochschulen.

Bereits nach kurzem Nachdenken wird jedoch deutlich, dass es einen entscheidenden Unterschied machen kann, wie etwa der Essbereich in einer Mensa organisiert ist. Handelt es sich um einen großen offenen Speisesaal für alle – Mitarbeiter:innen, Professor:innen und Student:innen – oder um abgetrennte Bereiche, mit denen die hierarchische, soziale Struktur der Hochschule in den Raum eingeschrieben wird? Vermeintliche Kleinigkeiten der Raumgestaltung können weitreichende Auswirkungen haben – vor allem dann, wenn sie sich in der Alltagserfahrung der kritischen, bewussten Reflexion weitestgehend entziehen und damit vorwiegend unbewusst wirksam sind.

In diesem Beitrag soll eine von mir im Wintersemester 2019/20 an der Universität des Saarlandes (UdS) konzipierte und durchgeführte Lehrveranstaltung vorgestellt werden, in der das dortige Studentenhaus zum zentralen Untersuchungsgegenstand gemacht wurde. Da das hier diskutierte Seminar *Spatial Turn – Raumperspektiven in den Kulturwissenschaften* im Modul »Kulturtheorie« der interdisziplinären Masterstudiengänge Historisch orientierte Kulturwissenschaften und Angewandte Kulturwissenschaften verortet war, zielte die Lehrveranstaltung darauf ab, das kulturtheoretische Feld verschiedener raumtheoretischer Ansätze zu vermitteln und es mit einem konkreten und für die Studierenden inhaltlich und physisch zugänglichen Betrachtungsgegenstand zu verknüpfen. Angeregt durch Mona Schrempf, Tochter des Architekten Walter Schrempf (1921–1998), wurde das bevorstehende Jubiläum der Saarbrücker Mensa zum Anlass genommen, dessen Bau als Bezugspunkt auszuwählen und sich so verschiedenen anderen, lose verknüpften Seminaren und Projekten im Jubiläumsjahr anzuschließen.[2] Ziele des Beitrags sind es, einen Einblick in das Beispiel der Saarbrücker Mensa als denk-

Abb. 1: *Universität des Saarlandes, Haupteingang des Studentenhauses mit der Plastik Rosengarten von Otto Herbert Hajek, 1965–1970*

malgeschützten Bildungsbau zu geben sowie die Konzeption und Resultate der Lehrveranstaltung vorzustellen. Dazu wird zunächst auf den Bau eingegangen, um daran anschließend zu überlegen, welche didaktischen Konflikte, Lösungsansätze und Potentiale sich in der Vermittlung von raumtheoretischen Ansätzen und Bildungsbauten ergeben. Im zweiten Teil sollen Konzeption, Ablauf und Ergebnisse der durchgeführten Lehrveranstaltung diskutiert werden.

Das Saarbrücker Studentenhaus

Das rapide Wachstum der noch jungen Universität des Saarlandes in den 1960er Jahren führte dazu, dass auch die Infrastruktur an ihre Grenzen stieß.[3] Nachdem wichtige andere Großbauten, wie die Universitäts- und Landesbibliothek (SULB) bereits in den 1950er Jahren realisiert worden waren,[4] verlangten die neuen Massen an Studierenden und Bediensteten auch eine bessere leibliche Versorgung auf dem etwa acht Kilometer außerhalb des Stadtzentrums gelegenen Waldcampus.[5] Nach dem Vorbild des *Kieler Studentenhausplans* zielte der offene Wettbewerb 1962/63 auf ein funktionales Studentenhaus mit Mensa für 6.000 Essen pro Mahlzeit ab. Dabei ist hervorzuheben, dass im Streben, dem sogenannten *Kieler Studentenhausplan* von 1961 zu folgen, bereits funktionale und sozialpolitische Dimensionen impliziert waren. In ihm wurde staatliche finanzielle Unterstützung beim Bau von Studentenhäusern gefordert, die sowohl zur Unterbringung der Studierendenwerke und studentischen Selbstverwaltung dienen als auch den Mittelpunkt des Gemeinschaftslebens bilden sollten. Das Kieler Studentenhaus (1963–1966) stellte die erste vorbildliche Umsetzung dieses Konzeptes dar, in dem nicht nur praktische Zweckräume wie Mensa, Verwaltungs- und Beratungsstellen untergebracht waren, sondern auch solche für die außerfachlichen Belange der Studierenden, wie etwa eine Bühne, Mehrzweckräume oder ein Tonstudio.[6]

Der offene Wettbewerb bot dem Architekten Walter Schrempf die Gelegenheit, sich durch ein eigenständiges Großprojekt in das Campusbild einzuschreiben. Er war Anfang der 1950er Jahre von Stuttgart nach Saarbrücken gekommen, um unter seinem Lehrer Richard Döcker (1894–1968) am Bau der SULB (1952–1954) mitzuarbeiten. Seine eigene Zielsetzung, dass die *Mensa academica* »Erholung von der Disziplin des Studiums bieten«[7] solle, fügt sich in die Forderungen des *Kieler Studentenhausplans* ein. Der quaderförmige Stahlbetonbau sollte gemäß seinen Vorstellungen als eine »›Sitzlandschaft‹ im Wald«[8] erscheinen und neben der Mensa im Obergeschoss, Verwaltungs- und Versorgungsräumen auch beispielsweise einen Jazzkeller und verschiedene Werkräume bereitstellen.[9]

Die Gründe, weshalb das Saarbrücker Studentenhaus weit über die Grenzen des Saarlandes auch international Aufsehen erregte, waren jedoch nicht diese sozialpolitischen Ideen, sondern die besondere Verbindung von Architektur und Plastik. Diese kann als Resultat der ungewöhnlich früh im Planungsprozess einsetzenden Zusammenarbeit von Walter Schrempf mit dem Bildhauer Otto Herbert Hajek (1927–2005) sowie deren sich ergänzenden konzeptionellen Auffassungen ihrer Kunstgattungen betrachtet werden. Zwar gehörte die Ausgabe eines Prozentsatzes der Bausumme zum gängigen öffentlichen Programm Kunst am Bau,[10] jedoch waren die baukünstlerischen Anteile zu dieser Zeit in der Regel noch deutlich dem architektonischen Programm unter- und zeitlich nachgeordnet, wie auch Volker Plagemann und Otto Herbert Hajek selbst kritisierten.[11] Anders verhielt es sich bei der Projektion des Saarbrücker Studentenhauses. Bereits kurz nachdem Walter Schrempf den Wettbewerb für sich entscheiden konnte, bestand er auf die Einbindung des Bildhauers Otto Herbert Hajek.[12] Das anschließend von Hajek überarbeitete Modell der Mensa als durchgestaltete Raumplastik im Innen- und Außenbereich wurde der Baukommission 1965/66 zweimal präsentiert.[13] Welche Überzeugungsarbeit bei den Entscheidungsgremien zu leisten war, zeigt sich unter anderem daran, dass Hajek und Schrempf sogar das Wohnzimmer des Architekten mit sogenannten »Farbwegen«[14] – also großflächigen Farbbahnen in satten Grundfarben – durchzogen haben, um die exzentrische Farbgestaltung in Gänze erlebbar zu machen. Einen nicht unwesentlichen Anteil an der Bewilligung des Vorhabens hatte auch der damalige Professor für Kunstgeschichte, Josef Adolf Schmoll gen. Eisenwerth (1915–2010), welcher sich klar dafür aussprach, dass »für ein der studentischen Jugend gewidmetes Haus ein im Augenblick vielleicht zu kühn wirkendes künstlerisches Experiment gerade sinnvoll sei«.[15]

Im Sommer 1966 wurde die Baugenehmigung erteilt und mit dem Bau des Gebäudes begonnen, das auf einer Grundfläche von 60 x 60 m, eingeteilt in 25 Einheiten von je 12 x 12 m, entstehen sollte.[16] So wurde ein dreigeschossiger, würfelförmiger Stahlbetonbau geschaffen, welcher von einer plastischen, in Grundfarben gehaltenen Raumstruktur umfangen wird, deren Einzelteile weit in den Außenraum hervorragen, in den Innenraum eindringen und sich hier fortsetzen (Abb. 1).[17] Die Arbeiten konnten 1970 mit Kostenaufwendungen von ca. 11 Mio. DM beendet werden. Es handelt sich um einen in höchstem Maße funktionalen und ökonomischen Bau, der gleichzeitig komplett künstlerisch durchgestaltet ist. Selbst die Einrichtung, das eigens von Schrempf designte Mobi-

Abb. 2: Universität des Saarlandes, Blick in den Speisesaal des Saarbrücker Studentenhauses, 1965–1970

liar und die Platzierung der Tische, sowie die natürliche Klimatisierung durch die plastischen Außenelemente waren Teil des Gesamtplans der beiden Gestalter (Abb. 2). Neben dem günstigen Baumaterial war es vor allem das von Schrempf eingeführte Grundmaß von 12,5 cm, das eine ökonomische und schnelle Fertigung ermöglichte. Auch die Plastiken Hajeks mussten sich an dieses Maß halten,[18] wodurch aus dem funktionalen, Arbeitsprozesse und Vorfertigung erleichternden Gedanken, eine ästhetisch relevante Größe wird, die auf der Ebene des Maßsystems die Formen von Architekt und Bildhauer einander annähern und in der Wahrnehmung verschmelzen lässt.

1969 wurde das so entstandene ›Gesamtkunstwerk‹ mit dem Preis des Bundes Deutscher Architekten Saarland ausgezeichnet[19] und in der Presse[20] und zahlreichen Fachmagazinen[21] breit rezipiert. Hervorgehoben wurde dabei immer wieder die fruchtbare Zusammenarbeit zwischen Schrempf und Hajek als herausragendem »Prototyp des Zusammenwirkens von Architekt und Künstler«,[22] die »einen funktionalen Bau in eine Raumplastik«[23] verwandle. Selbst in internationalen Fachmagazinen wurde die Vermischung von zweckmäßiger Architektur und schmückender Bildhauerei besprochen[24] und das Studentenhaus sogar in einem internationalen Handbuch zur Gegenwartsarchitektur als Exempel für den »claim of affecting the fantastic, emotional, and irrational side of mankind by means of a sculptural architecture«[25] angeführt. 1997 wurde das Ensemble folgerichtig unter Denkmalschutz gestellt.

Bei Betrachtung der künstlerischen Positionen der beiden Gestalter wird nicht nur deutlich, warum diese Zusammenarbeit derart fruchtbar war, sondern auch, weshalb sich das Saarbrücker Studentenhaus im besonderen Maße für ein Seminar zum Thema

Raum anbietet. Beide nähern sich in ihrer disziplinären Grundauffassung einander an: Während einerseits Schrempf die Raumkunst Architektur sehr plastisch versteht,[26] betrachtet Hajek andererseits Raum als die »echte [...] bildnerische Aufgabe«.[27]

Hajeks allgemeine Aussagen zur Zusammenarbeit von Künstlern und Architekten, die er einige Jahre vor den Arbeiten am Studentenhaus machte, zeigen, dass das Projekt in Saarbrücken sehr genau dem entsprach, was er als Idealfall skizziert: Die Arbeiten hier sind keine »introvertierte[n] Plastik[en]«,[28] die separiert von Architektur und Betrachter:innen gedacht werden können und/oder im Atelier entstanden, sondern Raumplastiken, die mehr als nur »Attribut eines Gebäudes oder eines Platzes«[29] sind. Weiter stellt er fest, »daß die Architektur durch den Bildhauer verändert wird. Diese Veränderung drückt sich so aus, daß womöglich vom Gesichtspunkt der Architekten die Architektur gestört, diese Störung aber sinnvoll wird, wenn man an den Menschen denkt [...]. Die Plastik soll unmittelbar in die menschliche Gemeinschaft einbezogen werden, als Teil seiner Umgebung.«[30] Bei dem Saarbrücker Projekt ging es laut Hajek »nicht um das Verzieren eines Nutzgegenstandes«,[31] sondern darum einen Raum zu schaffen als »Erlebnisfeld für Menschen [...] nicht nur im körperhaften, sondern auch im psychischen und psychologischen Sinn: ein artikulierter Raum, in dem jeder aktiv teilhat an einem schöpferischen Prozeß.«[32]

In welchem Maße im Saarbrücker Studentenhaus Plastik und Architektur wechselseitig den ästhetischen, funktionalen und sozialen Raum determinieren und auf diese Weise zu einer Einheit werden, veranschaulicht beispielsweise der aus dem Seminar hervorgegangene Aufsatz von Sina Maria Schuffert.[33] Es ist kaum möglich die Mensa zu besuchen, ohne der Plastiken gewahr zu werden. Selbst wenn sie überhaupt nicht als Kunst wahrgenommen werden, greifen sie dennoch in die strukturellen und funktionellen Abläufe eines Aufenthalts dort ein.

Diese kurzen Hinweise verdeutlichen, wie sehr Künstler und Architekt die Raumthematik insbesondere auch im Hinblick auf soziale, psychische und politische Dimensionen in ihrer Arbeit beschäftigte. Ein weiterer Aspekt für das Seminar war der Konflikt zwischen einem universitärem Nutz- beziehungsweise Funktionsbau und einem seit 1997 denkmalgeschützten Bauensemble.

Naturgemäß überdauern (Bildungs-)Bauten ihren ursprünglichen Gestaltungskontext. Es führt aber zu speziellen Konflikten, wenn sie aufgrund ihrer herausragenden baukünstlerischen Bedeutung unter Denkmalschutz gestellt werden, da konservatorische Handlungsziele und dynamische Entwicklungen und Bedürfnisse der Universität stets miteinander vereinbart werden müssen. Einige Konflikte wurden in den vergangenen fast 55 Jahren bereits ausgetragen. So verursachte etwa die umfangreiche Renovierung der Cafeteria im Erdgeschoss 1998, bei welcher auch das denkmalgeschützte Mobiliar entfernt wurde, eine heftige Debatte mit dem Architekten.[34] Zudem wurde der Farbanstrich erneuert und auch die bis dahin unverputzten Betonaußenmauern zum Schutz vor Erosion gestrichen.[35] Außerdem musste neuen Brandschutzbestimmungen nachgekommen werden, weshalb der Architekt Henning Freese zwischen 2004 und 2007 zwei seitliche Treppentürme realisierte.[36] Heute ist der Bau in einem stark sanierungsbedürftigen Zustand und es werden Mittel akquiriert, um den Denkmalkomplex unter Gewährleistung der fortlaufenden Versorgung der Universitätsangehörigen zu retten.[37]

Fragen, die zum Teil auch innerhalb des Seminars gestellt wurden, lauteten daher: Können solche architekturhistorisch wertvollen Gebäude den sich ständig wandelnden

Ansprüchen, Bedürfnissen und ästhetischen Vorstellungen auch Jahrzehnte nach ihrer Fertigstellung noch gerecht werden? Inwiefern wissen die heutigen Nutzer:innen noch um die (architektur-)historische Bedeutung der Bauten, die sie tagtäglich betreten? Decken sich Alltagserfahrungen und Bauabsichten? Werden die sozialen und politischen Gestaltungsabsichten überhaupt wahrgenommen, oder wie wirken sie sich gegebenenfalls auch unbewusst noch aus? Darüber hinaus auf handlungspraktischer Ebene: Wie lässt sich der finanzielle und zeitliche Aufwand denkmalpflegerischer Maßnahmen mit dem Universitätsalltag vereinen?

Raum und Räume als Thema universitärer Lehre – didaktische Überlegungen

Wie aus dem Seminartitel *Spatial Turn — Raumperspektiven in den Kulturwissenschaften* ersichtlich ist, handelt es sich nicht um ein architekturhistorisches Seminar, sondern um ein kulturtheoretisches, das den sogenannten *spatial turn* und mit ihm einhergehende raumtheoretische Fragestellungen sowie Raum als Untersuchungskategorie zum Kernthema hat.[38] Das Saarbrücker Studentenhaus diente dabei didaktisch als Anschauungsbeispiel des theoretischen und methodischen Oberthemas.

In der Vorbereitung der Lehrveranstaltung hat sich zunehmend herauskristallisiert, dass möglicherweise gerade Raumtheorien in ihrer Diskrepanz zu *Raum* als Alltagsgröße einige Hürden für die Vermittlung bilden. Neben der abstrakten Komplexität relevanter theoretischer Schriften, die themenübergreifend beziehungsweise ›raum‹-unabhängig stets Vermittlungsschwierigkeiten mit sich bringt, erscheint in Bezug auf *Raum* gerade die mediale Disposition einer Seminarsituation als eine große Herausforderung. Hier stellt sich die Frage, wie man der Begrenztheit der Unterrichtsmedien begegnen kann.

Im Gegensatz zur essenziell dreidimensionalen Beschaffenheit des Untersuchungsgegenstands *Raum* stehen in der Lehre vorwiegend audiovisuelle, zweidimensionale Medien zur Verfügung. Eine Herausforderung besteht demnach grundsätzlich darin, dreidimensionale, multisensorisch und in der Regel auch dynamische Strukturen mittels medialer Formate zu vermitteln, welchen diese Eigenschaften abgehen. Dieses Problem ist keinesfalls neu oder auf Raumkonstellationen beschränkt. Dennoch erscheint es stets lohnend, in der Lehre die mediale Diskrepanz zwischen Gegenständen und Darstellungs- beziehungsweise Vermittlungsmedien zu reflektieren. Denn auch zweidimensionale visuelle Gegenstände, wie Gemälde oder Drucke, erfahren in der digitalen Repräsentation via Projektion oder Bildschirm erhebliche Verfremdungen. Man beachte nur die Maße, Materialität oder auch Ortsbezüge. Nicht umsonst ist es etablierte kunsthistorische Praxis, Abbildungen stets ausführlich zu beschriften, um dies aufzudecken. Die Relevanz dieser Beschriftungen muss jedoch in der Lehre stets aufs Neue ausdrücklich vermittelt werden.

Kann nun der materiell-medialen Beschaffenheit von Gegenständen und ihrer bewussten Übersetzung in Vermittlungsmedien durch offene, reflektierte Kommunikation weitestgehend begegnet werden, verhält es sich mit immateriellen Größen beziehungsweise solchen, die sich erst in der performativen Relationalität bilden – wie etwa sozialen oder kulturellen Räumen – nochmals schwieriger, vor allem wenn sich die geometrischen Räume, die von einer zunächst medial rekonstruierten Architektur ausgebildet werden, nicht mit den in ihr ausgebildeten, meist dynamischen und sich überlagernden sozialen Räumen decken. Auch wenn man den Seminarraum selbst aktiv als Anschauungsobjekt in die Erklärungen einbezieht, scheint es kaum möglich, diese Komplexität in einer reinen Seminarsituation nachhaltig und verständlich zu vermitteln. Bereits aus der Medialität der Unterrichtssituation erscheint demnach ein Transfer des theoretisch Erlernten auf konkrete Räume notwendig – im Idealfall mit Ortsbegehungen, um die raumbildenden und umschließenden Eigenschaften von Architekturen auch ganzkörperlich nachvollziehen zu können.

An dieser Stelle ist noch keine Einschränkung hinsichtlich der zu betrachtenden Raumtypen erfolgt. Einige der Gründe, weshalb sich gerade universitäre Bildungsbauten als Betrachtungsgegenstände anbieten könnten, sollen im Folgenden kurz skizziert werden.

Durch ihre omnipräsente, uns umfangende, alltägliche Gegebenheit wird der Raumgestaltung und ihren soziokulturellen Implikationen in die Gesellschaft relativ wenig kritische Aufmerksamkeit geschenkt. Wir bewegen uns zwingend und ständig durch Räume, durchschreiten und nutzen sie zu bestimmten Zwecken, aber wir betrachten sie selten als gestalteten Raum oder hinterfragen sogar die Art ihrer Gestaltung. Hierdurch schreiben sich ihre Einflüsse auch häufig nur unbewusst in gesellschaftliche und individuelle Lebenswelten ein.

Solche Gegenstände, die als allgemein bekannt angenommen werden, sind daher besonders geeignet, diese grundlegende Diskrepanz von Alltagsanschauung und kritischer Raumbetrachtung erfahrbar zu machen und Studierenden eine niederschwellige Möglichkeit zu bieten, sich diesen sehr komplexen und vermeintlich lebensfernen Fragen räumlicher Relationalität auch nachhaltig zu stellen. Darüber hinaus gestalten sich für Studierende, die wie im hiesigen Fall nur mit begrenztem architekturhistorischem Wissen ausgestattet sind, die Zugangshürden zu einem vermeintlich bekannten Bau deutlich niedriger. Auch ohne architekturhistorische Vorkenntnisse kann sich eben jene vermeintliche Vertrautheit mit dem Bau in der Alltagserfahrung und -anschauung als eine Art Negativfolie einer wissenschaftlich kritischen Betrachtung anbieten.

Gehen wir, wie es zahlreiche raumsoziologische Studien belegt haben, davon aus, dass im Grunde jede bewusste und unbewusste physische Raumgestaltung Wirkung auf soziale, politische und kulturelle Räume hat, liegt in einer Schärfung der Aufmerksamkeit hierfür bei Studierenden der Historisch orientierten Kulturwissenschaften und Angewandten Kulturwissenschaften ein großer Mehrwert. Ein weiterer Vorteil in der Wahl eines selbst genutzten Funktionsbaus liegt außerdem darin, dass sich die Implikationen der gesammelten Erkenntnisse in den folgenden alltäglichen Nutzungen in besonderem Maße verstetigen und festigen, da in diesen Handlungen Alltagserfahrungen und gewonnenes Wissen oszillieren werden und so zu einem neuen bewussteren Umgang mit der universitären und außeruniversitären Umgebung führen können.

Werden die Ergebnisse der Veranstaltung zusätzlich in ein öffentliches Vermittlungsformat überführt – wie etwa eine Ausstellung, Vortragsreihe oder auch Podcasts –, kann sich die im Seminar konstituierte wissenschaftliche Betrachtung auch auf die weitere universitäre Gemeinschaft auswirken.

Die Lehrveranstaltung *Spatial Turn – Raumperspektiven in den Kulturwissenschaften*

Wie eingangs erwähnt sollte ein Seminar im Modul »Kulturtheorie« der interdisziplinären Masterstudiengänge Historisch orientierte Kulturwissenschaften und Angewandte Kulturwissenschaften mit einem Umfang von sechs Creditpoints konzipiert werden.

Im Sinne des Lehr-Lern-Prozesses wurden als Lernziele folgende Kompetenzen angestrebt:

- Auf der inhaltlichen Ebene standen der sogenannte *spatial turn* und damit einhergehende raumtheoretische und methodische Ansätze im Fokus. Die Studierenden sollten das Themenfeld kennenlernen, sich ein Grundwissen aneignen und dieses in Transferaufgaben anwenden und vertiefen. Ein weiterreichendes Ziel war eine grundsätzliche Sensibilisierung für *Raum* als soziokulturellen Faktor.

- Hinsichtlich berufspraktischer und wissenschaftlicher Fertigkeiten wurde einerseits auf kritische Textarbeit und Lektürekompetenz sowie die Konzeption einer eigenen wissenschaftlichen Studie abgezielt. Andererseits sollte die Vermittlung im Fokus stehen, also die Erarbeitung kulturwissenschaftlicher Ausstellungsinhalte in Form von zu bestückenden Ausstellungsvitrinen und Begleittexten.

Wie aus dem Seminarplan (siehe Tabelle 1) ersichtlich wird, wurde sich zum Erreichen dieser Lernziele für einen mehrstufigen Prozess entschieden: Lektüre-, Theorie- und Methodenkompetenz wurden zunächst durch das Einarbeiten in ausgewählte raumtheoretische Schriften und Studien angestrebt. Darauf folgte der systematische, eigenständige und begleitete Transfer einer theoretischen Position und methodischen Herangehensweise auf eine konkrete Raumkonstellation – in diesem Fall auf das Studentenhaus Saarbrücken. In einem dritten Schritt sollten die gewonnen Ergebnisse dann in ein allgemein verständliches und interessantes Darstellungsformat für eine Ausstellung überführt werden, wofür das Foyer der Saarländischen Universitäts- und Landesbibliothek im Zeitraum von Anfang Juli bis Ende August 2020 angedacht war.

Der detaillierte Aufbau des Seminars sah derart aus, dass auf eine wissenschaftshistorische Einordnung des *spatial turns* (1), eine Vorlesungssitzung zur Entwicklung des Raumbegriffs folgte (2). Neben der fachlichen Relevanz der Lehrveranstaltung sollte damit vor allem die Vielgestaltigkeit und Wandelbarkeit von Raumvorstellungen vorgeführt werden, um im Anschluss in vier Sitzungen (3–6) insgesamt acht ausgewählte raumtheoretische Schriften zu diskutieren.[39] Zur Eingrenzung des Lektüreaufwands wurde der Kurs dazu in zwei Gruppen aufgeteilt, die jeweils als Expert:innen für einen Text pro Sitzung fungierten. Eine Schwierigkeit war die kritische Lektürekompetenz gerade in Bezug auf theoretische Schriften. Rückblickend würde ich diese Sequenz mit einer gemeinsamen Lektüre eröffnen, in der die basale Lesekompetenz wissenschaftlicher Texte gezielt eingeübt beziehungsweise wiederholt wird.[40] Zwar wurde versucht, durch die Bereitstellung von Lektürenotizzetteln dieser Problematik spontan entgegenzuwirken, eine zuvor geplante Übungssequenz wäre jedoch sicher effizienter gewesen.

In der nächsten Sequenz (7–9) wurde die Lektürearbeit fortgesetzt – nun jedoch mit einem Schwerpunkt auf aktuelle raumtheoretisch motivierte Studien; also Beispielanwendungen, die veranschaulichen, wie und mit welchen Fragen konkrete Gegenstände untersucht werden können. Den Abschluss bildete hier bewusst der Band von Fischer und Makropoulos,[41] in welchem *ein* Ort – der Potsdamer Platz – mit sehr unterschiedlichen Ansätzen analysiert wird. Als eine Art Glücksfall bildet dieser auf abstrakter Ebene das Vorhaben für die zweite Hälfte des Seminars ab: nämlich den gemeinsamen Betrachtungsgegenstand – die Saarbrücker Mensa – aus unterschiedlichen Perspektiven zu beleuchten. Auf diese Weise konnte den Studierenden nochmals bildlich das Ziel der Lehrveranstaltung und ihr konkreter Arbeitsauftrag vor Augen geführt werden.

Die letzte Sitzung vor der Weihnachtspause (10) diente dem Zusammenführen des bisher Gelernten sowie der Überleitung in den nächsten Teil der Veranstaltung. In einem offenen Brainstorming wurden erste Ideen für die Projektarbeiten gesammelt und im Plenum diskutiert, kommentiert und, sofern notwendig, auf Problematiken aufmerksam gemacht. Ziel war es, erste Ideen zu etablieren, die dann eigenständig weiterverfolgt werden konnten.

Die Praxisphase im neuen Jahr wurde mit einer inhaltlichen Grundlagensitzung zum gemeinsamen Betrachtungsgegenstand eröffnet (11). Hierzu hatten die Studierenden den Arbeitsauftrag, in Kleingruppen Impulsreferate zu den Themen *Der Campus Saarbrücken – bauliche Konzeption, Die Mensa Saarbrücken – Baugeschichte, Die Mensa Saarbrücken – Baubeschreibung, Otto H. Hajek – Allgemeines zu Werk und Ansatz* und *Brutalismus als Architekturstil* vorzubereiten. Die Gründe für eine solche Sitzung waren zweierlei: Ersterer liegt erneut in der Interdisziplinarität des Studiengangs. Für einen Großteil der Studierenden waren Architekturen noch völlig fremd als Gegenstände, wodurch auch hier eine gemeinsame Wissensgrundlage angestrebt werden musste. Der zweite und vielleicht wichtigere Grund bestand in der Aufwandsökonomie. Um zu gewährleisten, dass die Studierenden ihre Hauptarbeit wirklich auf die Anwendung raumtheoretischer Überlegungen auf die Mensa fokussieren, sollte die für alle notwendige Grundlagenarbeit gemeinsam geschultert werden.

Die beiden folgenden Sitzungen waren zum Ausarbeiten der Projekte reserviert, wobei die Studierenden die Möglichkeit hatten, an einer betreuten Arbeitswerkstatt teilzunehmen, um ihre Projekte weiterzuentwickeln, sodass sie sich in dieser experimentellen Phase einer ersten wissenschaftlichen Studie sowohl auf gegenseitige als auch meine Unterstützung verlassen konnten und ein produktives, wohlwollendes Arbeitsklima entstand. Auf dieser Grundlage konnten dann auch die ersten, noch unausgereiften Ergebnisse in den abschließenden Sitzungen 14 und 15 in einem konstruktiv-kritischen Klima präsentiert werden. Die finale Ausarbeitung der Ausstellungsvitrinen sollte anschließend in der vorlesungsfreien Zeit erfolgen.

Das vornehmlich für Literaturausstellungen konzipierte Ausstellungsfoyer der Universitätsbibliothek verfügt hauptsächlich über Tischvitrinen mit den Maßen 1200 x 700 mm. Als Prüfungsleistung sollten die Studierenden ihre Studie im Format einer solchen Ausstellungsvitrine ansprechend mit Bildern, Objekten, Texten und verbindender Untergrundgrafik aufbereiten sowie einen kleinen, erläuternden Katalogtext schreiben. Die Abgabe sollte aus den Rohdaten bestehen, die dann von unserem Institut zentral in die Sommerausstellung überführt werden sollten.

Leider konnte diese Ausstellung aufgrund des Ausbrechens der Covid19-Pandemie und der damit einhergehenden Schließungen nicht stattfinden. Als sich dies im Frühjahr 2020 abzeichnete, wurde so pragmatisch wie möglich reagiert. Die durchaus umfangreichen, studentischen Arbeiten sollten auf keinen Fall ohne Output bleiben, gleichzeitig

Tabelle 1: Seminarplan zu *Spatial turn – Raumperspektiven in den Kulturwissenschaften*

1	15.10.2019	**Einführung**
		Der spatial turn in den Kunst- & Kulturwissenschaften
2	22.10.2019	**Einführung**
		Was ist Raum? Abriss zur Entwicklung abendländischer Raumtheorien
3	29.10.2019	**Lektüresitzung – Raumtheorien I**
	Text A:	*Georg Simmel: Über räumliche Projektionen sozialer Formen (1903)*
	Text B:	*Ernst Cassirer: Mythischer, ästhetischer und theoretischer Raum (1931)*
4	05.11.2019	**Lektüresitzung – Raumtheorien II**
	Text A:	*Kurt Lewin: Kriegslandschaft (1917)*
	Text B:	*August Schmarsow: Das Wesen der architektonischen Schöpfung (1894)*
5	12.11.2019	**Lektüresitzung – Raumtheorien III**
	Text A:	*Maurice Merleau-Ponty: Das Auge und der Geist (1961)*
	Text B:	*Michel Foucault: Von anderen Räumen (1967)*
6	19.11.2019	**Lektüresitzung – Raumtheorien IV**
	Text A:	*Henri Lefebvre: Die Produktion des Raumes (1974)*
	Text B:	*Pierre Bourdieu: Sozialer Raum, symbolischer Raum (1989)*
7	26.11.2019	**Lektüresitzung – raumtheoretische Studien I**
	Text A:	*Markus Schroer, Laura Kajetzke: Der Raum der Schule (2009/2019)*
	Text B:	*Paddy O'Toole, Prisca Were: Observing places: using space and material culture in qualitative research (2008)*
8	03.12.2019	**Lektüresitzung – raumtheoretische Studien II**
	Text A:	*Thorsten Bürklin, Alban Janson: Auftritte – Interaktionen mit dem architektonischen Raum: die Campi Venedigs (2002); Thorsten Bürklin: Das Bild des Körpers. Vom Vergessen des Körpers im Raum (2002)*
	Text B:	*Gill Abousnnouga, David Machin: The changing spaces of war commemoration: a multimodal analysis of the discourse of British monuments (2010)*
9	10.12.2019	**Lektüresitzung – raumtheoretische Studien III**
	Thema:	*Der Potsdamer Platz in Berlin*
	Texte aus:	*Joachim Fischer/Michael Makropoulos (Hg.): Der Potsdamer Platz. Soziologische Theorien zu einem Ort der Moderne, München 2004.*
10	17.12.2019	**Zwischenfazit & Brainstorming für Projektphase**
11	07.01.2020	**Praxis/ Ausstellungsvorbereitung**
		Erarbeitung einer gemeinsamen Wissensgrundlage zum Betrachtungsgegenstand in Form von Kurzreferaten
	Themen	*Der Campus Saarbrücken – bauliche Konzeption	Die Mensa Saarbrücken – Baugeschichte	Die Mensa Saarbrücken – Baubeschreibung	Otto H. Hajek – Allgemeines zu Werk und Ansatz	Brutalismus als Architekturstil*
12	14.01.2020	**Praxis/ Ausstellungsvorbereitung**
		Offene Schreib- & Arbeitswerkstatt
13	21.01.2020	**Praxis/ Ausstellungsvorbereitung**
		Offene Schreib- & Arbeitswerkstatt
14	28.01.2020	**Praxis/ Ausstellungsvorbereitung**
		Abschlusspräsentationen
15	04.02.2020	**Praxis/ Ausstellungsvorbereitung**
		Abschlusspräsentationen
	07.02.2020	Ende der Lehrveranstaltungen
	Juli/Aug	**Ausstellung in der Saarländischen Universitäts- und Landesbibliothek**

konnte die Prüfungsleistung auch nicht nachträglich geändert werden. Als Kompromiss wurde schließlich entschieden, einen erweiterten Ausstellungskatalog ohne Ausstellung im Selbstverlag zu publizieren, für den die Studierenden auf freiwilliger Basis ihre Vitrinen-Projekte in einen publizierbaren Langtext umarbeiten konnten.

Abgesehen von einer Studentin haben alle Teilnehmer:innen diesen Mehraufwand auf sich genommen, um im Ergebnis einen zitierfähigen Publikationstitel vorweisen zu können.

Themenübergreifend schlage ich in einem solchen zweiteiligen Veranstaltungsformat vor, im ersten Teil von einer thematischen Einführung im Vorlesungsstil, die einen ersten Überblick über das Seminarthema vermittelt, zu vertiefenden Lektüresitzungen überzugehen, um gegen Ende des ersten Abschnitts der Lehrveranstaltung zu einem methodischen Gerüst zu kommen, mit dem dann eigenständig Gegenstände erschlossen werden können. In der zweiten Hälfte stehen folglich diese Untersuchungen im Fokus. Hier können klassische Referate gehalten oder, wie in diesem Fall, andere Präsentationsformen erarbeitet werden. Wichtig scheint jedoch stets eine kontinuierliche Rückkoppelung an das in der ersten Hälfte Erlernte zu sein. Dies kann man beispielsweise gezielt in die Rückmeldungen zu Vorträgen einbauen. Seitens der Studierenden wurde diese Vorgehensweise explizit unterstützt und auch die Qualität der studentischen Präsentationen stieg in Folge einer solchen Vorarbeit signifikant an. Aus meiner bisherigen Lehrpraxis kann ich ableiten, dass sich ein solches Veranstaltungsformat besonders in Wintersemestern anbietet, da die Weihnachtspause eine natürliche Zäsur nahelegt.

Resultate und Reflexion

Obwohl sie keine ausgereiften und vollumfänglichen Studien darstellen (können), bieten die studentischen Ergebnisse faszinierende Einblicke in die fruchtbare Einbindung universitärer Bildungsbauten in die Lehre. Antonia Dornieden hat sich von Laura Kajetzkes und Markus Schroers Studie[42] zur Suche nach »Spuren der Raumaneignung«[43] anregen lassen, indem sie Graffiti, Aufkleber und Plakate im Studentenhaus und an Richard Serras *Torque* (1992) untersuchte. Hannah Drießler wiederum analysierte den zentralen Speisesaal und die darin materialisierten Grenzen in Bezug auf die raumsoziologischen Grundlagen Georg Simmels.[44] Maren Holderbaum wagte einen ersten Schritt in Richtung einer quantitativen, ethnomethodologischen Analyse des Nutzungsverhaltens und stellte die Frage, ob das ursprüngliche kommunikative Konzept von Hajek und Schrempf, das zum Verweilen und Austausch anregen sollte, auch heute noch in den tatsächlichen Handlungen zu erkennen ist.[45] Darüber hinaus verglich Celine Koch die Intention und die heutige Wahrnehmung unter Verwendung von Henri Lefebvres Kategorie der »Repräsentationsräume«,[46] während Svenja Rogg auf den architekturtheoretischen Schriften von August Schmarsow und Le Corbusier[47] aufbaute, um zu zeigen, wie die »Farbwege« als Stör- und Leitsysteme Räume für bewegte Betrachtungen oder Raumerfahrungen eröffnen und schließen.[48] Sina Maria Schuffert widmete sich der viel gelobten baukünstlerischen Einheit des Studentenhauses und ging der Frage nach, wie Funktion und Ästhetik in diesem Kontext miteinander interagieren. Dabei zeigte sie auf, dass Funktion und Ästhetik nicht streng den architektonischen und plastischen Anteilen zugeordnet werden können, sondern beide Bereiche – Architektur und Kunst – wechselseitig an der Produktion einer neuen Sinnordnung beteiligt sind.[49]

Diese experimentellen Studien verdeutlichen nicht nur die intensive Auseinandersetzung der Studierenden mit den theoretisch-methodischen Impulsen, sondern auch ein neues Bewusstsein für *ihren* Hochschulraum.

Als menschliche Multiplikatoren tragen sie dieses neue Bewusstsein in die Studierendenschaft, ihre Leistung ist durch den Katalog über ihre persönliche Anbindung an die Hochschule hinaus verstetigt und hat dadurch einen deutlichen Mehrwert für die kritische Wahrnehmung von Bildungsbauten allgemein. Darüber hinaus bestätigte sich im Gespräch mit den Studierenden die Vermutung eines Wandels der persönlichen Wahrnehmung. Räumlich gezogene, soziale Grenzen und Durchlässigkeiten werden nun auch in anderen Räumen erkannt. Ergebnisse von Kommiliton:innen werden im täglichen Gebrauch reflektiert. Das Oszillieren zwischen Alltagsanschauung und kritischer Betrachtung ist höher frequentiert und die Hoffnung, dass sich dies auch auf außeruniversitäre Raumkonstellationen und ihre politischen, sozialen und kulturellen Implikationen überträgt, ist durchaus berechtigt. Während sich der Output dieser Lehrveranstaltung vornehmlich im digitalen Raum manifestiert, haben andere Projekte im Zusammenhang mit dem Mensa-Jubiläum ihren Weg in eine ständige Ausstellung im Gebäude gefunden. Beim täglichen Gang zum Mittagessen kann beobachtet werden, dass im Grunde immer einzelne Personen oder Gruppen vor den Tafeln verweilen und diese studieren. Auch deren Blick auf ihren Alltagsraum, ihren Bildungsbau ändert sich in diesem Moment.

Lehrveranstaltungen in der Kunstgeschichte, Architekturgeschichte oder auch allgemeiner Kulturwissenschaften dazu zu nutzen, dauerhaften Mehrwert für die universitäre Gemeinschaft zu schaffen, erscheint für alle Interessensgruppen – Fachgemeinschaft, Studierende, Angehörige der Universität sowie das Universitätsmarketing – ein fruchtbares Unterfangen. Das hier vorgestellte Beispiel kann als ausdrücklich kritisch zu betrachtender Anhaltspunkt für zukünftige Lehrveranstaltungen solcher Art dienen.

---

1 Christian Nille: *Von der Alltagsanschauung zur kunsthistorischen Raum-Kritik: Versuche am Beispiel der Vorhoffassade des Georg Forster-Gebäudes der Mainzer Universität.* Heidelberg 2019. doi.org/10.11588/arthistoricum.429.

2 Etwa ein zweisemestriges Projektseminar, aus dem die studentische Broschüre *LebensRaum MenSaar. Mittagessen, Erleben, Nutzen, Spielen, Arbeiten: 1970–2020*, hg. von Mona Schrempf. Saarbrücken 2021, doi:10.22028/D291-35492 hervorgegangen ist, sowie die große Dauerausstellung in Zusammenarbeit mit der Schule für Architektur Saar (SAS) *Denk_mal anders — 50 Jahre BauKunst Mensa* unter anderem mit 3D Walkthrough über die Homepage https://mensa50.bauarchiv.org/index.html [zuletzt geprüft am 15.04.2024].

3 Ausführlichere Darstellungen finden sich im aus der Lehrveranstaltung hervorgegangenen Ausstellungskatalog sowie auf der Begleithomepage zur größeren Dauerausstellung: Nora Benterbusch, Jonas Nesselhauf (Hgg.): *mensaarRAUM. Walter Schrempf, Otto Herbert Hajek und ihr Studentenhaus.* Saarbrücken 2020, doi:10.22028/D291-32723 – Homepage der Dauerausstellung (wie Anm. 2). Darüber hinaus finden sich detaillierte Darstellungen in: Thilo Offergeld (Hg.): *75 Jahre Universität des Saarlandes. Themen, Akteure, Orte ihrer Geschichte.* Saarbrücken 2023; Jo Enzweiler (Hg.): *Kunst im öffentlichen Raum, Saarland. Band 2: Uni-*

versität des Saarlandes, 1945 bis 1999. Aufsätze und Dokumentation. Saarbrücken 1999; Jörg Pütz, Henry Keazor (Hgg.): *Kunst auf dem Campus.* Merzig 2012.

4 Vgl. hierzu den baulichen Überblick bei Patrick Ostermann: »Zum Denkmalensemble der Universität des Saarlandes in Saarbrücken« In: Enzweiler 1999 (wie Anm. 3) 1999, S. 10–15, hier S. 12.

5 Vgl. Offergeld 2023 (wie Anm. 3), S. 92–98.

6 Vgl. zum Kieler Studentenhaus und Kieler Studentenhausplan: Oliver Auge (Hg.): *Christian-Albrechts-Universität zu Kiel. 350 Jahre Wirken in Stadt. Land und Welt.* Kiel 2015; Günter Schulz-Gärtner: »Das Kieler Studentenhaus« In: *CA.* 2, 1966, S. 5–9; Deutsches Studentenwerk (Hg.): *1921–2001. Das Studentenwerk.* Bonn 2002.

7 Zit. n. »Der verwandelte Kubus. Das Saarbrücker Studentenhaus bricht mit der Tradition« In: *Betonprisma.* 8, 1971, Nr. 21, S. 1–5, hier S. 2.

8 »Walter Schrempf im Gespräch mit Monika Bugs über die Mensa, das Studentenhaus der Universität des Saarlandes« In: Enzweiler 1999 (wie Anm. 3) 1999, S. 42–51, hier S. 46.

9 Vgl. »Fachdokumentation als Bauanalyse. Mensa der Universität des Saarlandes in Saarbrücken« In: TAB – *Technik am Bau.* 1972, Nr. 3, S. 182–196.

10 Aktuell wird ein Prozentsatz von 0,5–1,5% der Bausumme empfohlen. Vgl. Bundesministerium für Verkehr, Bau und Stadtentwicklung (BMVBS) (Hg.): *Leitfaden Kunst am Bau.* 3. Aktualisierte Aufl., online Sept 2012. https://www.fib-bund.de/Inhalt/Leitfaden/KunstamBau/leitfaden-kab-12-12-04.pdf [zuletzt geprüft am 27.03.2024].

11 Vgl. Volker Plagemann: »Kunst außerhalb der Museen. Musealität der Kunst und Autonomieanspruch der Moderne« In: Ders. (Hg.): *Kunst im öffentlichen Raum. Anstöße der 80er Jahre. Im Auftrag der Kulturbehörde Hamburg.* Köln 1989, S. 10–19, hier S. 14. Hajek selbst hält Wettbewerbe in der Kunst für eine ungeeignete Form – sie seien »der Ausdruck eines mißverstandenen demokratischen Prinzips« und brächten in der Regel weniger hochklassige Kunst hervor, da sich die Künstler aufgrund der Unsicherheiten des Wettbewerbs nicht voll engagieren würden. Vgl. Otto Herbert Hajek: »Brief zum Geburtstag des Theologen Max Seckler« In: Eugen Gomringer (Hg.): *Kunst stiftet Gemeinschaft. O. H. Hajek, das Werk und seine Wirkung.* Stuttgart 1993, S. 22.

12 Vgl. Marlen Dittmann: »Architektur im öffentlichen Raum – drei Beispiele« In: Enzweiler 1999 (wie Anm. 3) 1999, S. 29–33, hier S. 30.

13 Das neue Modell wurde am 16. Dezember 1965 und noch einmal am 17. Februar 1966 vorgestellt.

14 Das zentrale Motiv der »Farbwege« wurde wesentlich in der begehbaren Raumplastik *Frankfurter Frühling* (1962–1964) vorbereitet, welche auch auf der documenta III internationales Aufsehen erregte. Vgl. hierzu: Manfred de la Motte: »Der ›Frankfurter Frühling‹ und die Folgen« In: Gomringer 1993 (wie Anm. 11), S. 16–18; Günter Wirth: »Einführung« In: Otto Herbert Hajek: *Ikonographien. Zeichen, Plätze, Stadtbilder.* Stuttgart 1978, S. 7–15; Michael Kessler: »Dialoge der Störung. Bemerkungen zum Werk von Otto Herbert Hajek« In: Ders., Gebhard Fürst, Wolfgang Urban (Hgg.): *Otto Herbert Hajek zum 70. Geburtstag.* Stuttgart 1998, S. 37–66; Chris Gerbing: *Chancen, Möglichkeiten und Grenzen von Kunst im Unternehmen. Eine interdisziplinäre Studie am Beispiel der »Kunstumzingelung« von Otto Herbert Hajek an der Sparda-Bank in Stuttgart.* Tübingen 2010.

15 Josef Adolf Schmoll gen. Eisenwerth: »Das Saarbrücker Studentenhaus« In: *O. H. Hajek. Farbwege, 1963–71.* Ausst. Kat. Kunsthalle Bielefeld, Bielefeld 1971, S. 9–10, hier S. 9.

16 Anna Hofmann: »Das Studentenhaus Saarbrücken. Eine Architektur-Skulptur von Walter Schrempf und Otto Herbert Hajek.« In: Enzweiler 1999 (wie Anm. 3) 1999, S. 34–41, hier S. 36.
17 Marlen Dittmann: *Die Baukultur im Saarland. 1945–2010.* Saarbrücken 2011, S. 102 f.
18 Vgl. auch die Aussagen des Künstlers hierzu in: Otto Herbert Hajek: »Der Bildhauer und der Architekt« In: *Deutsche Bauzeitung.* 1971, Nr. 12, S. 1382.
19 Vgl. BDA: »Die Unimensa – 50 Jahre preisgekrönter Brutalismus im Saarland«, online 07.12.2020, https://www.bda-saar.de/2020/12/50-jahre-preisgekroenter-brutalismus-im-saarland/ [zuletzt geprüft am 15.04.2024]; Elke Schwarz: »Kunst auf dem Campus« In: *Forum Magazin,* online 08.12.2017, https://magazin-forum.de/de/node/6802 [zuletzt geprüft am 15.04.2024].
20 Vgl. etwa Susanne Müller-Hanpft: »Wohin führen Farbwege?« In: *Frankfurter Allgemeine Zeitung* vom 7. Januar 1972, S. 28.
21 Vgl. z.B. auch »Mensa Saarbrücken. Ein interessantes Beispiel der Gegenwartsarchitektur« In: *Das deutsche Malerblatt.* 42, 1971, Nr. 11, S. 1018–1022. Ein textidentischer Abdruck erfolgte in der Firmenzeitschrift der Hermann Wiederhold Lackfabriken, Hilden unter dem Titel »Wiedopren für die Mensa Saarbrücken – ein interessantes Beispiel der Gegenwartsarchitektur« In: *Report Form Farbe* 7. 1972, S. 17–19. Darüber hinaus war die Kassettendecke das Titelfoto der Fachzeitschrift *TAB – Technik am Bau,* 1972, Nr. 3.
22 »Kunst (im) Bau.« In: *Bauen+Wohnen.* 1973, Nr. 27, S. 266.
23 Dittmann 2011 (wie Anm. 17), S. 103.
24 Vgl. etwa »Sarrebruck: Maison des étudiants. Walter Schrempf et Otto Hajek« In: *L'Architecture d'Aujourd'hui.* 4, 1968, Nr. 5, S. 43.
25 Winfried Nerdinger: »Federal Republic of Germany« In: Warren Sanderson (Hg.): *International Handbook of Contemporary Developments in Architecture.* Westport, CT 1981, S. 301–314, hier S. 310.
26 Vgl. Schrempf/Bugs 1999 (wie Anm. 10), S. 46.
27 Otto Herbert Hajek: »Gestörte Architektur« In: Gomringer 1993 (wie Anm. 11), S. 13–16, hier S. 14.
28 Ebd.
29 Ebd.
30 Ebd.
31 Otto Herbert Hajek: »Der Bildhauer und der Architekt« In: *Deutsche Bauzeitung.* 1971, Nr. 12, S. 1382.
32 Ebd.
33 Sina Maria Schuffert: »Das Saarbrücker Studentenhaus zwischen Funktionsbau und Ästhetik« In: Benterbusch, Nesselhauf 2020 (wie Anm. 3), S. 89–96. Zur architekturhistorischen Bedeutung dieser Zusammenarbeit, vgl. Josef Adolf Schmoll gen. Eisenwerth: »Zu den Arbeiten von Otto Herbert Hajek im Bereich der Architektur und Urbanistik.« In: Gomringer 1993 (wie Anm. 11), S. 24: »Dieses Gebäude war in seinem Raumprogramm und seinen Grundstrukturen bereits vom Architekten Walter Schrempf entworfen worden […]. In intensiver gemeinsamer erneuter Entwurfstätigkeit wurde ein zweites Modell erstellt, das eine völlig neuartige Durchdringung beider Sphären zeigte: der architektonisch-räumlichen und der plastisch-farbigen. […] Erstmals ist es hier gelungen, die Kunst eines Bildhauers und Farbgestalters in das Raumprogramm und die Funktionsabläufe eines Architekten nahtlos zu integrieren.«
34 Vgl. Monika Bugs: »Vom Umgang mit Kulturgut – die Mensa der Universität des Saarlandes.« In: Enzweiler 1999 (wie Anm. 3) 1999, S. 52–53.
35 Hofmann 1999 (wie Anm. 16), S. 36.

36 Jörg Bläs, Falko Schröter: »Ein saarländisches Projekt: Treppenhäuser an der Mensa der Universität Saarbrücken« In: *Us Hütt: Menschen und Stahl der Dillinger Hütte.* 2007, Nr. 1, S. 3–4.
37 Vgl. Brigitte Henkes: »#mittendrin in der bröckelnden Mensa: Sanierungsfall an der Uni Saarbrücken«, SR, tagesthemen, Bericht vom 11.07.2022. https://www.tagesschau.de/multimedia/sendung/tagesthemen/video-1058707.html [zuletzt geprüft am 15.04.2024].
38 Vgl. u. a. Doris Bachmann-Medick: *Cultural Turns. Neuorientierungen in den Kulturwissenschaften.* 6. Aufl., Hamburg 2018; Stephan Günzel (Hg.): *Raum. Ein interdisziplinäres Handbuch.* Stuttgart/Weimar 2010.
39 Die in diesem Segment behandelten Texte wurden abgesehen von August Schmarsows »Das Wesen der architektonischen Schöpfung« (1894) alle dem kommentierten Textband von Jörg Dünne und Stephan Günzel entnommen: Jörg Dünne, Stephan Günzel (Hg.): *Raumtheorie. Grundlagentexte aus Philosophie und Kulturwissenschaften.* 9. Aufl., Frankfurt a. M. 2018.
40 Einen interessanten Ansatz zur Einübung der Lesekompetenz bietet Kornelia Kończal: »Lesen und Schreiben in Absätzen: Plädoyer für eine vernachlässigte Kulturtechnik. *Geschichtswissenschaftsdidaktik*«, online 16.01.2024. https://doi.org/10.58079/vl1t [zuletzt geprüft am 15.04.2024].
41 Joachim Fischer, Michael Makropoulos (Hgg.): *Der Potsdamer Platz. Soziologische Theorien zu einem Ort der Moderne.* München 2004.
42 Markus Schroer, Laura Kajetzke: »Der Raum der Schule« In: Markus Schroer (Hg.): *Räume der Gesellschaft.* Wiesbaden 2019, S. 181–197.
43 Antonia Dornieden: »Wir waren hier! Graffiti, Plakat und Aufkleber, oder: Wie sich Studierende die Campuskunst zu eigen machen« In: Benterbusch, Nesselhauf 2020 (wie Anm. 3), S. 49–55, hier: S. 49.
44 Hannah Drießler: »Grenzen in der Mensa« In: Benterbusch, Nesselhauf 2020 (wie Anm. 3), S. 57–64.
45 Maren Holderbaum: »Die Mensa: Fresspalast oder Ort der Vergemeinschaftung?« In: Benterbusch, Nesselhauf 2020 (wie Anm. 3), S. 67–73. Holderbaum stützt sich hier auf den methodischen Ansatz in Paddy O'Toole/Prisa Were: »»Observing Places. Using Space and Material Culture in Qualitive Research« In: *Qualitive Research.* 8, 2008, Nr. 5, S. 613–633.
46 Celine Koch: »Die Produktion des Raumes – Die Mensa als ›Gelebter Raum‹« In: Benterbusch, Nesselhauf 2020 (wie Anm. 3), S. 75–81.
47 Vgl. Turit Fröbe: »Weg und Bewegung in der Architektur Le Corbusiers« In: *Wolkenkuckucksheim.* 9, 2004, Nr. 1, online, https://cloud-cuckoo.net/openarchive/wolke/deu/Themen/041/Froebe/froebe.htm [zuletzt geprüft am 15.04.2024].
48 Svenja Rogg: »Farbwege und der bewegte Mensch« In: Benterbusch, Nesselhauf 2020 (wie Anm. 3), S. 83–87.
49 Schuffert 2020 (wie Anm. 33).

JUTTA-HELD-PREIS 2021

Jo Ziebritzki

Geschlechtsbasierte Differenzpraktiken in der Wiener Kunstgeschichte ca. 1910–1930

Neben bekannten Vertretern der Wiener Schule wie Hans Tietze, Otto Benesch, Hans Sedlmayr, Ernst Gombrich und Otto Pächt gibt es noch weitere, weniger bekannte, in Wien ausgebildete Kunsthistoriker und Kunsthistorikerinnen, die internationale Karrieren machten. Dazu gehören Ernst Diez, Stella Kramrisch, Mehmet Ağa-Oğlu, Katharina Otto-Dorn oder Hilde Zaloscer. Der Unterschied zwischen diesen beiden Gruppen ist, dass die Erstgenannten in der sogenannten ›Wiener Schule‹, das heißt am Lehrstuhl, der nacheinander von Alois Riegl, Franz Wickhoff, Max Dvořák und Julius von Schlosser geleitet wurde, studierten, während die zweite Gruppe an das Seminar von Joseph Strzygowski angebunden war. Auffällig ist, dass sich in der zweiten Gruppe eine Reihe von Kunsthistorikerinnen befindet, während es keine namhafte Vertreterin der Wiener Schule gibt, die in der Zwischenkriegszeit in Wien studierte. Die zentrale Frage, der dieser Artikel nachgeht, ist daher, wie zwischen ca. 1910 und 1930 der praktische Umgang mit der Differenzkategorie ›Geschlecht‹ im Institutsalltag ausgelegt und gelebt wurde und wie diese Erfahrungen wiederum Berufswege prägten. Denn wie Parker und Pollock bereits vor ca. fünfzig Jahren analysierten, war die Kunstgeschichte keine neutrale Zuschauerin im Prozess der Naturalisierung der binären Geschlechterdifferenz. Vielmehr hat die Kunstgeschichte mit ihrer Diskursivierung repräsentativer und visueller Praktiken die Geschlechterbinarität und Misogynie ko-produziert.[1] Diese allgemeine Aussage wird in diesem Aufsatz anhand des Studienalltags in der Wiener Kunstgeschichte und dessen Auswirkung auf Berufswege untersucht. Dabei wird das Verhältnis zwischen Studienerfahrung und Berufsleben nicht als streng kausal und ausschließlich von geschlechtlichen Differenzierungspraktiken bestimmt verstanden. Vielmehr geht es darum aufzuzeigen, wie strukturell bedingte Differenzerfahrungen während des Studiums geschlechtsspezifische Berufsbiografien und Migrationsbewegungen (mit)formten. Material der Untersuchung sind Sitzordnungen in Bibliotheken, Publikationspraktiken, quasi-familiäre Beziehungen oder das Fehlen ebendieser sowie Lehrmethoden an den kunsthistorischen Lehrstühlen der Wiener Universität. Auf praxistheoretischen Ansätzen aufbauend, wird weder angenommen, dass soziale Strukturen die Handlungskraft einzelner Akteur:innen unmittelbar und linear vorgeben, noch wird die Handlungskraft von Individuen als autonom und entkoppelt von sozialen Strukturen und Normen aufgefasst. Vielmehr werden die Praktiken des Studierens und kunsthistorischen Arbeitens als sowohl bedingt vom Sozialen als auch als dieses bedingend verstanden.[2]

Diese praxistheoretische Untersuchung von geschlechtsbasierten Differenzpraktiken in der Wiener Kunstgeschichte knüpft thematisch sowohl an Forschungen zu Kunsthistorikerinnen als auch zur Wiener Schule an.[3] Methodisch beziehe ich – neben dem praxeologischen Ansatz – Ansätze der feministischen Kunstgeschichte ein.[4] Des Weiteren baue ich auf dem von Anja Zimmermann entwickelten Ansatz auf, soziale und performative Praktiken in der Kunstgeschichte als konstitutiv für die kunsthistorische Wissensproduktion zu verstehen.[5] Um die sozio-politische Bedeutung von Migration zu greifen, ziehe ich die von Burcu Dogramaci vorangetriebene Forschung zu Kunst, Migration und Exil heran sowie die von Monica Juneja etablierte Theoretisierung von transkulturellen Prozessen im künstlerischen und kunsthistorischen Feld.[6] Diese Ansätze aus den Gender Studies, der Praxistheorie, der Migrationsforschung und den Transcultural Studies teilen eine prozessorientierte Ontologie, die den Fokus von der Untersuchung von Entitäten hin zur Untersuchung von Relationen verschiebt. Somit werden Identitäten und Kulturen nicht als essenziell gegeben verstanden, sondern als immer schon im Austausch stehend und sich in diesem permanenten Austausch formend. Bezogen auf das Erkenntnisinteresse dieses Aufsatzes ist die entscheidende Frage demnach, wie und wodurch geschlechtsbasierte Differenzmarkierungen inklusive Misogynie und patriarchaler Hegemonie, die den Studienalltag und das Berufsleben prägten, so weit verschoben werden konnten, dass eine Annäherung an ein gleichberechtigtes Studium und einen eigenständigen Berufsweg für Frauen möglich wurde.[7]

Kunstgeschichtsstudium in Wien

Im Institutsleben spiegelten sich soziale Normen und Praktiken der Wiener Gesellschaft des frühen 20. Jahrhunderts wider. Zum einen war es somit eingebettet in das europäische, bürgerliche, imperial-geprägte Patriarchat, dessen Hegemonieanspruch unter anderem auf der Naturalisierung der binären Geschlechtseinteilung in ›Frau‹ und ›Mann‹ sowie auf Misogynie aufbaute. Zum anderen waren Universitäten Orte, für die die bürgerlichen Frauenrechtsbewegungen die Teilhabe von Frauen zumindest als Studentinnen im frühen zwanzigsten Jahrhundert erstritten.

Ab 1897 öffnete sich die Philosophische Fakultät der Universität Wien für die Zulassung von Frauen zum regulären Studium, doch dauerte es noch Jahre bis Jahrzehnte, bis die zur Fakultät gehörenden Institute diesen Erlass in die Praxis umsetzten. In den späten 1910er und frühen 1920er Jahren schlossen jährlich etwa 50 bis 80 Frauen erfolgreich ihr Studium an der Philosophischen Fakultät ab.[8] Davon waren zwei bis sechs – einmal waren es auch neun (1926) – in der Kunstgeschichte angesiedelt.[9] Die von Hofrat Alfons Dops erkannte »Beliebtheit« der Kunst- und Literaturgeschichte könnte,[10] anders als durch den Geschlechtscharakter herausgebildete Stereotype vermuten lassen,[11] vielmehr eine Reaktion auf strukturelle Barrieren gewesen sein als eine ›natürliche Neigung‹ von Frauen zu den Künsten. Dafür spräche, dass Studentinnen noch bis 1929 das Institut für österreichische Geschichtsschreibung nicht betreten durften und somit nicht regulär Geschichte studieren konnten.[12] In der Kunstgeschichte hingegen war es Studentinnen, wie Erica Tietze-Conrat berichtet, immerhin möglich, in das Seminar aufgenommen zu werden und somit Zugang zu den Studienräumen und der Fachbibliothek zu erhalten.[13] Das bedeutet, allein die Zulassung von Studentinnen zu den kunsthistorischen Seminaren der Wiener Universität ist, auch wenn sie selbstverständlich sein sollte, als durchaus fortschrittlich zu werten.

Das kunsthistorische Studium an der Wiener Universität eignet sich bestens für die Analyse von geschlechtlichen Differenzierungspraktiken im Studium und deren Auswirkung auf den Berufsweg, da ab 1912 zwei kunsthistorische Lehrkanzeln existierten: Die ›Wiener Schule‹ wurde von Max Dvořák und seinem Nachfolger Julius von Schlosser geleitet. Das ›Erste Kunsthistorische Institut‹ wurde hingegen ausschließlich von Josef Strzygowski geleitet, was bedeutet, dass es aufs Engste mit der Person Strzygowskis verbunden war. Beide kunsthistorischen Lehrkanzeln operierten als Teil derselben Universität, das heißt, es galten dieselben allgemeinen Regeln zur Zulassung von Studentinnen. Die im Folgenden vorgenommene vergleichende Untersuchung der Relevanz, die die Differenzkategorie ›Geschlecht‹ im Institutsleben spielte, zeigt jedoch, dass die jeweiligen Institutsleiter erhebliche Freiräume bei der Ausgestaltung des geschlechtergemischten Studienalltags hatten. Um das Ergebnis der Untersuchung vorwegzunehmen: Das Studium war in der Wiener Schule unter Leitung von Dvořák und von Schlosser so strukturiert, dass es gesellschaftlich etablierte Praktiken geschlechtlicher Differenzierung perpetuierte, wenn nicht sogar verstärkte, während das Erste Kunsthistorische Institut unter der Leitung Strzygowskis sozial etablierten geschlechtlichen Differenzen entgegenwirkte.

Das numerische Geschlechterverhältnis an den beiden kunsthistorischen Lehrkanzeln ist bereits ein erster Indikator für den unterschiedlichen Umgang mit ›Geschlecht‹. Zwischen 1912 und 1932 betreute Strzygowski 64 Doktorarbeiten. Den Namen nach zu urteilen, wurden davon 40 von Männern und 24 von Frauen verfasst, was 37% Absolventinnen entspricht.[14] Unter Dvořák und von Schlosser wurden im etwa demselben Zeitraum (1909–1934) 21% der Abschlussarbeiten von Frauen verfasst.[15] An Strzygowskis Lehrstuhl absolvierten also etwa 1/3 Studentinnen und 2/3 Studenten das Studium, während es bei Dvořák und von Schlosser etwa 1/5 Studentinnen und 4/5 Studenten waren. Trotz des Unterschiedes im Geschlechterverhältnis der Absolvent:innen an den beiden Instituten ist auffällig, dass zahlreiche Studentinnen das reguläre Kunstgeschichtsstudium erfolgreich abgeschlossen haben. Wie also ist das Fehlen von bekannten Kunsthistorikerinnen unter den Vertretern der Wiener Schule zu erklären?

Sitzordnung und Lehrmethoden als geschlechtsbasierte Differenzierungspraktiken

Die hier unternommene Untersuchung ist mehrfach begrenzt. Erstens dadurch, dass sie primär auf veröffentlichten Materialien wie Berichten der Lehrkanzeln sowie Memoiren und veröffentlichten Briefen aufbaut. Eine statistische Untersuchung der Abbrecher:innenquote an den beiden kunsthistorischen Lehrkanzeln in Wien steht noch aus, ebenso wie eine systematischere Untersuchung der Berufswege der Absolventen und Absolventinnen. Und zweitens schließt die in dieser Untersuchung vorgenommene Eingrenzung auf den Zeitraum von ca. 1910 bis 1930 die Frage aus, wie die Institutsmitglieder an den beiden Schulen sich während des Austro-Faschismus und Nationalsozialismus weiterentwickelten. An beiden Instituten vertraten einige, auch führende, männliche Institutsmitglieder völkisch-nationale bis hin zu nationalsozialistischen Gesinnungen, darunter am prominentesten sind Josef Strzygowski und Hans Sedlmayr, während Institutsmitglieder mit jüdischem Familienhintergrund, wozu viele Studentinnen gehörten, emigrierten. Der genauere Zusammenhang von Geschlecht und Religion beziehungsweise nationalsozialistischer Rassifizierung müsste für den Zeitraum nach 1933 genauer untersucht werden.

Dreh- und Angelpunkt des kunsthistorischen Studiums in Wien war die Zugehörigkeit zu einem der beiden Lehrstühle, womit die Nutzung der Fachbibliothek, ein Arbeitsplatz in ebendieser und die Teilnahme an Seminaren und Arbeitsgruppen gesichert waren. Über die Rolle von ›Geschlecht‹ an den beiden kunsthistorischen Seminaren geben zwei Aspekte Aufschluss: erstens die Arbeitsplatz-verteilung in den Bibliotheksräumen und zweitens die Lehrmethoden. An den zwei kunsthistorischen Seminaren der Wiener Universität wurden unterschiedliche Kriterien für die Verteilung von Arbeitsplätzen angewandt. In der Wiener Schule (Lehrkanzel Dvořák und von Schlosser) wurden Arbeitsplätze nach Geschlechtern getrennt vergeben. Es gab einen »gentleman's room«, wie der Student Johannes Wilde berichtet, von dem die »ladies strictly« getrennt »in a separate room« untergebracht waren.[16] Die getrennte Sitzordnung verstärkte homosoziale Netzwerke, da es schwierig war, mit Studierenden des (in der binär gelebten Geschlechterordnung) ›anderen‹ Geschlechts in einen intensiven thematischen Austausch zu kommen.[17]

Dass so etwas scheinbar Banales wie die Sitzordnung in einer Fachbibliothek durchaus Netzwerkbildung und Karrierewege beeinflusste, zeigt der Vergleich der Wiener Schule mit dem von Strzygowski geleiteten Institut. An Strzygowskis Institut wurden Arbeitsplätze dem jeweiligen Forschungsschwerpunkt der Studierenden entsprechend vergeben, ungeachtet ihres Geschlechtes. Die Bibliothek des Seminars, in der zugleich die Arbeitsplätze der Studierenden waren, war in thematischen Räumen organisiert, beispielsweise zu *Europa: Romanen, Antike, Altchristliche Kunst, Europa: Germanen und Slaven, Völkerwanderung,* oder *Islam und Asien*. Mit ihren Buch- und Abbildungsbeständen zur Kunst und Architektur asiatischer und islamischer Kulturen war die Bibliothek eine weltweit einzigartige Forschungssammlung.[18] Die jeweils zu einem Thema arbeitenden Studierenden waren in dem thematisch entsprechenden Raum gemeinsam untergebracht.[19] Die in einem Raum Sitzenden bildeten eine Forschungsgruppe, die über den regulären Seminar- und Vorlesungsbetrieb hinaus »für sich Demonstrationen und Vorträge« veranstaltete.[20] Gemeinsam mit den jeweiligen Gruppenleiter:innen – auch diese verantwortungsvolle Position konnten Frauen einnehmen[21] – waren die Studierenden zudem verantwortlich für die Ordnung des Materials in ihrem Raum.[22] So konnten Studierende sich mit Kollegen und Kolleginnen, die zu ähnlichen Themen forschten, vernetzen, was direkten Einfluss auf geschlechterübergreifende Zusammenarbeit an Publikationen und Ausstellungen hatte.[23] Im Institut entstanden so auch Kollaborationen, die das Kulturleben Wiens prägten. Beispielsweise organisierten die Institutsmitglieder Melanie Stiaßny und Ernst Diez, die beide einen Ostasienschwerpunkt hatten, gemeinsam eine Ausstellung der Ostasiatika der Ethnologischen Sammlung im Naturkundemuseum Wien.[24]

Ebenso wichtig für die kunsthistorische Ausbildung wie die Aufnahme in ein Seminar und der daran geknüpfte Arbeitsplatz in den Institutsräumen waren die jeweils angewandten Lehrmethoden. In den Lehrmethoden unterschieden sich die Wiener Schule und das Erste Kunsthistorische Institut fundamental voneinander, insbesondere in Bezug darauf, wie viel Vorbildung vorausgesetzt wurde. Die Analyse der Lehrmethoden ist für diese Untersuchung geschlechtsbasierter Differenzpraktiken relevant, weil bereits in den geschlechtlich binär getrennten Schulen Bildungsunterschiede etabliert wurden, die durch Zulassungsprüfungen und voraussetzungsreiche Lehrmethoden entweder perpetuiert oder nivelliert werden konnten.25

Die Wiener Schule lebte von einem engen Austausch eines kleinen Kreises männlicher Studierenden mit ihren Lehrern. Sowohl bei Dvořák als auch bei von Schlosser wurden diejenigen Studierenden als Kollegen auf Augenhöhe behandelt, die den Ansprüchen der Lehrer genügten.26 Der innere Kreis wurde in »small-group séances« gefördert und gefordert.27 In der »intimate community« hingen die Beziehungen zwischen Lehrern und Schüler:innen von den »abilities and performances« ab – die durchaus geschlechtsspezifisch geprägt waren.28 Den Studienerinnerungen und Briefen nach zu urteilen, taten die Professoren wenig dafür, um die in der Schulbildung und in der Gesellschaft herrschenden patriarchalen und misogynen Strukturen, die einen Bildungsnachteil für Frauen bedeuteten, aufzufangen oder abzubauen. Im Gegenteil wurden diese geschlechtsspezifischen Bildungsunterschiede nicht nur durch die nach Geschlechtern getrennte Arbeitsplatzvergabe fortgeschrieben, sondern auch durch voraussetzungsreiche Aufnahmeprüfungen und Lehrmethoden verstärkt.29

Über die Lehrmethoden Dvořáks ist wenig bekannt, doch gibt Ernst Gombrich Aufschluss über die Lehre von Julius von Schlosser.30 Nach Gombrichs Urteil war von Schlosser kein guter Redner, weswegen die eigentliche kunsthistorische Ausbildung nicht in den öffentlichen Vorlesungen stattfand, sondern in den zugangsbeschränkten Seminaren. Von Schlosser bot drei Arten von Seminaren an, die alle auf humanistischer Vorbildung aufbauten und ein hohes Maß an eigenständiger Forschung verlangten. Das erste Seminar hatte Vasaris Lebensläufe der berühmten Maler, Bildhauer und Architekten zum Thema, und es war Voraussetzung, dass alle Studierenden Italienisch konnten.31 Das zweite Seminar fand in der Abteilung für angewandte Kunst statt, in dem von Schlosser Kustos war. Von Schlosser wählte »Objekte – Elfenbein- oder Bronzestatuen – aus, die ihm, als er noch im Amt war, rätselhaft erschienen waren«, über die die Studierenden Referate halten sollten. Wenn die Referate gut waren, wie das von Ernst Gombrich über eine Elfenbeinschnitzerei, durften sie veröffentlicht werden.32 Auch das dritte Seminar setzte Reife voraus, da es kunstgeschichtliche Problemfälle behandelte.

Die Seminare fanden in Gruppen statt. Manchen männlichen Mitgliedern erschien die geschlechtliche Zusammensetzung der Gruppe nennenswert. Beispielsweise nennt Johannes Wilde, Student bei Dvořák, in seinen Briefen von 1915 diesbezüglich genaue Zahlen: In der »tutorial class« stieg »the girls' number [...] to 20, the boys' to 7«, was er mit »Kein Vergnügen« kommentiert – wobei offen bleibt, ob ihm die Seminargröße oder das Geschlechterverhältnis den Spaß verdarben.33 Darauf, dass die Studentinnen von Wilde und womöglich von anderen Studenten aus dem inneren Kreis eher als störend denn als intellektuell gleichwertige Kolleginnen angesehen wurden, deutet Wildes Beschreibung einer Situation hin, in die die »poor performance« einer nicht namentlich genannten Studentin die Erwartungen des Lehrers nicht erfüllte, weswegen Wilde ihr Referatsthema übernehmen musste.34

Wilde und Gombrich gehörten während ihrer Studienzeit zum inneren Kreis, hauptsächlich aus den »boys« bestehend, der »sich wohl selbst als Elite empfand«.35 Viele der Mitglieder des inneren Kreises der Wiener Schule wie Hans Tietze, Otto Benesch, Hans Sedlmayr, Ernst Gombrich und Otto Pächt hatten Karrieren als angesehene

Kunsthistoriker. Die fehlenden professionellen Karrieren von Studentinnen der Wiener Schule lassen vermuten, dass sie nicht wie die »boys« in den Genuss kamen, als »equals, partners« behandelt zu werden; dass sie zwar Zugang zum Seminar hatten, aber nicht zum inneren Kreis gehörten; nicht zu den Ausflügen des inneren Kreises in Museen eingeladen waren und nicht am Privatissimum teilnehmen durften. Die nach Geschlechtern trennende Sitzordnung und die voraussetzungsreichen Lehrmethoden verstärkten gesellschaftlich etablierte Bildungsnachteile und schafften somit den Nährboden für die Fortschreibung misogyner Stereotypisierungen. So wurden geschlechtsübergreifende Kollaborationen und unterstützende Netzwerke unwahrscheinlich – mit dem einzigen Sonderfall einer heterosexuellen Ehe als Möglichkeit der Zusammenarbeit, wie im Fall von Erica Tietze-Conrat und Hans Tietze, in der sich aber die Rollenverteilung des öffentlich wirksamen Mannes und der im Privaten arbeitenden Frau an die gesellschaftlichen Normen hielt.[36]

Die Lehrmethode an dem von Strzygowski geleiteten Ersten Kunsthistorischen Institut in Wien hätte unterschiedlicher kaum sein können: Während in der Wiener Schule humanistische Vorbildung die Voraussetzung war, sollten die Studierenden in Strzygowskis Seminaren »nur das Auge öffnen, unbefangen schauen und vom Gesehenen sich Rechenschaft geben«.[37] Wenn der »Anfänger glänzen wollte mit dem ›Das kenne ich schon!‹«, wurde er zurechtgewiesen, »daß kennen [sic] nichts, schauen [sic] alles sei«.[38] Die Seminare waren eine »Erziehung zum Sehen und zum geordneten Ueberdenken des Beobachteten«.[39] Strzygowski stellte in seinen Seminaren zu einzelnen Bildern oder Bildvergleichen Fragen, durch die die Studierenden das Beschreiben, Betrachten, Erklären und Beurteilen lernen sollten.[40] Strzygowski selbst hatte zuerst den Realschulabschluss gemacht, um in das Tuchunternehmen seines Vaters einzusteigen, und musste somit – wie auch Frauen und Menschen aus bildungsfernen Elternhäusern zu der Zeit – Latein und Griechisch nachholen, um studieren zu können. Diese Erfahrung beeinflusste sicherlich die Relevanz, die er der Volksbildung gab, sowie die ›antihumanistische‹, auf der eigenen Sinneserfahrung aufbauende Methode. Für Strzygowski hatte Volksbildung einen sehr hohen Stellenwert. Im Vordergrund stand »Verstehen, Erleben herbeiführen, Gehalt des Lebens vertiefen, Quell der Erbauung erschließen«.[41] Seine Vorlesungen wurden nicht nur vom wissenschaftlichen Nachwuchs besucht, sondern weckten bei Menschen aus allen Berufen und Altersgruppen großes Interesse, so dass sie in dem kleinen Festsaal der Universität stattfanden, weil dieser mehr Raum für Zuhörer:innen bot.[42] Mit der Öffnung für eine breite Hörer:innenschaft stand Strzygowskis Ansatz diametral den exklusiven Kleingruppen der Wiener Schule gegenüber.

Im Laufe der zwei Jahrzehnte seiner Professur in Wien veränderte Strzygowski jedoch seine Lehrmethode. Während er in den frühen Jahren auf Augenhöhe mit den Studierenden an offenen Fragen forschte,[43] entwickelte er im Laufe seiner Amtszeit eine zunehmend starre und »ichbezogene« Methode,[44] die in den späten 1920er Jahren dazu führte, dass Studierende in Referaten ihre Thesen ausschließlich mit Strzygowski-Zitaten belegten.[45] Darüber hinaus wurden alle Mitglieder des Seminars auf Strzygowskis Methode der Wesensforschung verpflichtet, die die Lehre, die Gliederung von Abschlussarbeiten und weiteren Veröffentlichungen der Institutsmitarbeiter:innen prägte.[46] Sowohl der anfängliche methodische Impetus, der die Förderung des eigenen Sehens und Denkens bewusst der auf humanistischem Vorwissen aufbauenden Lehrmethode entgegensetze, als auch dessen Erstarrung in einer eigenen strengen Methode waren Teil von Strzygowskis Kampf gegen »herrschende Ideen oder Vorurteile« seiner Zeitgenossen.[47] Ernst Diez, langjähriger Assistent und Mitarbeiter Strzygowskis, charakterisierte seinen Vorgesetzten als zwanghaft »oft gegen Windmühlen, gegen Scheinfeinde, wie Don Quixote« kämpfend.[48] Er kämpfte gegen Alois Riegls Begriff des Spätrömischen, gegen das Erbe des verstorbenen Kollegen Franz Wickhoff und gegen den hoch anerkannten Altorientalisten Ernst Emil Herzfeld, und oftmals hatte Strzygowski dabei eine unpräzise Auffassung von deren Theorien.[49] Er kämpfte »gegen den Humanismus, gegen Schulen, Staat, Kirche, die weltliche Macht und die ›Machtkunst‹«.[50] Aber dabei – und das ist das Paradox, auf das Diez aufmerksam machte – »schätzte persönliche Macht niemand mehr als er selbst, und er übte sie im Wiener kunsthistorischen Institut aus«.[51] Wie viele Studierende unter Strzygowskis »Löwenmähne […], Löwenstimme […], und Löwenmut« litten und in ihren Fähigkeiten beschnitten wurden, muss vorerst eine offene Frage bleiben.

Was jedoch festgestellt werden kann, ist, dass Strzygowskis Kampfeslust, Machtlust und die strenge Verpflichtung auf seine Methode die Studentinnen an seinem Institut nicht davon abhielten, sich außerhalb Europas als Kunsthistorikerinnen zu professionalisieren.[52] Grundlage dafür war ihr am Ersten Kunsthistorischen Institut erlangtes Wissen über asiatische, koptische oder islamische Kunst. Die thematische Expertise ergänzend waren die Geschlechtergrenzen überbrückenden Netzwerke und erste professionelle Erfahrungen in leitenden Positionen am Institut und in der Wiener Kulturlandschaft zentral für die Karrieren. Ein weiterer Push-Faktor, der viele der Kunsthistorikerinnen sowie Kunsthistoriker in internationale Karrieren drängte, waren der erstarkende Antisemitismus und Nationalsozialismus.

Fazit

Auf Grundlage dieser Untersuchung der Studiensituation, insbesondere der Sitzordnung und Lehrmethode an den beiden kunsthistorischen Lehrstühlen an der Wiener Universität, bekommt die in der Forschung inzwischen mehrfach hervorgehobene hohe Zahl von Studentinnen an Strzygowskis Institut eine neue Bedeutung. Bisher wurde diese Häufung von Studentinnen bei Strzygowski primär auf die folgenden zwei Arten interpretiert: Erstens wurden die Studentinnen asiatischer und islamischer Künste bei Strzygowski als Teil einer größeren Gruppe von Frauen gesehen, die mit orientalistischem Wissen und orientalisierenden Ästhetiken politische und künstlerische Normen des 19. Jahrhunderts, die von und für bürgerliche europäische Männer entwickelt waren, in Frage stellten.[53] Diese Interpretation suggeriert, dass Frauen, die durch Misogynie und das Patriarchat abgewertet wurden, sich asiatischen und islamischen Künsten zuwandten, die durch Kolonialismus und Kulturimperialismus ebenfalls degradiert wurden, um durch eine strategische Allianz eine doppelte Aufwertung zu erwirken. Die zweite Interpretation zielt in eine ähnliche Richtung, aber setzt bei dem sich etablierenden Wissenschaftsfeld der Weltkunstgeschichte an. Kunsthistorische Seminare fokussierten sich in der Regel auf die Künste Europas, so dass Strzygowskis Bibliothek, Fotosammlung, Lehre und Bereitschaft zur Betreuung von Abschlussarbeiten zu asiatischen und islamischen Künsten eine Ausnahme darstellte. Der Diskurs an seinem Institut war eingebettet in das Feld der Weltkunstgeschichte, die nur ein Randgebiet der Kunstgeschichte darstellte und sich primär in Vereinen, an Museen und in den Forschungen einzelner Kunsthistoriker und Ethnografen abspielte. Der hohe Frauenanteil an Strzygowskis Institut wird dann mit dem ›Nischen-Phänomen‹ erklärt, nach dem Frauen in den ersten Jahrzehnten ihrer Zulassung zum Studium in weniger etablierte Felder gingen, da es dort leichter war, ›originelle‹ akademische Arbeit zu leisten.[54]

Die in diesem Artikel unternommene Untersuchung der Studiensituation ergänzt diese zwei Interpretationen um den Aspekt geschlechtsbasierter Differenzpraktiken. Es hat sich gezeigt, dass Sitzordnungen und Lehrmethode einen wesentlichen Einfluss auf den Erfolg während des Studiums sowie auf die Professionalisierung und Berufschancen hatten. Studentinnen, die an Strzygowskis Seminar studierten, hatten, wie gezeigt werden konnte, auch aufgrund der ihnen dort ermöglichten Netzwerkbildung, des uneingeschränkten Zugangs zu großen Beständen ausgewählter Fachliteratur passgenau zu ihrem jeweiligen Forschungsthema, und der Lehrmethode, die schulische Bildungsnachteile ausglich, bessere Ausbildungsmöglichkeiten und somit auch bessere Berufschancen. Denn die Aneignung, Produktion und erfolgreiche Vermarktung von akademischem Wissen hängt mit solchen Faktoren zusammen wie Netzwerken, Zugängen, und der Frage, wie gesellschaftlich etablierte strukturelle Diskriminierung in der Bildungsinstitution ausgeglichen beziehungsweise perpetuiert wird. Das erklärt, warum aus der Wiener Schule – obwohl auch dort zahlreiche Studentinnen das Studium erfolgreich absolvierten – keine Kunsthistorikerinnen hervorgingen, die institutionell Karriere machten, während mehrere Studentinnen von Strzygowskis Seminar, wie Melanie Stiaßny, Stella Kramrisch, Katharina Otto-Dorn oder Hilde Zaloscer, institutionell anerkannte Kunsthistorikerinnen mit großteils internationalen Karrieren wurden.

---

1 Rozsika Parker, Griselda Pollock: *Old Mistresses. Women, Art and Ideology* [orig. 1981]. London 2021, S. xxix, S. xxxix.
2 Vgl. Andreas Reckwitz: »Grundelemente einer Theorie sozialer Praktiken. Eine sozialtheoretische Perspektive« In: *Zeitschrift für Soziologie*, Jg. 32, Heft 4, August 2003, S. 282–301.
3 Vgl. K. Lee Chichester, Brigitte Sölch (Hgg.): *Kunsthistorikerinnen 1910–1980, Theorien, Methoden, Kritiken*. Berlin 2021; Matthew Rampley: *The Vienna School of Art History, Empire and Politics of Scholarship, 1847–1918*. University Park 2013.
4 Vgl. Parker, Pollock [1981] 2021 (wie Anm. 1); Anja Zimmermann (Hg.): *Kunstgeschichte und Gender. Eine Einführung*. Berlin 2006.
5 Anja Zimmermann: »Dunkelheit, fast Finsternis. Zu Performanz und Geschlecht kunsthistorischen Sprechens« In: Thomas Etzemüller (Hg.): *Der Auftritt, Performanz in der Wissenschaft*. Bielefeld 2019, S. 153–173.
6 Vgl. Burcu Dogramaci, u. a. (Hgg.): *Arrival Cities, Migrating Artists and New Metropolitan Topographies in the 20th Century*. Leuven 2020; Burcu Dogramaci, Birgit Mersmann (Hgg.): *Handbook of Art and Global Migration, Theories, Practices, and Challenges*. Berlin/Boston 2019; Monica Juneja: *Can Art History Be Made Global? Meditations from the Periphery*. Berlin/Boston 2023; Monica Juneja: »›A Very Civil Idea…‹ Art History, Transculturation, and World-Making – With and Beyond the Nation« In: *Zeitschrift für Kunstgeschichte*, Bd. 81, Nr. 4, 2018, S. 461–485.
7 ›Geschlecht‹ ist nur eine von vielen Differenzmarkierungen, zu denen auch Klasse, Religion(szuschreibung), Ethnie, Muttersprache, Alter und viele weitere gehören. Aufgrund des

begrenzten Umfangs fokussiere ich mich hier auf Geschlecht. Für eine Untersuchung des Zusammenspiels von Klasse und Alter vgl. Heidrun Rosenberg: »Old Threads Woven into New Dimensions« In: *Journal of Art Historiography*, Nr. 29, 2023, S. 1–15. Für eine umfassende Untersuchung des Ineinandergreifens mehrerer Differenzmarkierungen, insbesondere von Antisemitismus und Geschlechterdiskriminierung, siehe Jo Ziebritzki: »Nach Geschlecht getrennt. Das Institutsleben in der Wiener Kunstgeschichte, ca. 1910–1930« In: Lee Chichester u. a. (Hgg.): *Kunsthistorikerinnen im 20. Jahrhundert. Institutionen, Strukturen, Handlungsräume.* Berlin, erscheint 2025.

8 Festausschuss anlässlich des dreissigjährigen Frauenstudiumjubiläums (Hg.): *Dreissig Jahre Frauenstudium in Österreich, 1897 bis 1927.* Wien 1927, S. 34.

9 Hans Hahnloser: »Chronologisches Verzeichnis der aus der ›Wiener Schule‹, bzw. dem Österreichischen Institut für Geschichtsforschung hervorgegangenen oder ihr affiliierten Kunsthistoriker« In: Julius v. Schlosser: *Die Wiener Schule der Kunstgeschichte. Rückblick auf ein Säkulum deutscher Gelehrtenarbeit in Österreich*, Mitteilungen des Österreichischen Instituts für Geschichtsforschung, Ergänzungs-Band XIII, Heft 2, Innsbruck 1934, S. 213–226; *Festschrift für Josef Strzygowski, zum 70. Geburtstag dargebracht von seinen Schülern.* Klagenfurt 1932, S. 195–199.

10 Alfons Dopsch: »Dreißig Jahre Frauenstudium in Österreich« In: Festausschuss anlässlich des dreissigjährigen Frauenstudiumjubiläums 1927 (wie Anm. 8), S. 6–8.

11 Karin Hausen: »Die Polarisierung der ›Geschlechtscharaktere‹ – Eine Spiegelung der Dissoziation von Erwerbs- und Familienleben« In: Werner Conze (Hg.): *Sozialgeschichte der Familie in der Neuzeit Europas.* Stuttgart 1976, S. 363–393.

12 Erica Tietze-Conrat: »›I then asked myself: what ist the ›Wiener Schule‹?‹, Erinnerungen an die Studienjahre in Wien« [orig. 1958], hg. v. Alexandra Caruso, in: *Wiener Jahrbuch für Kunstgeschichte*, Band LIX, Wien/Köln/Weimar 2012, S. 207–218, hier S. 208; Thomas Winkelbauer: *Das Fach Geschichte an der Universität Wien. Von den Anfängen um 1500 bis etwa 1975.* Göttingen 2018, S. 142–150, hier S. 147.

13 Tietze-Conrat [1958] 2012 (wie Anm. 12), S. 209.

14 *Festschrift für Josef Strzygowski* 1932 (wie Anm. 9), S. 195–199.

15 Hahnloser 1934 (wie Anm. 9).

16 Csilla Markója: »Everyday life at the Dvořák Seminar, on the basis of contemporary sources: Addenda to the history of the Vienna School of Art History« In: *Journal of Art Historiography*, Nr. 25, 2021, S. 1–13, hier S. 6–7.

17 Ebd., S. 7.

18 Strzygowskis Institut beherbergte eine umfangreiche Buch-, Manuskript-, und Fotografiesammlung, die im Jahr 1932 insgesamt 4.000 Bücher, 52.000 Fotografien und 19.930 Strahlbilder umfasste. Siehe: *Festschrift für Joseph Strzygowski* 1932 (wie Anm. 9), S. 193.

19 Mitglieder des Seminars beschreiben, wie sehr sie davon profitierten, in Ruhe an ihrem Platz arbeiten zu können. Siehe: Barbara Stoler Miller: »Stella Kramrisch: A Biographical Essay« In: *Exploring India's Sacred Art. Selected writings of Stella Kramrisch.* Philadelphia 1983, S. 3–33, hier S. 7; Karl With: *Autobiography of Ideas, Memoires of an Extraordinary Art Scholar*, hg. v. Roland Jaeger u. a., Berlin 1997, S. 65.

20 Josef Strzygowski: »Das kunsthistorische Institut der Wiener Universität« In: *Die Geisteswissenschaften, Wochenschrift*, Heft 1, 1914, S. 12–15, hier S. 14.

21 E. H. v. Tscharner: »Melanie Stiassny zum achtzigsten Geburtstag« In: *Asiatische Studien: Zeitschrift der Schweizerischen Asiengesellschaft*, Bd. 9, 1955, S. 1–4, hier S. 1.

22 Strzygowski 1914 (wie Anm. 20), S. 14.

23 Siehe beispielsweise: *Beiträge zur Vergleichende Kunstforschung, Heft II: Kunde, Wesen, Entwicklung*, hg. v. Kunsthistorisches Institut Wien, Lehrkanzel Strzygowski, Wien 1922, mit Beiträgen von Ernst Diez, Heinrich Glück, Karl Ginhart, Friedrich Plutzar, Melanie Stiassny, Emmy Wellesz und Herbert Cysarz; Josef Strzygowski (Hgg.): *Asiatische Miniaturmalerei.* Klagenfurt 1933, mit Beiträgen von Emmy Wellesz, Stella Kramrisch, Heinrich Glück.

24 Melanie Stiaßny, Ernst Diez: *Katalog der Ausstellung Ostasiatischer Kunst im Österreichischen Museum für Kunst und Industrie*, April – Juni 1922. Wien/Berlin/Leipzig/München 1922.

25 Tietze-Conrat [1958] 2012 (wie Anm. 12).

26 Johannes Wilde und Charles de Tolnay, die beide bei Dvořák studierten, berichten davon. Siehe: Markója 2021 (wie Anm. 16), S. 10; Ernst Gombrich: »Eine autobiographische Skizze« In: Richard Woodfield (Hg.): *Das Gombrich Lesebuch. Ausgewählte Texte zu Kunst und Kultur.* Berlin 2003, S. 21–36, hier S. 25.

27 Markója 2021 (wie Anm. 16), S. 10.

28 Ebd.

29 Auch die Aufnahmeverfahren waren geschlechtlich und klassistisch codiert, was genauer auszuführen aber den Umfang dieses Aufsatzes sprengen würde. Siehe dazu: Ziebritzki 2025 (wie Anm. 7).

30 Gombrich 2003 (wie Anm. 26).

31 Ebd., S. 24.

32 Ebd., S. 25.

33 Markója 2021 (wie Anm. 16), S. 4–7.

34 Ebd., S. 8.

35 Eva Frodl-Kraft: »Eine Aporie und der Versuch ihrer Deutung, Josef Strzygowski – Julius v. Schlosser« In: *Wiener Jahrbuch für Kunstgeschichte*, Band XLII, Wien/Köln 1989, S. 7–52, hier S. 50. Auf die Differenzkategorie Religion/szuschreibung kann hier aus Platzgründen nicht ausführlicher eingegangen werden. Wichtig ist jedoch, kurz zu erwähnen, dass die im Seminar gefundene Gemeinschaft Gombrich Sicherheit vor aggressiver antisemitischer Gewalt bot, die an der Universität Wien in den 1920er Jahren zum traurigen Alltag gehörte. Siehe: Gombrich 1993 (wie Anm. 26), S. 25.

36 Rosenberg (wie Anm. 7), S. 11.

37 Luise Holtei: »Strzygowski als Lehrer« In: *Josef Strzygowski 70 Jahre*. Katowice 1933, S. 23–26, hier S. 23.

38 Ebd.

39 Ebd., S. 24.

40 Ebd.

41 Ebd.

42 Strzygowski war weder der einzige, noch der erste Kunsthistoriker in Wien, dessen Vorlesungen großes öffentliches Interesse erregten. Mitte des 19. Jahrhunderts waren die Vorlesungen von Rudolf Eitelberger von Edelberg, der als ›Ahnherr‹ der Wiener Schule der Kunstgeschichte gilt und seine Laufbahn im Polytechnikum in Wien begann, mit populär-öffentlichem Anspruch gehalten und sehr gut besucht. Eitelbergers Vorlesungen zogen ähnlich wie Strzygowskis über ein halbes Jahrhundert später neben Studierenden auch Handwerker, Maler und privat Interessierte an. Vgl. Robert Stalla: »Rudolf von Eitelberger und die Anfänge der Kunstgeschichte am Polytechnischen Intitut in Wien. Anmerkungen zur Entwicklung und zum Stellenwert des Faches in der ersten Hälfte des 19. Jahrhunderts« In: Eva Kernbauer et al. (Hgg.): *Rudolf Eitelberger von Edelberg, Netzwerker der Kunstwelt*. Wien 2019, S. 155–171.

43 Ebd.
44 Frodl-Kraft 1989 (wie Anm. 35), S. 41.
45 Eleanor von Erdberg: *Der strapazierte Schutzengel, Erinnerungen aus drei Welten*. Waldeck 1994, S. 103.
46 Viktor Grießmeier, Fritz Novotny: »Das 1. kunsthistorische Institut der Universität Wien« In: *Josef Strzygowski 70 Jahre*. Katowice 1933, S. 46–48, hier S. 47. Die Inhaltsverzeichnisse der Doktorarbeiten von Stella Kramrisch und Katharina Dorn zeigen, wie eng die Studierenden sich an Strzygowskis Methode halten mussten. Siehe Stella Kramrisch: *Untersuchungen zum Wesen der Frühbuddhistischen Bildnerei Indiens*, Dissertation, Universität Wien, 1919; Käte Dorn: *Das sasanidische Silbergeschirr und seine Sinnbilder*, unveröffentl. Dissertation, Universität Wien, 1933, Privatarchiv Gierlichs, Berlin.
47 Ernst Diez: »Zur Kritik Strzygowskis« [org. c. 1940–1960] In: *Kunst des Orients*, Bd. 4, Mai 1963, S. 98–109, hier S. 107.
48 Ebd.
49 Ebd., S. 100.
50 Ebd., S. 107.
51 Ebd.
52 Heidrun Rosenberg weist darauf hin, dass sowohl Julius von Schlosser als auch Strzygowski in einzelnen Gutachten von Doktorarbeiten von Studentinnen Skepsis gegenüber der Befähigung der »Damen« zum wissenschaftlichen Arbeiten äußerten. Ob und wie diese misogyn klingende Skepsis den Lehralltag prägte, muss hier eine offene Frage bleiben. Siehe Rosenberg (wie Anm. 7), S. 10–14.
53 Kris Manjapra: *Age of Entanglement, German and Indian Intellectuals across Empire*. Cambridge, MA./London 2014, S. 57.
54 Georg Vasold: »The Revaluation of Art History. An Unfinished Project by Joseph Strzygowski and His School« In: Pauline Bachmann, Melanie Klein, Tomoko Mamine, Georg Vasold (Hgg.): *Art/Histories in Transcultural Dynamics*. Paderborn 2017, S. 119–138, hier S. 129.

Jutta-Held-Preis 2023

Anne Pfautsch

OSTKREUZ – Agency of Photographers: Tracing the Legacy of the German Democratic Republic in Post-Socialist Photography and Exhibition Making

With reunification, the German Democratic Republic (GDR) was integrated into the political, economic, and social system of the Federal Republic of Germany (FRG) quasi overnight. Furthermore, East German life, culture and politics were rapidly erased from the German public sphere as the FRG »was tacitly acknowledged to have ›won‹ the struggle between rival German cultures and ideologies«.[1] The GDR quickly became a concluded period of contemporary history and its analysis was subject to Western concepts and ideas, which were oftentimes inadequate or inapplicable and reinforced stereotypes. Emanating from the assumption that forty years of socialist history, culture and socialisation did not vanish into thin air after the fall of the Berlin Wall in 1989, the question arises as to whether social and cultural identities associated with the GDR remain in a post-socialist Germany.

The aim of the dissertation was to use photography to explore how these identities persisted after the fall of the Berlin Wall and how they continued to shape and affect photographic practices in post-wall Germany. Thereby, drawing on postcolonial theory and horizontal art history provided a suitable methodology to reveal how a Western perspective prevails in German art historiography. The concepts of ›peripherality‹ and ›othering‹ disclosed how issues of cultural difference and stereotypes, perpetuated by both West and East Germany, persist and raise the question as to »who speaks, on whose behalf, and for whom?«[2] The research focused in particular on the work of OSTKREUZ – Agency of Photographers (hereinafter referred to as Ostkreuz) as it was the only agency that emerged from the former GDR and still exists to date. Nowadays, it is considered one of the best-known agencies in Germany and its founding members are recognised as influential and ground-breaking photographers. The agency's formation was perceived as a survival strategy in the period after reunification, which brought with it fundamental political, economic, and social changes that particularly affected the former GDR.

Taking Ostkreuz as a case study, it became clear how the social, political, and economic framework of the GDR informed the agency's set-up and workings. Certain characteristics of East German photography – related to conception, method, and stance towards the photographic medium – persist in the founding members' photographic practices after the fall of the Berlin Wall. An examination of their commissions and

Fig. 1: Photograph by Frieda von Wild depicting Werner Mahler, Jens Rötzsch, Sibylle Bergemann, Ute Mahler, Thomas Sandberg, Harf Zimmermann, Harald Hauswald (clockwise from left to right), Berlin, 1990

assignments in the 1990s is therefore relevant and also includes the question of the depiction of the former GDR in the decade following reunification. The diverging political, social, and economic developments had resulted in East Germany being constructed as ›other‹ from the perspective of the West. Therefore, the question arises as to whether the photographers had to adhere to or were able to counter this Western portrayal of the East German regions. Moreover, can the social and cultural identities associated with the GDR be traced in Ostkreuz's self-produced exhibitions, in which they present their individual photo-series?

Ostkreuz – Agency of *East and West* Photographers

Ostkreuz was established in 1990 by seven East German photographers: Sibylle Bergemann, Ute Mahler, Werner Mahler, Harf Zimmermann, Jens Rötzsch, Thomas Sandberg and Harald Hauswald (fig. 1). The photographers wanted to continue their work in a reunited Germany and decided that they would have better opportunities by joining forces. Today, solely Ute and Werner Mahler and Hauswald remain part of the agency; Rötzsch, Sandberg and Zimmermann left during the 1990s, and Bergemann passed away in 2010. In 2015, Ostkreuz split into an agency and an association: the former takes care of the day-to-day business, the latter of the realisation of exhibition projects. In 2020, Ostkreuz comprised twenty-three photographers (twelve men and eleven women), twelve of whom were from the former Eastern Bloc, including the GDR and the Soviet Union. Two of Ostkreuz's founding members – Sandberg and Werner Mahler – founded the Ostkreuzschule für Fotografie, a school for photographers, in 2005. Even though agency and school are separate enterprises, members from the agency regularly teach at the school and alumni become members in the agency.

Autorenfotografie – the guiding and lasting principle for GDR photographers?

The wider social, economic, political, and cultural context of the GDR fundamentally shaped the development of Ostkreuz and the work of its members. For instance, the concept of *Autorenfotografie* (author photography), devised by West German art historian Klaus Honnef in 1979, which was adopted as part of the GDR's cultural policy ›Breadth and Diversity‹, in which artistic and documentary photography was finally ascribed to the field of art.[3] In Honnef's opinion, the author photographer responds to

Fig. 2: Harald Hauswald, Dimitroffstraße, Schönhauser Allee, Berlin-Prenzlauer Berg, from the series Everyday Life, 1985

the environment with subjective tools – emotions, perceptions, individual experiences – and transforms these into images that examine reality in a way that the audience gains insight into the relations of the real world.[4] The concept described the moment when photography entered the realm of the museum and became a collectible and displayable work of art. Photography as art consequently meant that the author photographer functioned as an artist who »puts their stamp on reality through subjective perception«.[5] In the GDR, artistic photography was intended to mirror everyday life experiences and to capture a range of manifestations of life through a pluralism of styles.[6] Author photography thus denoted a subjectivist photographic practice that consisted of sensitive, unadorned and veristic images of everyday life. For Ostkreuz photographers, this concept continues to be the guiding principle of their photographic practice. It is also continued within the agency: new members dedicate themselves to portray their social environment authentically and in doing so highlight their social responsibility.

Ersatzöffentlichkeit – stimulating discourse with ambiguous images?

The question of how photography constituted a so-called *Ersatzöffentlichkeit*, a ›substitute‹ or ›alternative‹ public sphere in the GDR, is relevant when it comes to tracing the lasting impact of social and cultural identities associated with the former socialist state. In order to understand the significance of photographs within society, the notion of *Ersatzöffentlichkeit* takes centre stage, as it testifies to the attitude of photographers and their relationship with their audience. Since the 1970s, documentary photographers committed themselves to document their social environment to create an alternative image of life under socialism, which contrasted with the official ideology of the Socialist Unity Party of Germany (SED, Sozialistische Einheitspartei Deutschlands). Positioned between art and documentary journalism, photographers in the GDR made use of the medium's dual status with images that reflected personal experiences and functioned as social documents that stimulated discourse in the private public sphere of the GDR. In retrospect, such artistic practices have been characterised as constituting an *Ersatzöffentlichkeit* and after the fall of the Iron Curtain this notion served to denote art that did not follow the ideological stipulations of the SED. Ostkreuz photographers contributed to an *Ersatzöffentlichkeit* in East Germany with their coded and ambiguous photographs (see fig. 2) and perpetuated the notion of photographs as discursive components. The image depicting a dilapidated house with a neon sign reading »Wohnkultur« (Housing Culture) in the foreground, from Hauswald's series *Everyday Life,* oximoronically highlights the discrepancy between official and real existing housing conditions (fig. 2). It directly opposes the GDR's housing programme, initiated by the SED's central committee in 1973. Under the slogan »Jedem seine Wohnung« (To each their own home), the programme was concerned with solving the housing shortage until 1990 which failed to be achieved. The SED focused on promoting their prefabricated housing scheme (predominantly on the outskirts of the city centre) whilst letting Gründerzeit houses (in the city centre) deteriorate. This photograph is a metaphor for living standards in real existing socialism where reality diverged significantly from the future-oriented housing scheme. The SED stated that Hauswald's photographs painted a distorted image or even a counter-image of Berlin, in which the city is unlovable and unliveable, and its residents feel uneasy.[7] To highlight the grey, dull and dreary, Hauswald primarily shot in black and white, and in gloomy and poorly lit milieus, or produced this effect when developing the film negatives.[8] Capturing the actual living and working conditions of people in the East challenged the official image of the socialist state, and the founders of Ostkreuz committed themselves to expose this divide. After reunification, however, the question arises as to whether the notion of *Ersatzöffentlichkeit* had to be abandoned because the press assignments contradicted the photographers' commitment to authenticity.

Ostkreuz – caught between authenticity, adaptation and economic survival?

The period after the fall of the Berlin Wall in 1989 was characterised by a lack of knowledge about and an enormous interest in the unfamiliar East German regions from the perspective of the former West. Photography was an effective tool in allowing West Germans and Western Europeans to learn, vicariously, about the former GDR. Ostkreuz photographers were described as ›experts of the East‹, and as such were mainly commissioned by West German and European magazines to portray their country of origin.[9] However, the media landscape in Germany deployed a Western-centric lens and reinforced a negative stereotyping of Easterners and the East German regions, catering to a West German readership. During the Cold War and after, the media in West Germany painted people from the GDR as economically and culturally inferior.[10] Clichés were illustrated in photographs that emphasised the peculiarity of the former GDR and portrayed it as a backward country in need of Western capitalist modernisation. This perception of the East as ›other‹ prevailed in both West and East Germany, as negative

Fig. 3: Jens Rötzsch, Industrial exhibition Ferropolis, STERN Extra Saxony-Anhalt, Stern 48, 2000

categorisation led to the emergence of a counter-East German identity rooted in nostalgia.

An analysis of Ostkreuz's commissions in the 1990s is essential in order to find out what problems the photographers had to contend with in order to establish themselves on the market and whether they had to adopt a Western view of East Germany in their commissions. To this end, two magazines are discussed in depth – the national newspaper *Stern*, which is representative of German newspapers such as *Der Spiegel* or *Die Zeit*, and the Swiss magazine *Das Magazin*, which is representative of European magazines. Ostkreuz photographers both perpetuated and countered ideas of otherness in their commissions. On the one hand, they reinforced the Western image of a divergent East in order to establish themselves in the German media landscape. Since the photographers wanted to continue their work after reunification, they had to adhere to a FRG leading culture. Their novelty, which was the only advantage they had, ensured an interest from Western journals, but to establish themselves in an unfamiliar market they had to cater to the magazines' readership.[11] The depiction of Eastern clichés and stereotypes was thus a strategy for securing media attention and further commissions, which also shows that Ostkreuz was quick in accepting the West as the norm and adapting to the demands of a free market.

On the other hand, Ostkreuz photographers showed solidarity with their compatriots and countered the negative stereotyping of the West, enabling a positive form of self-othering and identification for Easterners. Through the thematic focus but also by means

Fig. 4: Jens Rötzsch, Industrial exhibition Ferropolis, Socialism with Western Money, Stern 17, 2002

of technical and formal elements – such as perspective, composition, framing or colour – the photographers affirmed social and cultural identities associated with the former GDR. They dedicated themselves to depicting issues of social relevance to East Germans by creating images that took a stance on their subject, thereby highlighting an East German social and cultural identity. The photographers produced ambivalent images because they were caught between creating authentic photographs that evoked the notion of *Ersatzöffentlichkeit* and imitating a Western media strategy that ensured their professional survival, making it difficult to categorise the agency.

A poignant example of this ambiguity is Jens Rötzsch's contrasting reports on Saxony-Anhalt for *Stern* magazine in 2000 and 2002, in which he presents the same landscapes – albeit positively in one issue and negatively in the other. Rötzsch took images of the excavation site Ferropolis that has been transformed into an exhibition park. The Extra special edition on Saxony-Anhalt (fig. 3) highlights the positive features of Ferropolis, such as its use as a theatre and film set or as a concert stage. The colour image shows three huge excavators in rusty red, with a woman in colourful summer clothes in the foreground looking at them. The atmosphere of the photograph is vivid, the woman with her pink sun hat suggests a cheerfulness and the rusty giants convey a cosiness, as if they are sunbathing in the countryside.

Only two years later, to reinforce Saxony-Anhalt as the poorest federal state in Germany, Ferropolis is presented as a deserted, derelict landscape with abstract crane structures in the background (fig. 4). Rötzsch has constructed an image that illustrates the lack of prospects and emphasises dreariness – ruinous stone letters juxtaposed with withered ground and cranes that suggest they are out of use. Photographed against the sun, the colours are subdued, ranging from grey-green to brown; the long shades underpin a feeling of hopelessness and underdevelopment. Rötzsch was deliberately depicting the landscape in Saxony-Anhalt as underdeveloped to adhere to a West German media coverage. The example of Ferropolis shows that, depending on the assignment, the Ostkreuz photographers were able to imitate or counter a Western image of the GDR, proving that, a decade after the agency's founding, they had learned to adapt to the demands of the media.

Ostkreuz's exhibitions– claiming back authenticity?

To unveil whether social and cultural identities associated with the GDR are traceable in the agency's self-produced exhibitions, three shows were examined in depth: *Resetting – Images of Germany* (2005), *Ostzeit. Stories from a Vanished Country* (2009) and *25 Years – Ostkreuz Agency of Photographers* (2015). Despite the financial burden of organising these exhibition projects, they are important for Ostkreuz's self- and public image. To what extent, then, do these exhibition projects function as a means of perpetuating Ostkreuz's East German heritage and thus confirming an ›othering‹ of East Germans through a form of ›self-othering‹? The subject matter of their exhibition projects and their individual photo-series critically engage topics linked to an image of East Germany established in the post-reunification period.

For instance, *Ostzeit* presented unfamiliar photographs of life in the GDR in an internationally renowned institution, putting the agency on the map. With the exhibition, the photographers referred to the East German notion of *Ersatzöffentlichkeit*, as well as feeding a Western distinction between official and unofficial GDR photography. *Resetting* on the other hand, documented the status quo fifteen years after German reunification, capturing the impact on both East and West Germany. At a time when articles in newspapers were in decline because East German perspectives were less in demand, the exhibition settled Ostkreuz as a pan-German agency and brought in money after their first financial crisis at the beginning of the 2000s. In contrast to this, *25 Years* was conceptualised to show the development and the achievements of the agency and as an extension, position the GDR origin of the founding photographers as the distinguishing feature that ensures Ostkreuz's uniqueness.

All three exhibitions focused on people and their social environment, regardless of whether the material was archival or non-archival. This key aspect is evident in the author photography of the members, which manifests itself in a claim to truth and authenticity. The emphasis on author photography underlines the individuality of each photographer and distinguishes Ostkreuz from other agencies in Germany by drawing on GDR photography. The group shows are jointly realised projects, for which the opinion of all members matters. This is reminiscent of the GDR, where the judgement and respect of colleagues and compatriots was more important than a publication in an official magazine.[12] The exhibition projects also signify a second mainstay for the agency, which is a clever strategy in a free market economy.

By adopting methods from the GDR era, the exhibitions uphold Ostkreuz's Eastern origin as a unique feature and evoke the notion of a ›self-othering‹ that hovers between subliminal and apparent. Since the GDR origin of the founding members is understood as distinctive, it needs to be reiterated in exhibitions, essays, and press texts in order to entrench itself in the collective memory. This affirmation is not only instrumental for Ostkreuz's identity, but also for the individuals associated with the agency, amongst others, art historians and curators from GDR times. The photographers either situated their photo-series directly in East Germany or dealt with subjects that relate to East German living experiences, such as marginalisation, poverty, decay, power exertion and transformations. The preservation of GDR working methods and a thematic focus on East Germany before and after reunification in the exhibitions serves to ensure the continued existence of Ostkreuz.

Outlook

Since the established dominance of a Western perspective prevails, my aim was to question the enduring hierarchy between the former East and West. On the basis of Ostkreuz, I disclosed how an East German social and cultural identity was »appropriated, subdued, made discursive and turned into a critical system«.[13] Continuing this line of research, what implications can be drawn from the research about the current conditions in Germany? The focus here is on the question of whether an ›othering‹ of East Germany is still in effect thirty-five years later. Have social and cultural characteristics associated with the GDR entered the public consciousness and discourse on German identity or are they still regarded as negligible?[14] Human geographer Antje Schlottmann rightfully points out that »as long as localisation principles classify a discourse on German reunification, the ›wall in people's minds‹ will not disappear.«[15] Accordingly, what can be revealed about East and West Germany and/or unified Germany today through photography?

---

1 Patricia Hogwood: »After the GDR: Reconstructing identity in post-communist Germany« In: *Journal of Communist Studies and Transition Politics*, 16, No. 4, 1. Dezember 2000, p. 46, https://doi.org/10.1080/13523270008415448.
2 Piotr Piotrowski: »Toward a Horizontal History of the European Avant-Garde« In: Sascha Bru, Peter Nicholls (eds.): *Europa! Europa? The avant-garde, modernism and the fate of a continent*. Berlin 2009 [= *European Avant-Garde and Modernism Studies*, Vol. 1], pp. 49–58, p. 54.
3 Cited in Ives Rachow: *Aspekte künstlerischer Fotografie in der DDR unter besonderer Berücksichtigung der 1970er und 80er Jahre*. Frankfurt/Oder 2000, p. 88; Sabine Schmid: *Fotografie zwischen Politik und Bild. Entwicklungen der Fotografie in der DDR*. München 2014, p. 91; Ullrich Kuhirt: *Kunst der DDR, 1960–1980*. Leipzig 1983. For a scholarly discussion on art as photography also see Jeanette Stoschek: »Leipzig. Fotografie. 1962 bis heute« In: *Leipzig – Fotografie seit 1839*. Exh.Cat. Grassi-Museum für Angewandte Kunst Leipzig, im Stadtgeschichtlichen Museum Leipzig und im Museum der Bildenden Künste Leipzig, ed. by Thomas Liebscher, Leipzig 2011, p. 103; *Geschlossene Gesellschaft: künstlerische Fotografie in der DDR 1949 – 1989 = The shuttered society*. Exh. Cat. Berlinische Galerie, Landesmuseum für Moderne Kunst, Fotografie und Architektur, ed. by Jana Duda et. al., Bielefeld/Berlin 2012; Carmen Schliebe: »Brennpunkt Leipzig – Standort Cottbus. Fotokunst der 1970er und 1980er Jahre« In: *Mit Abstand, ganz nah. Fotografie aus Leipzig*. Exh.Cat. Kunstsammlungen der Städtischen Museen Zwickau, Museum der Stadt Ratingen, Kunstmuseum Dieselkraftwerk Cottbus, ed. by Petra Lewy, Bielefeld/Leipzig 2008, pp. 8-11, p. 8; *Nichts ist so einfach wie es scheint. Ostdeutsche Photographie 1945–1989*. Exh.Cat. Gegenwart Museum Berlin, ed. by Ulrich Domröse, Berlinische Galerie, Berlin 1992, p. 11; see Klaus Honnef »Es kommt der Autorenfotograf« In: *In Deutschland. Aspekte gegenwärtiger Dokumentarfotografie*. Exh. Cat. Rheinisches Landesmuseum Bonn, ed. by Klaus Honnef et. al., Köln 1979, pp. 8–32.
4 Wolfgang Kemp: *1945–1980*. München 1983, p. 210.
5 Kemp 1983 (as note 4), p. 205.
6 Rachow 2000 (as note 3), p. 89.

7 See Harald Hauswald's Stasi file »Cyclist«, part of the archive of the GDR opposition, accessible via the Robert Havemann Gesellschaft in Berlin.
8 See *Radfahrer*, Documentary, 2009, URL: http://www.bpb.de/mediathek/125419/radfahrer [accessed 31 August 2017].
9 Werner Mahler, interview with the author, 11 October 2017.
10 Cf. Rebecca Pates, Maximilian Schochow: *Der »Ossi«. Mikropolitische Studien über einen symbolischen Ausländer*. Wiesbaden 2013, p. 18.
11 Jens Rötzsch, interview with the author, 30 November 2017.
12 Ute Mahler: *Zitty Berlin*. No. 23, 2009, p. 26, cited in Jörg Brüggemann: *25 Jahre Ostkreuz: Agentur der Fotografen: 1990–2015*. Ostfildern 2015, p. 5.
13 Piotr Piotrowski: *Art and democracy in post-communist Europe*. London 2012, p. 156.
14 James D. Herbert: »Passing between Art History and Postcolonial Theory« In: Mark A. Cheetham, Michael Ann Holly, Keith Moxey (eds.): The subjects of art history. Historical objects in contemporary perspectives. Cambridge [u.a.] 1998, p. 223.
15 Cf. Antje Schlottmann: *RaumSprache. Ost-West-Differenzen in der Berichterstattung zur deutschen Einheit. Eine sozialgeographische Theorie*. Stuttgart 2005 [= *Sozialgeographische Bibliothek*, Bd. 4], p. 310.

BESPRECHUNGEN

Egidio Emiliano Bianco, Ilaria Hoppe (Hgg.): *A Question of Style: Graffiti Writing Between Art/Theory and Practice.* Florenz 2023 (= Art in the City / Arte in Città, Bd. 1), 139 S.

Ulrich Blanché (Hg.): *Illegal. 1960 Street Art Graffiti 1995.* Ausstellungskatalog Historisches Museum Saar, Saarbrücken. München 2024, 240 S., ISBN 978-3-7774-4359-1

Anders als in der Anfangszeit der Graffiti-Bewegung in den 1970er und frühen 1980er Jahren finden die Forschungen zu Graffiti und Street Art heute zunehmend im akademischen Feld statt. Je nach Standpunkt kann man diese Entwicklung unterschiedlich bewerten. Unstrittig dürfte aber sein, dass die Verlagerung in den akademischen Raum zu einer Professionalisierung der Forschungsaktivitäten, zur Etablierung wissenschaftlicher Standards in einem ursprünglich populärwissenschaftlichen Feld, zu mehr methodologischen Reflexionen und am Ende auch zu einer zunehmenden gesellschaftlichen Akzeptanz des Untersuchungsgegenstandes beigetragen haben. Zu den Protagonisten im deutschsprachigen Raum, die diese Entwicklung in den letzten Jahren maßgeblich mitgeprägt und mitgestaltet haben, dabei aber nie die Szene, das heißt die Sprüher und ihr nichtakademisches Publikum als Adressaten aus dem Blick verloren haben, zählen Ilaria Hoppe und Ulrich Blanché, die beide aus der Street-Art-Forschung kommen und im vergangenen Jahr mit zwei wichtigen, wenn auch ganz unterschiedlichen Publikationen die Diskussionen über Graffiti bereichert haben.

Der Band *A Question of Style: Graffiti Writing Between Art/Theory and Practice*, den Ilaria Hoppe zusammen mit Egidio Emiliano Bianco herausgegeben hat, versammelt die Beiträge der gleichnamigen Konferenz, die im April 2022 im Museo Laboratorio Arte Contemporanea (MLAC) an der Sapienza in Rom stattgefunden hat. Programmatisch für den Band ist die Einführung von Ilaria Hoppe, die nach den Möglichkeiten fragt, die kunstwissenschaftliche Stilkonzepte für das Verstehen des Style Writing im Graffiti bieten können. Die Bedeutungen des Stil- bzw. des »Style«-Begriffs ins Zentrum der Untersuchungen zu stellen, verleiht den Beiträgen nicht nur einen gemeinsamen theoretischen Ansatz, sondern situiert den Untersuchungsgegenstand auch fest im künstlerischen Feld. Vor allem aber führt es dazu, Graffiti nicht nur allgemein und abstrakt als gesellschaftliche Erscheinung in den Blick zu nehmen, sondern sich einzelne Graffitis und Styles genauer und in vergleichender Perspektive anzusehen. Am eindrücklichsten ist dies in den im besten Sinne positivistischen Beiträgen von Alessia Cadetti über die konservatorischen Herausforderungen von Graffiti (»Issues of Style: Reflections on Graffiti Writing and Conservation«) und von Luca Boriello über die künstlerische Genese und Verfremdung von Lettern (»Wildstyle Graffiti Writing between Public Privacy and Artificial Intelligence«) gelungen.

Darüber hinaus sind es vor allem die beinahe durchgehend gesetzten forschungsgeschichtlichen und methodologischen Akzente, die den Band lesenswert machen. Sie finden sich nicht nur in der Einführung von Ilaria Hoppe, sondern auch in den Beiträgen von Christian Omodeo über eine frühe Style-Writing-Ausstellung in Rom (»On Another

Level: ›The Fabulous Five: Calligraffiti of Frederick Brathwaite, Lee George Quinones‹ Exhibition at the Galleria La Medusa in Rome«), von Egidio Emiliano Bianco über die kanonisierenden Effekte von Henry Chalfants und Martha Coopers *Subway Art* (»Artification and Canonisation of Graffiti: Subway Art as Visual Narrative«) und von Pietro Rivasi über die Bedeutung von Sprüher-Fotos für die Praxis des Sprühens (»The Act of Graffiti: Does the fluid Relationship between Photography and Graffiti Writing Play a Role in the Evolution of the Practice?«).

Hervorzuheben ist besonders der Beitrag von Tobias Barenthin Lindblad und Jacob Kimvall (»Writing From Within: Art History in the Field of Style Writing«), der anhand eines konkreten Beispiels die methodischen Vorteile von Witness-Seminaren für das Verständnis und die wissenschaftliche Untersuchung von Style Writings diskutiert. Witness-Seminare, die methodisch aus dem Feld der Oral History und der Sozialgeschichte stammen, bringen Wissenschaftler und Praktiker zusammen, in diesem Fall Kunsthistoriker und Sprüher, um sich gemeinsam und an konkreten Beispielen über kulturelle Formen und Praktiken auszutauschen und voneinander zu lernen. In der Graffiti- und Street-Art-Forschung hat dieser kollaborative beziehungsweise partizipative Ansatz, wenn auch zum Teil unter anderen Bezeichnungen, eine lange Tradition, die von Craig Castleman (*Getting Up. Subway Graffiti in New York*, Cambridge 1982) über Peter Kreuzer (*Das Graffiti-Lexikon. Wand-Kunst von A bis Z*, München 1986) bis zu Rafael Schacter (*Ornament and Order. Graffiti, Street Art and the Parergon*, Farnham 2014) reicht.

Ganz anders gelagert, aber nicht weniger interessant, ist der von Ulrich Blanché herausgegebene Katalog *Illegal. 1960 Street Art Graffiti 1995* zur gleichnamigen, vom Herausgeber kuratierten Ausstellung im Historischen Museum Saar in Saarbrücken. Als dokumentarisch-historisches Gegenstück zur gleichzeitig laufenden Urban Art Biennale in der Völklinger Hütte konzipiert, geht es Blanché vor allem darum, einen Blick auf die Vorgeschichte des heutigen Style Writing zu werfen. Anders als in Roger Gastmans und Caleb Neelons *History of American Graffiti* (New York 2011) wird aber nicht versucht, eine lückenlose Geschichte zu rekonstruieren, sondern thematische Schlaglichter auf die frühe Geschichte des modernen Graffiti zu werfen. Es werden Themen wie das Verhältnis von Graffiti zur zeitgenössischen Kunst, zum Design oder zur Musikindustrie, Gender- oder politische Aspekte von Graffiti diskutiert. Die Mehrzahl der Themen behandelt Blanché in kurzen, materialgestützten und exzellent illustrierten Beiträgen selbst, für den Rest hat er sich Expert:innen der jeweiligen Gebiete als zusätzliche Autor:innen hinzugeholt. Dazu gehören Johannes Stahl, einer der Pioniere der Graffiti-Forschung in Deutschland, die französische Kuratorin und Kulturmanagerin Myriama Idir, der schwedische Graffiti-Experte Jacob Kimvall und Sven Niemann vom Karlsruher/ Paderborner INGRID-Projekt, allesamt ausgewiesene Kenner:innen in ihren Bereichen.

In seiner Einführung formuliert Blanché die Absicht, den Kanon des Graffiti-Wissens nicht nur um einige bislang weniger bekannte oder beachtete Aspekte zu ergänzen, sondern das gesamte Feld aufzufächern, das Phänomen Graffiti »internationaler und weiblicher« als bisher erscheinen zu lassen. Die Berücksichtigung von Gender-Aspekten, denen er sich in seinen Beiträgen über »Graffiti- und Street-Art-Pionierinnen« und über »Barbara 62 & Eva 62«, zwei frühe New Yorker Taggerinnen, widmet, und die Akzentuierung der europäischen Anteile der frühen Graffiti-Geschichte, die er im historisch einführenden Kapitel »Wegmarken« nachzeichnet,

Entwicklungslinien von Brassaï bis zu den Situationisten und darüber hinaus, sind das eine. Das andere ist das grundsätzliche Bemühen um Differenzierung und historische Konkretisierung, das den Katalog auszeichnet und auch in den Beiträgen der Mitautor:innen hervortritt. So lotet Johannes Stahl in seinem Beitrag »Bilder und Worte zu Handschrift, Graffiti und Style« die Grenzen des für Graffiti zentralen »Style«-Konzepts aus, indem er es zum einen in Beziehung zu handschriftlichen Formen setzt und zum anderen den historischen Veränderungen und Akzentverschiebungen der »Style«-Semantik nachspürt.

Exzellent ist der Beitrag »Ein Graffiti-Epos der Großregion« von Myriama Idir, der – dem Genius Loci folgend – die Anfänge des Style Writing im Saarland in die Graffiti-Geschichte der umgebenden Regionen einbettet. Die Idee der »grenzüberschreitenden Großregion«, die weniger auf dem politischen Konstrukt der früheren Saar-Lor-Lux-Region, sondern vor allem auf dem Befund infrastruktureller und kultureller Gemeinsamkeiten beruht, aber auch die Praktiken der Graffiti-Szene, das heißt vor allem die internationalen Kontakte und Kollaborationen der Sprüher, berücksichtigt, führt zu beindruckenden Einsichten und Antworten auf die Frage, wie das Style Writing ins Saarland kam. Indem Myriama Idir auch die Entwicklungen in Rheinland-Pfalz und Heidelberg, in Lothringen, Luxemburg und Belgien im Blick hat und bis ins Detail, bis zu einzelnen Sprühern und Crews nachverfolgen kann, gelingt ihr am Beispiel der »Grand Région« ein erhellender Beitrag zur bisher noch weitgehend opaken Entstehungsgeschichte des europäischen Style Writing.

Jacob Kimvall lenkt mit seinem Aufsatz »Whole Cover und Label Pieces. Die Kunst des Style Writing als Grafikdesign und Marketing in der Musikindustrie« den Blick auf das Feld der kommerziellen Verwertung der Graffiti-Ästhetik, in diesem Fall auf das Gebiet der Gestaltung von Schallplattencovern im Graffiti-Style. Mit seinen Termini »Whole Cover« und »Label Piece« grenzt er das Gebiet auf von modernen Writern gestaltete Cover und Labels ein und grenzt es von den schon in der 1960er-Jahren verbreiteten Cover-Fotos, die Graffiti-Kulissen als Markierung sozialer und (sub-)kultureller Räume nutzten, ab. Sven Niemann wendet sich in seinem Beitrag »Politik aus der Dose? Wissenschaftliche Perspektiven auf den Phänomenbereich politisches Graffiti« den politischen Aspekten des Graffiti zu, skizziert die Grunddispositionen und Kernfragen dieses Themenfeldes und macht einmal mehr deutlich, dass Graffiti schon lange nicht mehr nur Ausdrucksform einer linken Protestkultur ist, sondern von nahezu allen politischen Lagern für ihre Zwecke genutzt wird, ironischerweise auch von jenen, die sonst nach Law and Order rufen.

Neben den Beiträgen des Herausgebers und der Mitautor:innen bietet der Katalog noch eine Fülle weiterer Schlaglichter und Forschungsfunde, die bisher kaum jemandem bekannt waren, darunter Neues zum SAMO©-Projekt von Basquiat und Diaz oder zur Entdeckung von Haring in Deutschland. Mit diesem Material, das zum Schluss noch einmal die Verbindungen der Graffiti-Bewegung zur zeitgenössischen Kunstszene unterstreicht, nimmt Blanché seinen roten Faden auf und rundet den Band ab.

Für die Zukunft der Graffiti-Forschung wird entscheidend sein, ob es gelingt, sie auf Dauer von den Rändern in die Mitte der beteiligten wissenschaftlichen Disziplinen zu tragen und dort zu verankern. Für eine solche Perspektive bieten beide Publikationen gute Voraussetzungen.

Martin Papenbrock

The Culture. Hip-Hop und Zeitgenössische Kunst im 21. Jahrhundert

Die Schirn Kunsthalle in Frankfurt am Main zeigte vom 29.02. bis 26.05.2024 die Ausstellung: *The Culture. Hip-Hop und Zeitgenössische Kunst im 21. Jahrhundert*. Die Schau wurde organisiert und co-kuratiert vom Baltimore Museum of Art (Asma Naeem, Gamynne Guillotte) und dem Saint Louis Art Museum (Hannah Klemm, Andréa Purnell) und in den beiden Museen 2023 präsentiert. In Deutschland wurde sie von der Schirn Kunsthalle übernommen.

Anlass für die Ausstellung ist die Feier von 50 Jahren Hip-Hop. Der Gründungsmythos bezieht sich auf eine House-Party am 11. August 1973 in der Bronx, NY, welche Kool Herc, ein jamaikanischer Immigrant, veranstaltete. Dort spielte er zum ersten Mal das gleiche Album auf zwei Plattenspielern ab und dehnte die Schlagzeugsektionen aus, was als breakbeat bekannt wurde. Damit wurde er der erste Hip-Hop-DJ. Diese Nacht wird als die Geburtsstunde des Hip-Hop angesehen. Im Zuge der Hip-Hop-Musik entwickelte sich der Breakdance, den sogenannte B'Boys bzw. B'Girls ausführten. Das Sprühen von Graffiti, welches seit Anfang der 1970er Jahre in New York praktiziert wurde, wurde Teil des Hip-Hop. Zunächst auf die Bronx beschränkt, feierte Hip-Hop seinen Durchbruch 1979 mit der Veröffentlichung der Single *Rapper's Delight* der Sugarhill Gang, welche in kürzester Zeit die Charts eroberte und der Musik des Hip-Hop als Rap den Namen gab. Zur weiteren Verbreitung des Hip-Hop trugen neben der Musik Filme wie *Wild Style* (1982, Regie: Charlie Ahearn) bei. Das Genre Hip-Hop, mit seinen vier Bestandteilen beziehungsweise Ausdrucksformen DJ-ing (Plattenauflegen), MC-ing (Rappen/Sprechgesang; MC steht für Master of Ceremonies), Breakdance (B-Boying) und Graffiti-Writing (Sprühen) entwickelte sich in den folgenden Jahren zu einem weltweiten Phänomen und dehnte seinen Einflussbereich insbesondere auf Mode und Kunst aus. Mittlerweile ist, was einst Subkultur war, Mainstream. Hip-Hop-Musik ist eine milliardenschwere Industrie; Hip-Hop-Kultur hat globale Bedeutung.

Die Ausstellung umfasst multimedial und interdisziplinär mehr als 100 Exponate der Malerei, Skulptur, Fotografie, Installation, Video und der Mode. Sie ist in sechs Sektionen aufgeteilt – Pose, Marke, Schmuck, Tribut, Aufstieg und Sprache –, wobei viele Arbeiten auch anderen Sektionen als denen, in welchen sie ausgestellt sind, zugeordnet werden können.

Die Ausstellung beginnt mit der Abteilung »Pose«. Auf großformatigen Arbeiten, aber auch auf Platten- und CD-Covern (Various Artists, 1987–2022, Sammlung von »DJ Fly Guy« Flynn) geht es um typische Gesten, Körperhaltungen und Selbst-Repräsentation. Pose ist dabei nicht nur die Erwartbare wie in Michael Vasquez's: *Chain Strangle* (Kettenstrangulation), 2010: Drei junge Männer mit Basecaps in roten und schwarzen T-Shirts präsentieren sich in der Gruppe neben- und hintereinanderstehend vor einem Zaun. Mit cooler Mimik stellen sie dem Betrachter durch Zeigen demonstrativ zwei Goldketten sowie eine kleine mit Edelsteinen besetzte Krone zur Schau. Mit Daumen und Zeigefinger formen sie ein O, das Zeichen ihrer Gangzugehörigkeit. In Monica Ibegwus Diptychon *Open/Closed* (Offen/Geschlossen), 2021, ist eine junge schwarze Frau in einer weiten roten Pufferjacke – ein Kleidungsstück, welches seit Mitte der 1990er Jahre insbesondere von Missy Elliot (*1971) bekannt gemacht wurde –, vor einem ebenfalls roten Hintergrund im Dreiviertelporträt dargestellt. In *Closed*, das Ausstellungsplakat der Frankfurter Ausstellung, bedeckt die Pufferjacke ihre Schulter, über welche sie sich dem Betrachter zuwendet und von oben herab auf ihn blickt. In *Open* hat sie die Jacke über die Schulter zurückgeschlagen und zeigt selbstbewusst ihren mit einem Tank-Top bekleideten Körper von vorne, so wie sie es selbst bestimmt, nach ihren eigenen Bedingungen. Ebenso selbstbewusst präsentiert sich Cardi B (*1992), eine der bekanntesten Rapperinnen der Zeit, in Hassan Hajjajs Fotografie *Cardi B Unity* (Cardi B Einigkeit), 2017, im Designerkleid und teuren Schuhen seitlich auf zwei grünen Plastikkästen sitzend den Kopf dem Betrachter stolz zugewandt. Dass solche weiblichen Inszenierungen nicht allein das oft mysogyne Frauenbild im Hip-Hop widerspiegeln, darauf macht Nina Chanel Abney in ihrer Collage *Untitled* (ohne Titel), 2022, aufmerksam, in welcher neben Dollarzeichen, schnellen Autos und Yachten nackte Frauen als Sexobjekte einen schwarzen Mann in der Mitte umrahmen.

Die Sektion »Marke« greift die Verbindung des Hip-Hop zu Luxusmodemarken auf. Von Anfang an war Style im Sinne von Modestil, das heißt Kleidung, die den Hip-Hop verkörpert und so Zusammengehörigkeit und Identität schafft, ein wichtiges Element der Hip-Hop-Kultur. Bereits Ende der 1970er/Anfang der 1980er Jahre trugen insbesondere B-Boys weite Trainingsanzüge, Ketten und sogenannte Bucket Hats. Danach machten Run DMC Adidas-Trainingsanzüge und schnürsenkellose Shell-Toe-Sneakers als ihr Markenzeichen populär. Nach dem Erfolg ihres Songs *My Adidas* wurden Run DMC Werbeträger für Adidas. Rapper:innen begannen Luxusmarken zu tragen, sowohl zur Außendarstellung als auch als Statussymbol. Sie eroberten die Welt der Luxusmarken. 2018 wurde Virgil Adloh (1980–2021), ein DJ und Tontechniker, als erste schwarze Person Creative Director Mens Wear bei Louis Vuitton, nach seinem frühen Tod gefolgt von Pharrell Williams (*1973), einem Rapper und Musikproduzenten, im Jahr 2023. Berühmte Rapper und Hip-Hop-Größen schufen ihre eigenen erfolgreichen und gewinnbringenden Modemarken, so Jay-Z (*1969), der Ehemann von Beyoncé (*1981), der 1999 die Modemarke Rocawear gründete, die er acht Jahre später für 204 Millionen Dollar verkaufte. Jay-Z war laut *Forbes* 2019 der erste Hip-Hop-Milliardär nach Nettoeinkommen. Marke und Mode für Luxuslabel nimmt einen breiten Platz in unterschiedlichen Sektionen der Ausstellung ein. In Vitrinen werden Looks aus verschiedenen Kollektionen präsentiert, unter anderem Virgil Adloh für Louis Vuitton: Keepall-Tasche, Herbst/Winter 2021, Daniel »Dapper Dan« Day für Gucci: Guccissima Leder-Daunenjacke, Frühjahr/Sommer 2018, Air Jordans von Travis Scott: Travis Scott x Air Jordan: Cactus Jack Air Jordan 1, 2019 oder der Denim Bucket Hat der legendären Streetwear-Marke Cross Colours, getragen von Cardi B bei der Grammy-Verleihung 2018. Ikonischen Status hat Vivien Westwoods Buffalo Hat von 1982, den Pharrell Williams bei der Grammy-Verleihung 2014 berühmt gemacht hat. Dieser übergroße braune Hut mit breiter Krempe war bereits in den Filmen *Wild Style*, 1982, und *Beat Street*, 1984, zu sehen. Ikonisch sind auch Lil' Kims (*1974) Perücken, unter anderem die türkise Chanel-Logo- oder die orange Versace-Logo-Perücke sowie die Reißverschluss-Perücke in Blau, welche von ihr auf den MTV-Awards 2001 getragen wurde. Reproduziert von der Original-Haistylistin Dionne Alexander in der Sektion »Schmuck« machen sie auf die Bedeutung der Haare und ihrer Gestaltung als Schmuckelement in der Hip-Hop-Kultur aufmerksam. Der Luxusmodebezug wird auch aufgenommen in der Sektion »Tribut«, in welcher laufstegartig Trainingsanzüge für Luxuslabels auf Modellpuppen zu sehen sind (zum Beispiel von Virgil Adloh, Daniel »Dapper Dan« Day, Pharrell Williams, Telfar Clemens und Babak Radboy), die Reihung jedoch eine Brechung erfährt, indem ein Outfit von Wales Bronner (adidas Originals x Wales Bronner: Lovers Tracktop und Wales Bronner von Grace Wales Bronner: Wales Bronner Dub Smokinghose, Herbst/Winter 2020) auf einer Puppe im Rollstuhl sitzend, präsentiert wird. Übersteigerter Konsum und Lust am Zurschaustellen von Luxusgütern kommt in der Fotografie des in Südafrika lebenden Künstlers Kudzanai Chiurai *The Minister of Enterprise* (Der Minister für Unternehmen), 2009, zum Ausdruck. Ein schwarzer Mann vor goldener Tapete in Luxusbademantel, ausgestattet mit Luxussonnenbrille und goldener Uhr, das Handy am Ohr, zündet sich provokativ eine Zigarre mit einem Geldschein an. Den Gegensatz zu dieser Hochglanzwelt bildet Kahlil Josephs *m.A.A.d.*, 2014, ein Zweikanal-Video zu Musik von Kendrick Lamar (*1987) in der Sektion »Aufstieg«, einem Konzept, das nicht wirtschaftlich oder sozial, sondern spirituell konnotiert ist (siehe unten). In diesem Video wird das ›tägliche‹ Leben in Compton, einer Stadt im Süden von Los Angeles gezeigt. Der Rapper und Pulitzer-Preis-Gewinner Kendrick Lamar wuchs in Compton auf. Das Video ist mit Musik aus seinem Album *good kid, m.A.A.d. city*, 2012, unterlegt. Es zeigt ein Baby auf einem Teppich, Frauen im Friseursalon, die Marschkapelle einer High School, Jugendliche im Freibad, junge Männer auf der Straße und in Autos, Luftaufnahmen, von Drohnen aufgenommen, aber auch ein Leichenhaus, geöffnete Särge im Schaufenster, historische Aufnahmen eines Lynchmordes, zusammenstehende muskelbepackte tätowierte Männer. Nichtlinear geschnitten entfaltet sich ein Kaleidoskop des Lebens in einem Vorort von Los Angeles, von welchem die Markenwelt weit entfernt ist.

Schmuck war von Anfang an Teil der Hip-Hop-Kultur. Dicke Goldketten, große Ringe, mit Diamanten besetzte *Grillz* werden getragen, um gesehen zu werden, sind ein Zeichen für Reichtum und Exzess, provozieren den bürgerlichen Geschmack, sind aber auch Ausdruck von Entbehrungen und Wünschen. Schmuck wird in der Ausstellung jedoch auch mit politischen Aspekten verbunden. Auf Deana Lawsons großformatiger Fotocollage *Nation*, 2018, sitzen zwei schwarze junge Männer auf einem Ledersofa. Sie tragen dicke Goldketten, eine goldene Uhr, einer der beiden einen glitzernden goldenen Wangenspreizer. Im Hintergrund steht ein weiterer schwarzer junger Mann. Über dessen Gesicht ist eine rechteckige Abbildung des Gebisses des ersten Präsidenten der USA, George Washington (1732–1799), angebracht. Die – zum Teil auch schlechten – Zähne sind aus Elfenbein, Golddraht und den Zähnen versklavter schwarzer Menschen gefertigt und machen auf die Brutalität rassistischer Gewalt aufmerksam. Auf den Sklavenhandel wiederum referiert die Arbeit von Robert Pruitt *For whom the Bell Curves* (Für wen die Glocke sich biegt), 2004. Die geschwungenen Linien der dünnen Goldkettchen auf schwarzem Grund zeichnen die Routen des transatlantischen Sklavenhandels von der Westküste Afrikas bis zur Ostküste Amerikas nach. Schließlich können auch *Grillz* politischen Statements dienen. In der Fotografie von Hank Willis Thomas: *Black Power*, 2006, ist der geöffnete Mund eines schwarzen Mannes zu sehen, auf dessen goldenen *Grillz* die Worte »BLACK POWER« mit kleinen Diamanten appliziert sind.

Das Zeigen von Respekt, das Verweisen auf andere Rapper, auf Songtexte oder auf Vorläufer, das Ehren und Würdigen des Erbes verstorbener Künstler:innen, aber auch Gruppenzugehörigkeit werden in der Sektion »Tribut« thematisiert. Eine ganze Wand wird vom Druck einer Fotografie eingenommen, welche im unteren Bereich der Wand auf Sichthöhe noch einmal in kleinem Format angebracht ist. Gordon Parks' Fotografie

A Great Day in Hip Hop (Ein großer Tag im Hip-Hop), 1998, im Auftrag der Musikzeitschrift *XXL* entstanden, versammelt 177 Personen der Hip-Hop-Szene von 1998 auf den Stufen und vor einem Brownstone-Haus in Harlem, NY. Gordon Parks nimmt damit 40 Jahre später Bezug auf das ikonische Foto von Art Kanes (1925–1995) von 1958 *A Great Day in Harlem* für den *Esquire*, auf welchem legendäre Jazz-Größen vor demselben Brownstone-Haus in Harlem, NY, zusammengekommen waren. Über die Darstellungsform und den Titel wird Kontinuität und Tradition schwarzer Musik Ausdruck verliehen und Hip-Hop auf den Jazz bezogen. Diese Darstellungsform wird aufgenommen beziehungsweise aktuell fortgeführt durch zwei weitere Fotografien, auf welchen Hip-Hop-Künstler:innen und Aktivist:innen aus Saint Louis und Baltimore sich jeweils für ein Gruppenbildnis versammelt haben: Adrian Octavius Walker: *A Great Day in St. Louis* (Ein großer Tag in St. Louis), 2022, eine farbige Fotografie, aufgenommen am Ant Hill im Forest Park, hinter dem Saint Louis Art Museum gelegen sowie Devin Allens: *You Can't Raid the Sun* (Du kannst die Sonne nicht plündern), 2020, eine Schwarz-Weiß-Fotografie, die die Akteure auf dem Gehsteig sitzend beziehungsweise vor einer Hauswand in Baltimore stehend, zeigt. Nicht nur durch Bezugnahme auf eine einzelne Person wie in Jean-Michel Basquiats *Lester Yellow* (Lester Gelb), 1987, eine Hommage über den Songtitel *Neenah* von 1951 an den einflussreichen Jazz- Saxophonisten Lester Young (1909–1959), auch durch das Zitieren einer Songzeile wird Respekt erwiesen und die Bedeutung des Songs sowie des Zitierten gewürdigt. In Alvaro Barringtons *They have They can't* (Sie haben Sie können nicht), 2021, einer aus unterschiedlichen Materialien wie Sackleinen, Garn, Sprühfarbe, Beton auf Karton und Tücher bestehenden Arbeit, ist der Text »They got money for wars, but can't feed the poor« (»Sie haben Geld für Kriege, aber können die Armen nicht ernähren«), die einzelnen Worte jeweils versetzt, mit Garn eingestickt. Es handelt sich um eine Textzeile aus Tupac Shakurs (1971–1996) Song *Keep Ya Head Up* von 1993, in welchem Sexismus und Frauenfeindlichkeit in der schwarzen Community sowie der Kampf gegen Rassismus thematisiert wird. Auf einer seitlich stehenden Kartonbox ist eine weiße Rose angebracht. Diese bezieht sich wiederum auf Tupacs autobiografisches Gedicht *The Rose that Grew from Concrete*.

Auf Tupac Shakur, der 1996 25-jährig in einer Limousine an einer Straßenkreuzung in Las Vegas erschossen wurde, bezieht sich auch Fahamu Pecous Papierarbeit *Real Negus Don't Die: Thug* (Echte N*** sterben nicht: Gangsta), 2013. In der Sektion »Sprache« ausgestellt, kommt in dieser Arbeit jedoch zum Ausdruck, was mit der Sektion »Aufstieg« gemeint ist. »Aufstieg« hat eine spirituelle Konnotation. Es geht um die Auseinandersetzung mit dem Tod, der in der Hip-Hop-Szene aufgrund vieler früh verstorbener Rapper sowie der prekären Situation insbesondere schwarzer Männer gegenwärtig ist, das Gedenken sowie Ruhm, der nach dem Tod bleibt und somit unsterblich macht. Pecou zeigt einen jungen Mann, der auf sein T-Shirt herabschaut, auf welchem Tupac Shakur abgebildet ist. Über dessen Kopf ist der titelgebende Schriftzug angebracht. Negus bedeutet im Ge'ez und in der amharischen Sprache »König« und ist eines der ältesten Feudaltitel des Kaiserreichs Äthiopien. Die Arbeit ruft sogenannte Rest-In-Peace-T-Shirts auf, die in der schwarzen Community als Zeichen der Trauer und der Erinnerung mit der Abbildung eines Verstorbenen getragen werden.

Hip-Hop ist im Wesentlichen sprachbestimmt, sowohl auf musikalischer Ebene mit Rap als Sprechgesang, als auch auf der Ebene des Graffitis, des Sprühens des Sprühernamens oder eines Crewnamens, primär in Form von Pieces oder Tags, bei welchen die Lesbarkeit in den unterschiedlichen Styles ausgelotet wird. Wie eine vollgesprühte Graffiti-Wand erscheint Gajin Fujitas *Ride or Die* (Fahr oder Stirb), 2005. Aufgewachsen in Boyle Heights, einem von Latinos geprägten Stadtteil von Los Angeles und Crew-Mitglied zweier Crews mit Sprühername »Hyde« verbindet er in dieser Arbeit seine japanische Herkunft mit Graffiti. Ein Edo-Krieger auf einem Pferd reitet ihn treffenden Pfeilen entgegen. Sowohl auf seinem traditionellen Helm ist das Logo des Baseball-Clubs Los Angeles Dodgers *LA* angebracht, als auch auf einem Banner hinter ihm, dort auf einer Crown. Hinterfangen ist der Reiter von Tags, Throw-ups und Comments. Die Worte »RIDE« und »DIE« erscheinen im Simple Style links oben und rechts unten, fast ein Viertel der Arbeit einnehmend. Ihre Zeit als jugendliche Sprayerin in Baltimore in den 1980er und 1990er-Jahren greift auch Shinique Smith in ihrer Arbeit *Shortysugarhoneybabydon'tbedistracted* (Kleines Zuckerschnäuzchen, lass dich nicht ablenken), 2002, auf. Die textile Skulptur ist bedeckt mit abstrakten Gesten in Graffiti-Ästhetik, die wie wildes Sprühen erscheinen, aber keine Worte oder Buchstaben erkennen lassen. In der Ausstellung befindet sich auch das Album-Cover *Beat Bop*, 1983, nachgedruckt/reprinted 2001. Der Song von K-Rob, einem Rapper, und Rammelzee (1960–2010), einem Graffiti-Sprüher und Rapper, wurde von Jean-Michel Basquiat 1982 in einer Testversion produziert. Basquiat war auch für das Cover verantwortlich. Das schwarze Cover mit weißer Schrift ist geprägt von typischen Stilelementen des Graffitis wie Crowns, Arrows, Asterisken und einer linearen Schrift. Ein frühes Beispiel für die Hip-Hop-Musik in Verbindung mit Graffiti ist *Beat Bop* mittlerweile eine der wertvollsten Hip-Hop-Platten aller Zeiten.

Die Ausstellung gibt einen gelungenen Überblick über die vielen Facetten und die Bandbreite der Hip-Hop-Kultur und macht den Einfluss auf aktuelle Kunst und Kultur deutlich. Sie macht ebenfalls deutlich, dass Hip-Hop nicht nur Gangsta-Rap oder Bling-Bling ist, sondern dass es auch um politische Verantwortung und Kritik an wirtschaftlichen und sozialen Missständen geht. Ob Hip-Hop ein neuer Kanon wird, wie es die Ausstellungsmacher anvisieren, bleibt abzuwarten. Im Unterschied zu den Ausstellungen in Baltimore und Saint Louis läuft in der Ausstellung keine raumfüllende Rapmusik. Lediglich unterlegte Musik von Videos ist zu hören. Dies ist zu bedauern, insbesondere da berühmte Rapper in den gezeigten Arbeiten repräsentiert sind und Arbeiten sich auf Songtitel beziehungsweise Songzeilen beziehen. Man war wohl nicht mutig genug, die grundsätzliche Ruhe eines Museumsraumes aufzubrechen.

Zur Ausstellung ist ein umfangreicher, von Diana Murphy und Virginia Gresham herausgegebener, englischsprachiger Katalog mit einer Vielzahl von Texten zu Hip-Hop und den Abbildungen fast aller Werke der Ausstellung erschienen: *The Culture: Hip Hop and Contemporary Art in the 21st Century*, Baltimore Museum of Art, Saint Louis Art Museum (New York 2023), sowie eine deutsche Broschüre mit Glossar und Chronologie der Schirn Kunsthalle Frankfurt, herausgegeben von Matthias Ulrich (2024).

Elke Wüst-Kralowetz

ANHANG

Autorinnen und Autoren

ALEXANDRA AXTMANN studierte Kunstgeschichte an der Universität Karlsruhe (TH) und Musikwissenschaft an der Staatlichen Hochschule für Musik Karlsruhe. Promotion am Karlsruher Institut für Technologie (KIT) über den sozialkritischen Hamburger Maler Harald Duwe. Von 2012 bis 2018 Akademische Mitarbeiterin am Institut für Kunst- und Baugeschichte, Fachgebiet Kunstgeschichte am KIT. Seit 2019 wissenschaftliche Mitarbeiterin in der Abteilung Forschungsdienste der KIT-Bibliothek und Lehraufträge an Zentrum für Angewandte Kulturwissenschaft (ZAK) am KIT und der TH Köln. Aktuelle Forschungsschwerpunkte und Publikationen sind Geschichte und Theorie des weißen Papierschnitts, Kleine Andachtsbildchen und Spitzenbildchen vom 17. bis 19. Jahrhundert sowie Wissenschaftsgeschichte der Kunstgeschichte und Netzwerke der frühen Fachgeschichte, v. a. zu Wilhelm Lübke.

NORA BENTERBUSCH studierte von 2009 bis 2018 Kunstgeschichte und Angewandte Kulturwissenschaften am Karlsruher Institut für Technologie (KIT). Seit 2019 ist sie wissenschaftliche Mitarbeiterin an der Universität des Saarlandes im Bereich Europäische Medienkomparatistik. Ihr Promotionsprojekt »Multimodale Transformationen und Relationen in Kommunikationsräumen der Frühen Neuzeit« widmet sich einerseits den theoretischen und methodischen Grundlagen zur kunsthistorischen Untersuchung historischer, multimodaler Raumkunstwerke und andererseits der Erprobung des Modells anhand von Beispielen der römischen Hochrenaissance.

LISA BEIßWANGER ist Kunst- und Architekturhistorikerin mit Fokus auf dem 20. und 21. Jahrhundert. Zu ihren Forschungsschwerpunkten gehören Universitäts- und Schularchitektur in Westdeutschland, die Geschichte der Performancekunst, Museums- und Ausstellungsgeschichte, die Schnittstellen von Performance und Architektur und die Geschichte der Kunstgeschichte. Aktuell ist sie Juniorprofessorin für Kunstwissenschaft und Kunstgeschichte an der Universität Koblenz. Zuvor war sie wissenschaftliche Mitarbeiterin am Fachbereich Architektur der Technischen Universität Darmstadt. Sie promovierte über die Geschichte der Performancekunst im Museum an der Justus-Liebig-Universität Gießen und studierte Kunstgeschichte an der Albert-Ludwigs-Universität Freiburg.

REGINA BITTNER ist Leiterin der Akademie und stellvertretende Direktorin der Stiftung Bauhaus Dessau. Sie ist zuständig für die Konzeption und Lehre der postgradualen und transdisziplinären Programme zur transkulturellen Moderne in der Design-, Architektur- und Bauhausforschung. Sie kuratierte zahlreiche Ausstellungen zum Bauhaus und zur Kulturgeschichte der Moderne, u. a. 2019 die Sammlungspräsentation *Versuchsstätte Bauhaus. Die Sammlung* im Bauhaus Museum Dessau. Sie studierte Kulturwissenschaften und Kunstgeschichte an der Universität Leipzig und promovierte am Institut für Europäische Ethnologie der Humboldt Universität. Ihre Forschungsinteressen verbinden kulturanthropologische Ansätze in der Architektur- und Designwissenschaft mit Fragen der Dekolonisierung, der transkulturellen Moderne, des kritischen Erbes und dessen

Vermittlung in Lehre und kuratorischer Praxis. Seit 2019 ist sie Honorarprofessorin am Institut für Kunstgeschichte und Archäologie der Martin-Luther-Universität in Halle. Von 2021 bis 2022 war sie Gastprofessorin am Institut für Kulturwissenschaften der Universität Leipzig. Bittner war u.a. kuratorische Beraterin des Forschungs- und Ausstellungsprojektes *Bauhaus Imaginista* 2017–2019, Jurymitglied der Kulturstiftung des Bundes zum *Fond Bauhaus Heute* 2017–2019 und Mitglied des Wissenschaftlichen Beirates des Mies van der Rohe Hauses Berlin seit 2019.

SONJA HNILICA ist Professorin für Baugeschichte und Architekturtheorie an der TU Dresden. Studium der Architektur und Promotion an der TU Wien, Habilitation an der TU Dortmund. Lehr- und Forschungstätigkeit in Wien, Dortmund, Heidelberg und Lübeck. Zahlreiche Publikationen zur Architektur des 19. und 20. Jahrhunderts, unter anderem zum Schulbau des 19. Jahrhunderts und zum Hochschulbau der Nachkriegsmoderne.

ANNA-SOPHIE KRUSCHA studierte Erziehungswissenschaft an der Goethe Universität Frankfurt am Main und an der Bergischen Universität Wuppertal. Ihr Studium mit dem Schwerpunkt Bildungstheorie und Gesellschaftsanalyse schloss sie im September 2020 mit der Masterthesis *Vom Erinnern und Vergessen. Die Notwendigkeit des Ver-Rückens der Geschichte der Pädagogik nach 1945* ab. In ihrer Promotion an der Bergischen Universität widmet sie sich einer begriffs- und wissensgeschichtlichen Untersuchung zur Bedeutung und zum Wandel polytechnischer Bildung in der DDR und der Formen ihrer Institutionalisierung seit der europäischen Moderne. Seit 2023 organisiert sie die Werkstatt bildungsgeschichtliche DDR-Forschung, die jährlich in der Bibliothek für Bildungsgeschichtliche Forschung des Leibniz Instituts für Bildungsforschung und Bildungsinformation (DIPF) in Berlin stattfindet.

JOAQUIN MEDINA WARMBURG, geb. 1970, ist Professor für Bau- und Architekturgeschichte des Karlsruher Instituts für Technologie (KIT), wo er seit 2021 auch an der Leitung des Archivs für Architektur und Ingenieurbau (saai) mitwirkt. Er studierte Architektur an der ETSA Sevilla und der RWTH Aachen, wo er 2005 promoviert wurde. 2005–2010 war er Juniorprofessor für Baugeschichte an der TU Kaiserslautern, 2011–2015 Leiter des Walter Gropius-Lehrstuhls des DAAD in Buenos Aires. Gastprofessuren und Fellowships u.a. an der Universidad de Buenos Aires (2011–2013), Universidad Torcuato Di Tella (2013–2015), Universidad de Navarra (2015, 2018, 2020) und Princeton University (2017). Im Mittelpunkt seiner Forschung stehen die Internationalisierungsprozesse in Architektur und Städtebau der Moderne unter besonderer Beachtung von Fragen der Technik- und Umweltgeschichte. Publikationen zur Geschichte der modernen Architektur in Deutschland, Spanien und Lateinamerika, zur Umweltgeschichte der Architektur sowie zu einzelnen Protagonisten der Moderne und Nachkriegsmoderne.

MARTIN PAPENBROCK, apl. Professor am Institut für Kunst- und Baugeschichte am Karlsruher Institut für Technologie (KIT), Promotion 1991 an der Universität Osnabrück (bei Jutta Held) mit einer Dissertation über Funktionen christlicher Ikonographie in der Kunst der frühen Nachkriegszeit (1945–1949), Habilitation 1999 mit einer Arbeit über die Kunst der niederländischen Glaubensflüchtlinge im späten 16. und frühen 17. Jahrhundert (erschienen als *Landschaften des Exils. Gillis van Coninxloo und die Frankenthaler Maler*, Köln 2001). Forschungsschwerpunkte: Niederländische Malerei der frühen Neuzeit, Kunst und Politik im 20. Jahrhundert (Nationalsozialismus, Exil, Studentenbewegung), Urban Art (Graffiti, Kreative Interventionen, Aktivismus), Theorie- und Fachgeschichte der neueren Kunstwissenschaft, Digitale Kunstgeschichte. Projekte aus jüngerer Zeit: *Informationssystem Graffiti in Deutschland (INGRID)*, zusammen mit Doris Tophinke, Universität Paderborn (2016–2024); *Nachlass Myra Warhaftig. Emanzipatorisches Wohnen und Architektur im Exil* (2018–2020). Verbrachte seine Grundschulzeit auf Holzkufenstühlen.

ANNE PFAUTSCH, Dr. phil., is a freelance art historian, curator and lecturer. In 2024 she was a fellow at the Zentralinstitut für Kunstgeschichte, which also awarded her the Jutta-Held-Preis 2023 together with the Stiftung Kritische Kunst- und Kulturwissenschaften for her dissertation *Ostkreuz – Agentur der Fotografen: Tracing the Legacy of the German Democratic Republic in Post-Socialist Photography and Exhibition Making*. From 2022–2023 she worked as a curatorial fellow at the Haus der Kunst in Munich. From 2019–2021 she participated in the Getty Foundation's Connecting Art Histories programme on *Gender Politics and the Art of European Socialist States*, led by Prof. Dr Agata Jakubowska. Anne Pfautsch is a lecturer at the Kunstakademie Düsseldorf and previously taught at the School of Art, Kingston University, London. She publishes in journals, exhibition catalogues and feminist archives, including *Miejsce* and *Humanities,* and is currently preparing her postdoctoral project entitled *The Perpetuation of an East-German-Ness of East Germany in the Photographs of the ›Third Generation East‹*. Her research interests include photography, cultural and gender politics in late and post-socialism, memory and identity after 1989, and horizontal art history in Central and Eastern Europe.

EVA MARIA STADLER, geb. 1964, ist Professorin für Kunst und Wissenstransfer und Institutsvorständin am Institut für Kunst und Gesellschaft ebenda. Darüber hinaus arbeitet sie als Kuratorin für zeitgenössische Kunst. Von 2019–2023 war sie Vizerektorin der Universität für angewandte Kunst Wien. Sie unterrichtete an der Akademie der bildenden Künste in München und Wien, sowie an der Staatlichen Akademie der bildenden Künste in Stuttgart. Von 2012–2013 war sie Leiterin der Galerie der Stadt Schwaz und von 1994–2005 Direktorin des Grazer Kunstvereines. 2006–2007 arbeitete sie als curator in residence an der Akademie der bildenden Künste in Wien, und von 2007–2011 hatte sie die Position der Kuratorin für zeitgenössische Kunst am Museum Belvedere in Wien inne. Eva Maria Stadler lebt Wien.

OLIVER SUKROW ist seit 2023 wissenschaftlicher Mitarbeiter am Fachgebiet Architekturtheorie und -wissenschaft der Technischen Universität Darmstadt. Er studierte Kunstgeschichte und Baltistik in Greifswald, Salzburg und Colchester. 2012–2016 war er Doktorand am Institut für Europäische Kunstgeschichte der Universität Heidelberg und Baden-Württemberg-Stipendiat am Zentralinstitut für Kunstgeschichte München. Von 2016–2020 arbeitete er als Universitätsassistent am Forschungsbereich Kunstgeschichte der TU Wien und 2020–2023 ebenfalls dort als Nationaler Forschungspartner im FWF-Projekt »Transnational School Construction«. Zu seinen Schwerpunkten in Forschung und Lehre zählen die bildende Kunst und Architektur der DDR, Utopie und Architektur sowie darüber hinaus Gesundheitsarchitekturen und -landschaften seit dem 19. Jahrhundert. Seine Forschungen wurden unter anderem von der Wüstenrot Stiftung, der Terra Foundation, vom Botstiber Institute for Austrian-American Studies und der Bundesstiftung zur Aufarbeitung der SED-Diktatur gefördert. Oliver Sukrow ist Mitglied im österreichischen Nationalkomitee von ICOMOS und Monitor des transnationalen UNESCO-Welterbes »Great Spa Towns of Europe: Baden bei Wien«.

ELKE WÜST-KRALOWETZ, 1979–1985 Studium der Rechtswissenschaften an der Universität Augsburg, 1986–1987 an der University of Pittsburgh School of Law. Tätigkeit als Rechtsanwältin. Von 2007–2014 Studium der Kunstgeschichte und der angewandten Kulturwissenschaften an der Universität Karlsruhe (TH) bzw. dem Karlsruher Institut für Technologie (KIT). Masterabschluss mit einem Thema zu den *Yes Men*. 2016–2023 Akademische Mitarbeiterin am Institut für Kunst- und Baugeschichte des KIT im Rahmen des Forschungsprojektes *INGRID (Informationssystem Graffiti in Deutschland)* bei Prof. Doris Tophinke (Paderborn) / Prof. Martin Papenbrock (KIT). Promotion zum Thema der Preisvergabe auf der Biennale di Venezia.

JO ZIEBRITZKI ist wissenschaftliche Mitarbeiterin am Institut für Kunstgeschichte der Ruhr-Universität Bochum. Ihre Forschungsschwerpunkte sind die Geschichte der Kunstgeschichte, die globale Moderne, Geschlechterforschung und Transcultural Studies. Zu diesen Themen hat Ziebritzki Artikel in Zeitschriften wie *Kritische Berichte, Journal of Art Historiography, 21: Inquiries into Art, History and the Visual* und *Grey Room* veröffentlicht und mehrere Herausgeberschaften mitverantwortet. Ihre Monografie *Stella Kramrisch, Kunsthistorikerin zwischen Europa und Indien. Ein Beitrag zur Depatriarchalisierung der Kunstgeschichte* (Marburg 2021) wurde mit dem Jutta-Held-Preis (2021) des Zentralinstituts für Kunstgeschichte (ZI) München und der Guernica-Gesellschaft ausgezeichnet. Sie war Fellow am ZI und am Warburg Institute in London. Ziebritzki ist Gründungsmitglied des DFG-Netzwerks *Wege – Methoden – Kritiken: Kunsthistorikerinnen 1880–1970* und der gleichnamigen Arbeitsgruppe im Ulmer Verein.

Abbildungsverzeichnis und -nachweis

Beitrag Oliver Sukrow und Alexandra Axtmann:

Abbildung 1: Plakat zum Online-Workshop »Politischer Bildungsbau«, 01. Dezember 2023, veranstaltet von der Guernica Gesellschaft e.V. in Kooperation mit dem Fachgebiet Architekturtheorie und -wissenschaft (ATW) der TU Darmstadt, Plakatgestaltung: Bea Engelmann und Lucia Martinovic, TU Darmstadt, 2023, unter Verwendung eines Dias aus Glasdiasammlung des Fachgebiets Architektur- und Kunstgeschichte, Universitätsarchiv TU Darmstadt.

Beitrag Regina Bittner:

Abbildung 1: Lehrmaterialien aus Dakawa und SOMAFCO. Sammlung Archiv der University of Fort Hare in Alice (National Heritage and Cultural Studies Center). Foto: Regina Bittner, 2022.
Abbildung 2: SOMAFCO Progress Report Special Edition, 1985. Privatarchiv Spencer Hodgson, Johannesburg.
Abbildung 3: Peter Wurbs: Aufbau des ANC Entwicklungszentrum Dakawa in Tansania. Aus: Architektur der DDR 9/1989.

Beitrag Eva Maria Stadler:

Abbildung 1: Friedrich Fröbel: aus: ders.: *Education by development*. New York 1899, S. 254.

Beitrag Joaquín Medina Warmburg:

Abbildung 1: Blick auf den Eckbau des Kindergartens Cinco Esquinas in Buenos Aires. Foto: J. Medina Warmburg, 2011.
Abbildung 2: Stadtplan von Buenos Aires gegen Ende des 18. Jahrhunderts (Servicio Histórico Militar no. 6268/E-16-8X. mit runder Markierung der Kreuzung rechts). Aus: Fernando Terán (Hg.): *La ciudad hispanoamericana: el sueño de un orden*. Madrid 1989.
Abbildung 3: Próspero Lebeau und Ramón J. Muñoz für den Consejo Nacional de Educación (CNE), Mädchen-Schule Benjamín Zorrilla an der Kreuzung Cinco Esquinas, Buenos Aires 1886. Foto: Samuel Boote /CNE.
Abbildung 4: Próspero Lebeau und José R. Muñoz für den Consejo Nacional de Educación (CNE), Mädchen-Schule Benjamín Zorrilla an der Kreuzung Cinco Esquinas, Buenos Aires 1886, Grundrisse und Ansicht. Aus: Benjamín Zorrilla: *Informe sobre el estado de la Educación Común en la Capital, Provincias, Colonias y Territorios Nacionales durante el año 1885*. Buenos Aires 1886, Bildtafel VI.

Abbildung 5: Raymundo Batlle für den CNE, Höhere Knaben-Schule (Escuela Superior de Varones), Buenos Aires 1886, Grundriss und Ansicht der Eingangsfassade. Aus: Zorrilla (wie Abb. 4), Bildtafel V.

Abbildung 6: Próspero Lebeau und José R. Muñoz für den CNE, Schule in La Boca, Buenos Aires 1886, Grundriss und Ansicht der Eingangsfassade. Aus: Zorrilla (wie Abb. 4 und 5), Bildtafel XIV.

Abbildung 7: Escuela Domingo Faustino Sarmiento (frühere Escuela Benjamín Zorrilla) in Buenos Aires, Eingang nach den Umbauten von Alberto Gelly Cantilo (CNE) im Zuge des Fassadenerneuerungsplans des CNE anlässlich des 50-jährigen Jubiläums der *Ley 1420* (1934–1936) und der Erweiterung nach Plänen von Jorge Sabaté (1945–1949). Das Foto zeigt den Zustand Ende 1949 (aus dem Bestand des CeDIAP, Centro de Documentación e Investigación de la Arquitectura Pública, AABE Agencia de Administración de Bienes del Estado, Signatur 3303-0399).

Beitrag Lisa Beißwanger:

Abbildung 1: Grundriss der Hans-Christian-Andersen-Grundschule, Neu-Isenburg, Typ GST. 12. Aus: Gerd Fesel: »Grundschultypen. Beispiel: Grundschule Neu-Isenburg« In: *Bauen + Wohnen*. Bd. 26, 1972, Nr. 3, S. 127–132, S. 130.

Abbildung 2: Außenansicht der Hans-Christian-Andersen-Grundschule, Neu-Isenburg, ca. 1972. Aus: Fesel 1972 (wie Abb. 1), S. 127.

Abbildung 3: Zentraler Großraum der Hans-Christian-Andersen-Grundschule, Neu-Isenburg, ca. 1972. Aus: Kreis Offenbach (Hg.): *Beitrag zur Umweltgestaltung im Unterrichtsbereich. Gutachten über zwei Grundschulneubauten in Neu-Isenburg/Kreis Offenbach*. Offenbach 1971. UniA DA 988.

Abbildung 4: Unterrichtsszene in der Hans-Christian-Andersen-Grundschule, Neu-Isenburg, ca. 1972. Aus: Fesel 1972 (wie Abb. 1), S. 127.

Beitrag Martin Papenbrock:

Abbildung 1: Holzkufenstuhl, 1950, Entwurf: Karl Nothhelfer. Aus: Karl Nothhelfer: »Schulmöbel« In: *Bauen und Wohnen*, 6. Jg. 1951, H. 3, S. 140.

Abbildung 2: Rettig-Schulbank, 1893, Entwurf: Wilhelm Rettig. Aus: https://www.vs.de/designpartner/de/detail/317/.

Abbildung 3: Wangentisch, 1950, Entwurf: Karl Nothhelfer. Aus: Karl Nothhelfer: »Schulmöbel« In: *Bauen und Wohnen*, 5. Jg. 1950, H. 2, S. 93.

Abbildung 4: Wangentisch und Holzkufenstuhl, 1950, Entwurf: Karl Nothhelfer. Aus: Nothhelfer 1951 (wie Abb. 1), S. 140.

Abbildung 5: Paul Klee: Revolution des Viadukts, 1937, Hamburger Kunsthalle. Aus: https://de.wikipedia.org/wiki/Datei:Paul_Klee,_Revolution_des_Viadukts,_1937.jpg.

Abbildung 6: Quadratischer Tisch mit Drehstühlen aus Buchenholz, 1950, Entwurf: Karl Nothhelfer. Aus: Nothhelfer 1951 (wie Abb. 1), S. 141.

Anhang 173

Abbildung 7: »Mustergültiges Schulgestühl«. Werbung der Schulmöbelfabrik Carl Sasse, 1950. Aus: *Das Neue Schulhaus. Ausstellung des Kultus-, Sozial- und Wiederaufbauministerium des Landes Nordrhein-Westfalen und der Stadt Düsseldorf unter Mitwirkung der Gesellschaft für Christliche Kultur. Düsseldorf 14. Okt.–5. Nov. 1950*, hg. von der Nordwestdeutschen Ausstellungsgesellschaft m.b.H., Düsseldorf. Ausst.-Kat. Düsseldorf (Ausstellungspalast und Neue Ausstellungshallen) 1950, S. 12.

Abbildung 8: »die neue Schulwohnstube!«. Werbung der Vereinigten Schulmöbelfabriken für Wangentische, 1950. Aus: *Das Neue Schulhaus* 1950 (wie Abb. 7), S. 13.

Abbildung 9: »neue Schule, neuer Geist …, neue Stühle …«. Prospektentwurf der Vereinigten Schulmöbelfabriken, 1950er Jahre. Aus: Thomas Müller, Romana Schneider (Hg.): *Das Klassenzimmer. Schulmöbel im 20. Jahrhundert*. München 1998, S. 111.

Beitrag Oliver Sukrow:

Abbildung 1: Heinrich Deiters: *Die Schule der demokratischen Gesellschaft*. Berlin 1948. © Oliver Sukrow, 2024.

Abbildung 2: Typen-Schulbau der DDR, Typ Trauzettelschule, Modell, 2020 (Modell: Dina Dorothea Falbe, Bild: Christopher Falbe).

Abbildung 3: Halle-Neustadt, 1. Polytechnische Oberschule, Architekt: Helmut Trauzettel, Grundsteinlegung 1964, Fotografie 1974, Sammlung Louis Volkmann – Karten der Moderne.

Abbildung 4: Halle-Neustadt, 1. Polytechnische Oberschule, Architekt: Helmut Trauzettel, Grundsteinlegung 1964, Fotografie Mitte 1960er Jahre, Blick vom Kindergarten auf die 1. POS, Universitätsarchiv der TU Dresden, Nachlass Helmut Trauzettel, Nr. 68.

Beitrag Sonja Hnilica:

Abbildung 1: Lehrerseminar Wunsdorf, 2. Entwurf Grundriss Erdgeschoss (mit Seminar- und Übungsklassen), Gustav Knoblauch, 1874–1876. Architekturmuseum TU Berlin, Inv.-Nr. GK 414,007.

Abbildung 2: Pädagogische Akademie Bonn, Martin Witte, 1930–1933. Foto: Hugo Schmölz. Architekturmuseum TU Berlin, Inv. Nr. F 8117.

Abbildung 3: Pädagogische Hochschule Aachen, Friedrich Bertram, Elmar Lang, Hans-Günther Bierwirth, Luftbild, 1950–1957. Aus: N.N.: *Bauten der Pädagogischen Hochschulen in der Bundesrepublik* [= *Monographien des Bauwesens*, Nr. 21]. Stuttgart 1960.

Abbildung 4: Pädagogische Hochschule Aachen, Friedrich Bertram, Elmar Lang, Hans-Günther Bierwirth, Grundriss mit eingetragenen Funktionen, 1950–1957. Aus: N.N. 1960 (wie Abb. 3).

Abbildung 5: UNIPLAN-Systembauweise. Pädagogische Hochschule Dortmund, Bruno Lambart, 1970–1972. Aus: *Lambart und Partner. Bauten und*

Entwürfe, Sektion Bildung und Sport. (Unpublizierte Büromonografie), Baukunstarchiv NRW, Nachlass Lambart.

Beitrag Nora Benterbusch:

Abbildung 1: Universität des Saarlandes, Haupteingang des Studentenhauses mit der Plastik Rosengarten von Otto Herbert Hajek, 1965–1970. Foto: Nora Benterbusch, 2021.

Abbildung 2: Universität des Saarlandes, Blick in den Speisesaal des Saarbrücker Studentenhauses, 1965–1970. Foto: Nora Benterbusch, 2021.

Beitrag Anne Pfautsch:

Figure 1: Photograph by Frieda von Wild depicting Werner Mahler, Jens Rötzsch, Sibylle Bergemann, Ute Mahler, Thomas Sandberg, Harf Zimmermann, Harald Hauswald (clock-wise from left to right), Berlin, 1990. Photo credits: Frieda von Wild.

Figure 2: Harald Hauswald, *Dimitroffstraße, Schönhauser Allee, Berlin-Prenzlauer Berg*, from the series *Everyday Life*, 1985. © Harald Hauswald/OSTKREUZ.

Figure 3: Jens Rötzsch, Industrial exhibition *Ferropolis*, STERN Extra Sachsen-Anhalt, Stern 48, 2000. © Jens Rötzsch/ Archiv OSTKREUZ.

Figure 4: Jens Rötzsch, Industrial exhibition *Ferropolis*, *Socialism with Western Money*, Stern 17, 2002. © Jens Rötzsch/ Archiv OSTKREUZ.

Themenschwerpunkt des nächsten Bandes:

Die (Ent-)Politisierung der Kunstwissenschaft. Marxistische Traditionslinien seit 1968